ग़ज़ल प्रवेशिका

ग़ज़ल प्रवेशिका

राजेन्द्र पाराशर

वाणी प्रकाशन ग्रुप
भारतीय ज्ञानपीठ

वाणी प्रकाशन : भारतीय ज्ञानपीठ की पुस्तकों के एकमात्र प्रकाशक एवं वितरक

पेपरबैक पहला संस्करण : 2025

राष्ट्रभारती लोकोदय ग्रन्थमाला : ग्रन्थांक 1089

प्रकाशक
वाणी प्रकाशन ग्रुप
4695, 21-ए, दरियागंज, नयी दिल्ली-110 002
फ़ोन : 011-23273167, 23275710
ईमेल : sales@vaniprakashan.in

ISBN : 978-93-6287-376-7

ग़ज़ल प्रवेशिका
(अध्ययन)
राजेन्द्र पाराशर

GHAZAL PRAVESHIKA
(A Critical Study)
by Rajendra Parashar

मुद्रक : आर. टेक ऑफ़सेट प्रिंटर्स, दिल्ली-110 032

Price : INR. 495

लगनसमर्पितम्

प्रस्तावना

प्रायः देखा गया है कि कभी–कभी किसी विषय में उन लोगों का योगदान बहुत महत्त्वपूर्ण रहा है जिनका उस विषय से कोई सीधा संबंध नहीं रहा। कुछ यही बात इस पुस्तक के संदर्भ में भी है। इसके लेखक, श्री राजेन्द्र पाराशर, शिक्षा और पेशे से तो एक अर्थशास्त्री और योजना आयोग (भारत सरकार) में एक उच्च पद पर रहे हैं, परन्तु सेवा–निवृति के बाद उनकी दिलचस्पी ग़ज़ल में हुई और विधिवत ग़ज़ल रचना सीखने के प्रयास में वे इस पुस्तक को ही लिखने में जुट गये। यह 'ग़ज़ल प्रवेशिका' तीन साल की उनकी कड़ी मेहनत का फल है।

इस पुस्तक में लेखक ने ग़ज़ल के उर्दू छंद–शास्त्र से सम्बन्धित, नियमों को सहज–सरल शब्दों में, उदाहरणों सहित, समझाया है। पुस्तक के विस्तृत दर्णन से मैं बहुत प्रभावित हूँ। मेरी जानकारी के अनुसार विधिवत् ग़ज़ल लिखने के विषय पर यह अपनी क़िस्म की संभवतः पहली और एकमात्र पुस्तक है। पुस्तक ज्ञानप्रद और शिक्षाप्रद है।

मुझे विश्वास है कि ग़ज़ल स्वरूप में शौक़ रखने वाले, तथा स्वयं विधिवत् ग़ज़ल रचना सीखने के इच्छुक, इस 'ग़ज़ल प्रवेशिका' को लाभदायक ही नहीं मूल्यवान भी पाएँगे।

रंजना शर्मा

विभागाध्यक्ष, हिन्दी विभाग (अवकाश प्राप्त),
राजकीय महाविद्यालय, गुड़गाँव
ए–1/223, जनकपुरी,
नयी दिल्ली–110053

भूमिका

शेरो–शायरी व ग़ज़ल हृदय की सजलता, सहृदयता व मस्तिष्क के गांभीर्य से सुसज्जित हो, कल्पना की उड़ान पर सवार होकर चलती है, चहकती है, महकती है। मंथर गति की मस्ती में डुबोती और डुबकियाँ लगाती जाती है। सभा हो, महफ़िल हो, राजनीतिज्ञों का भाषण हो, या हो प्रेम का इज़हार–बस एक शेर कहिए तो 'वाह–वाह' की गूँज सुनाई देने लगती है। जैसे सागर की एक बूँद जल के गुण का एहसास करा देती है वैसे ही ग़ज़ल या शायरी हृदय में उमड़ते भावसागर को केवल दो मिसरों (पंक्तियों) में प्रकट करा देती है।

हृदय को उड़ेल देने वाली ग़ज़ल को लिखना, हर आदमी के वश की बात नहीं। ग़ालिब, ज़ौक़, ज़फ़र, फ़िराक़ जैसे शायर आज के युग में अजूबे दिखाई देते हैं। हम सोचते रह जाते हैं कि पता नहीं उन्होंने अपनी ग़ज़लें कैसे लिखी होंगी। विधाता का कौन–सा वरदान और आशीर्वाद उन्हें अभिभूत कर रहा होगा। ये सब प्रश्न हर आदमी के मन को कचोटते हैं। 'ग़ज़ल कहना' सीखने के इच्छुक भावी ग़ज़लकार तो यह भी जानना चाहेंगे कि आख़िर ग़ज़ल लिखी कैसे जाती है। इसकी सही तकनीक क्या है?

राजेन्द्र पाराशर जी ने 'ग़ज़ल प्रवेशिका' के माध्यम से, इन सब प्रश्नों का उत्तर देकर, सब पर्दों को हटा दिया है। उन्होंने ग़ज़ल के मुख्य गुण संक्षिप्तता, भाषा की सादगी, संगीतात्मकता, भाषा की सांकेतिकता, सार्थक शब्दावली, भावों की नवीनता, कल्पना आदि बताया है। उन्होंने कहा कि ग़ज़ल लिखने के लिए एक विशिष्ट सामग्री की ज़रूरत है जैसे व्याकरण का बोध, मात्राओं का ज्ञान, लघु–गुरु की पहचान और कुछ नियम। इन सब के आधार पर ग़ज़ल का बह्रयुक्त होना, बह्र का चयन, क़ाफ़िया और रदीफ़ का सही प्रयोग और शेर रचने की प्रक्रिया बताई है।

राजेन्द्र पाराशर जी की पुस्तक 'ग़ज़ल प्रवेशिका' में तीन सौ से अधिक, लगभग एक सौ बीस शायरों के, शेर एकत्रित हैं। ग़ालिब, दाग़, मोमिन, फ़ैज़,

ज़ौक़, इक़बाल, मीर आदि तथा कुछ आधुनिक शायरों के शेरों को उदाहरण के रूप में लिया है। इस में ग़ज़ल के उद्भव, विकास, गुण, विशेषताओं और ग़ज़ल कहने की विधा पर प्रकाश डाला गया है। इसकी तकनीक व्यांकरण सम्मत है। यह लेखक की कड़ी मेहनत, दृढ़ निश्चय और साहित्य जगत के प्रति प्रेम का प्रतीक है। स्वभाव से ये शांत और स्थिर व्यक्तित्व वाले व्यक्ति हैं। अपने दृढ़ व ठोस व्यक्तित्व के कारण और कठोर परिश्रम के सहारे, हिन्दी भाषा से अनभिज्ञ होने पर भी, इन्होंने इस 'ग़ज़ल प्रवेशिका' को हमारे सामने प्रस्तुत किया है जिसके लिए साहित्य जगत उनका हार्दिक आभारी रहेगा।

यह शोध–स्वरूप 'ग़ज़ल प्रवेशिका' पहली अनोखी पुस्तक है जिसमें 'ग़ज़ल' लिखने की तकनीक से अवगत कराया गया है। छात्रों, शिक्षकों, शोधकर्ताओं तथा पुस्तकालयों के लिए यह पुस्तक अत्यंत उपयोगी सिद्ध होगी।

डॉ. निर्मल सुन्दर
प्राध्यापिका (सेवानिवृत), राजकीय महाविद्यालय
फरीदाबाद (हरियाणा), सी–6/6541, वसंतकुंज,
नयी दिल्ली–110070

दो शब्द आपसे मेरे भी

यदि आप को शेरो–शायरी में दिलचस्पी है, और ज़ाहिर है आपको है (वरना आप इस समय ये 'दो शब्द...' न पढ़ रहे होते), तो इस ग़ज़ल प्रवेशिका को आप रुपये–पैसों में नहीं, इसके मूलभूत मूल्य से आँकेंगे, ऐसी मेरी आशा है।

ग़ज़ल आज की एक अत्यन्त लोकप्रिय काव्यविधा है जिसका हर शेर अपनी पूरी बात दो मिसरों (पंक्तियों) के इने–गिने शब्दों में कहने की क्षमता रखता है। सफल शेरों की अनूठी विशेषता, जो उन्हे शाश्वत बना देती है, सुनते ही दिल में उतर जाना और सहज उद्धरणीय होना है। जीवन के सफ़र में, कभी न कभी हर व्यक्ति चाहता है कि वह भी अपने भावों को काव्य–रूप में, विशेषतः शेरों के माध्यम से, अभिव्यक्त कर सके। यही सोच इस प्रवेशिका को लिखने की मेरी प्रेरणा–स्रोत रही है।

बाज़ार में यह अपनी क़िस्म की पहली और एकमात्र पुस्तक है जो आपको उस तकनीक और जानकारी से समर्थ करा देगी जिसे पाकर आप महसूस करेंगे कि अब आप ख़ुद भी, बिना किसी आत्मसंशय (self-doubt) के, विधिवत शेर कह (रच) सकते हैं। यही इस प्रवेशिका की देन होगी, मेरी मेहनत का प्रतिफल (reward) और मेरा सौभाग्य भी।

छात्र एवं शिक्षक–वर्ग इस प्रवेशिका में ग़ज़ल संबंधी विषयों पर अध्ययन और शोध (research) के आधार पर लिखे निबंधों और सविस्तार (detailed) टिप्पणियों को ग्रहण (imbibe), अध्यापन (teaching) एवं परीक्षण (examination) की दृष्टि से भी उपयोगी पाएँगे।

आम आदमी के लिए इस प्रवेशिका में ढेर–सारे, तीन–सौ से अधिक, और लगभग एक–सौ–बीस शायरों के चुनिन्दा शेर हैं। आशा है आप सब ही इन शेरों का आनन्द लेंगे।

सुविधा के लिए, हिन्दी एवं उर्दू के उन शब्दों के जो जनसाधारण की

बोली में प्रायः प्रयोग में नहीं आते, अंग्रेज़ी भाषा के समानार्थक (equivalent) शब्द इस प्रवेशिका में वहीं पर कोष्ठक (bracket) में दिए गये हैं। आशा है कि अंग्रेज़ी–भाषी पाठक इसे विशेषतः सुविधाजनक पाएँगे।

पाठकों की सुविधा के लिए ही इस प्रवेशिका के मूल (text) में दी गई सब आधार–सामग्री (data) तथा उससे संबंधित जानकारी, जिसकी ज़रूरत ग़ज़ल कहने (रचने) की प्रक्रिया (process) में बार–बार पड़ती है, अलग से परिशिष्टों (appendices) के अन्तर्गत दी गई है।

इस प्रवेशिका को तैयार करने में मैंने न जाने कहाँ–कहाँ से तिनके बटोरे और कितने ही दरवाज़े खटखटाए। अतः मैं अनेकानेक ग़ज़लकारों और लेखकों का कृतज्ञ हूँ। उनका यह आधार मैंने इस प्रवेशिका के मूल में यथासंभव स्वीकार किया है। इस के अलावा, संबद्ध (relevant) पुस्तकों, आदि की एक आभारोक्ति सूची भी अलग से दी गयी है। मैं विशेषकर कृतज्ञ हूँ श्रीमती रंजना शर्मा का उनके द्वारा इस प्रवेशिका का अवलोकन (diligently going through) तथा इस की प्रस्तावना (introductory words) के लिए। मैं हृदय से आभारी हूँ श्रीमती डॉ. निर्मल सुंदर का जिन्होंने इस प्रवेशिका के प्रारूप को पढ़ा, अपने महत्त्वपूर्ण सुझाव दिये और इसकी भूमिका भी लिखी।

यूँ तो हर आभार का अपना बोझ होता है, परन्तु कुछ आभार ऐसे भी होते हैं जो शक्ति प्रदान करते हैं, प्रेरणा–स्रोत होते हैं ठीक वैसे ही जैसे मैं आभारी हूँ भारतीय ज्ञानपीठ का मेरी इस पुस्तक को प्रकाशित करने के लिए और उसके निदेशक श्री रवीन्द्र कालिया का जिन्होंने इसे सम्भव किया, एक सुखद संयोग बनाया।

राजेन्द्र पाराशर
सी–440, योजना विहार, दिल्ली–110092
फोन नं.–22159680, 43043184

आभारोक्त सूची

1. उर्दू शायरी का मिजाज़, लेखक : वज़ीर आग़ा
2. हिन्दी ग़ज़ल—ग़ज़लकारों की नज़र से, सम्पादक : डॉ. सरदार मुज़ावर
3. उर्दू के प्रसिद्ध शायर—फ़ैज़, सम्पादक : प्रकाश पंडित
4. उर्दू के प्रसिद्ध शायर—ज़ौक, सम्पादक : प्रकाश पंडित
5. ग़ज़ल एक अध्ययन, लेखक : चानन गोविन्दपुरी
6. ग़ज़लिका, सम्पादक : रुद्र काशिकेय
7. उर्दू काव्य की एक नई धारा, सम्पादक : उपेन्द्र नाथ 'अश्क'
8. दीवान—ए—ग़ालिब, सम्पादक : अली सरदार ज़ाफ़री
9. हिन्दी ग़ज़ल की विकास यात्रा, लेखक : ज्ञान प्रकाश 'विवेक'
10. फ़ैज अहमद फ़ैज का कलाम, सम्पादक : डॉ. मुहम्मद हसन
11. ग़ज़ल : सौन्दर्य मीमांसा, लेखक : डॉ. अब्दुर्रशीद ए. शेख
12. फ़िराक़ गोरखपुरी का कलाम, सम्पादक : डॉ. राणा प्रताप सिंह 'राना' गन्नौरी
13. हाली पानीपती की ग़ज़लें, सम्पादक : महेन्द्र प्रताप 'चाँद'
14. हिन्दी ग़ज़ल—उद्भव और विकास, लेखक : डॉ. रोहिताश्व अस्थाना
15. ज़िक्रे—मीर, भाषान्तरकार अजमल अजमली, सम्पादक : श्री कृष्ण दास
16. हाली पानीपती की नज़्में, सम्पादक : बेगम मुमताज मिर्ज़ा
17. आधुनिक ग़ज़लें, सम्पादक : नित्यानन्द 'तुषार'
18. हिन्दी ग़ज़ल यात्रा—एक, सम्पादक : गिरिराजशरण अग्रवाल तथा अजय जनमेजय
19. उर्दू के प्रसिद्ध शायर—ज़िगर मुरादाबादी, सम्पादक : प्रकाश पंडित

20. आधुनिक हिन्दी काव्य शिल्प, लेखक : डॉ. मोहन अवस्थी
21. नीरज की गीतिकाएँ, लेखक : नीरज
22. अमीर खुसरो और उनकी हिन्दी रचनाएँ, सम्पादक : डॉ. भोलानाथ तिवारी
23. प्रेमघन–सर्वस्व भाग–1, सम्पादक : प्रभाकेश्वर उपाध्याय
24. हिन्दी साहित्य का इतिहास, लेखक : रामचन्द्र शुक्ल
25. इन्दुकला, सम्पादक : जयशंकर प्रसाद
26. बेला, लेखक : सूर्यकान्त त्रिपाठी 'निराला'
27. गुलाब और बुलबुल, लेखक : त्रिलोचन शास्त्री
28. कुछ और कविताएँ, लेखक : शमशेर सिंह बहादुर
29. साये में धूप, लेखक : दुष्यन्त कुमार
30. दुष्यन्त कुमार, सम्पादक : शेर जंग गर्ग
31. एक टुकड़ा धूप, लेखक : ज़हीर कुरैशी
32. हिन्दी की सर्वश्रेष्ठ ग़ज़लें, सम्पादक : गिरिराजशरण अग्रवाल
33. शामियाने काँच के, लेखक : डॉ. कुँवर बेचैन
34. धूप के हस्ताक्षर, लेखक : ज्ञान प्रकाश 'विवेक'
35. पल्लवों की ओट में से, सम्पादक : हरिशंकर सक्सेना
36. गीतिका, सम्पादक : सीताराम पांडेय
37. आस्था के अमलतास, लेखक : चन्द्रसेन विराट
38. बेढब की बहक, लेखक : बेढब बनारसी
39. हिन्दी काव्य पारिजात, सम्पादक : लोकनाथ भराली
40. बहरव्ल फसाहत, लेखक : मौलवी नज़्मुल ग़नी ख़ाँ (उद्धत शेख)
41. ग़ज़ल के छंद और नियम, लेखक : ख़्वाब अकबराबादी
42. फ़ने–शायरी, लेखक : अख़लाक़ हुसैन देहलवी
43. भाषा–भारती, लेखक : सोमनाथलाल तथा उषा विक्रम

अनुक्रम

परिशिष्ट (Appendix)

अध्याय–1

ग़ज़ल, गीत और नज़्म

जब ग़ज़ल के बारे में सोचते हैं तो गीत और नज़्म का भी ख़याल आता है और ख़याल आता है उन के बीच के अंतर का भी। ग़ज़ल, गीत और नज़्म, तीनों उर्दू शायरी के मूल एवं प्रमुख रूप हैं। शेष काव्य–रूप इन्हीं काव्यांगों के मिश्रण से बने हैं। ये तीनों उर्दू कविता के विकास की तीन अलग–अलग अवस्थाएँ भी हैं और इस उपमहाद्वीप के वासियों की मानसिक एवं सांस्कृतिक जीवन के क्रमिक विकास की सूचक भी।[1] यदि गीत प्रेम के अंकुर की पुकार है तो ग़ज़ल उस अंकुर की 'पुष्पित–पल्लवित' (flowering romanticism) की अधूरी, अधखिली–सी अवस्था और नज़्म उस पुष्पित–पल्लवित अंकुर की पूर्ण गाथा।[2] गाथा वही है मानव के हृदय के कोमल भावों की, प्रणय–प्रसंगों (love's fulfilment) की परन्तु अवस्थाएँ अलग–अलग हैं और उन्हें अभिव्यक्त करने की क्रियाएँ भी भिन्न–भिन्न हैं।

1. ग़ज़ल

(i) उद्‌भव तथा सफ़र–'ग़ज़ल' शब्द मूलतः अरबी भाषा का है और एक काव्य–विधा को निर्दिष्ट (denote) करता है। काव्य–विधा अरब में जन्मी तो ज़रूर लेकिन इस का विकास, लालन–पालन मिस्र (Persia) में पहुँचकर ही हुआ। फ़ारसी में ग़ज़ल के बारे में एक कहावत है: "वाज नान गुफ़्तगू करदन",[3] यानी, स्त्रियों अथवा महबूब से बातचीत करना। यही 'ग़ज़ल' शब्द का शब्दिक अर्थ भी है। सामान्यतः, ग़ज़ल शब्द को इश्क़ की अभिव्यक्ति

1. उर्दू शायरी का मिज़ाज, लेखक : वज़ीर आग़ा पृ. 146,
2. वही, पृ. 183.
3. 'हिन्दी ग़ज़ल : समयगत सच्चाइयों का अनूठा दस्तावेज़', डॉ. सरदार मुज़ावर, हिन्दी ग़ज़ल ग़ज़लकारों की नज़र से, सम्पादक : डॉ. सरदार मुज़ावर, पृ. 15.

से सम्बद्ध (relate) किया जाता है, जबकि विधा के रूप में ग़ज़ल ऐसे शेरों के संकलन को कहते हैं जो तुक और लय का सफल निर्वाह करते हैं। यह एक गेय, गणात्मक, बह्र–युक्त छंदबद्ध काव्य विधा है जिसके प्रत्येक शेर का कथ्य भिन्न होता है और जिसमें शायर को अपनी पूरी बात एक ही शेर के माध्यम से कहनी होती है।

जब एक भाव, विचार, आदि की अभिव्यक्ति दो या दो से अधिक शेरों में की जाये तो शेरों के ऐसे समूह को 'क़त्आ' कहते हैं। .कत्आ, ग़ज़ल के अलावा, स्वतंत्र रूप में भी लिखे जाते हैं। रुबाई की तरह क़त्आ भी प्रायः चार पंक्तियों का होता है जिसकी दूसरी और चौथी पंक्ति में तुक मिलता है, यथा:–

–मताअ–ए–लौहो क़लम छिन गई तो क्या ग़म है
कि ख़ूने–दिल में डुबो ली है उँगलियाँ मैंने।
ज़बाँ पे मुहर लगी है तो क्या, कि रख दी है
हर एक हल्क़ा–ए–ज़ंजीर में ज़बाँ मैंने।[1]

–फ़ैज़

'रुबाई' एक भिन्न काव्य विधा है इस में चार पंक्तियाँ होती हैं। इसमें पहली, दूसरी और चौथी पंक्तियों का तुक एक होता है, यानी वे एक ही रदीफ़–क़ाफ़िये में निबद्ध होती हैं। रुबाई के लिये बह्रें भी अलग से निर्धारित हैं जिसमें हज़ज प्रमुख बह्र है। फ़ारसी में उमर ख़ैय्याम की रुबाइयाँ जग–प्रसिद्ध हैं। रुबाइयों के कथ्य में विभिन्नता देखने को मिलती है। हिन्दी में रुबाइयाँ 'मुक्तक' कहलाती हैं। ग़ज़ल के साथ–साथ रुबाई भी उर्दू में आयी। इक़बाल, फ़िराक़ जैसे शायरों ने भी अपने भावों को इस 'सिन्फ' (medium) में भी अभिव्यक्त किया। पेश है ज़ौक़ की एक रुबाई –

दुनिया को अलम 'ज़ौक़' उठा जाएँगे
हम क्या कहें, क्या आये थे, क्या जाएँगे।
जब आये थे रोते हुए आप आये थे,
जब जाएँगे औरों को रुला जाएँगे।[2]

–ज़ौक़

जब ग़ज़ल के सभी शेर ईश्वर की प्रशंसा में कहे जायें तो उस रचना को 'हम्द' कहते हैं। हम्द और ग़ज़ल में कथ्य के अलावा शिल्प का भी अंतर है। उसी रदीफ़, क़ाफ़िया और बह्र की ग़ज़ल को 'ज़मीम' कहते हैं।

---

1. उर्दू के प्रसिद्ध शायर फ़ैज़ अहमद फ़ैज़, सम्पादक : प्रकाश पंडित, पृ. 133
2. उर्दू के प्रसिद्ध शायर–ज़ौक़, सम्पादक : प्रकाश पंडित, पृ. 132

मिस्र से ग़ज़ल दिल्ली होती हुई दक्षिण भारत उस समय पहुँची जब रेख़ता (उर्दू भाषा का आरंभिक नाम और रूप) उर्दू का जामा पहनने में लगी थी।[1] अठारहवीं शताब्दी के प्रारंभ में, जब उर्दू साहित्य का केंद्र दक्षिण से उत्तर भारत स्थानान्तरित (shift) हुआ, तो वहाँ नज़्म की तुलना में ग़ज़ल का महत्त्व बढ़ गया और वह एक अधिक लोकप्रिय काव्य–विधा होकर उभरी। उसके मुख्य दो कारण थे: (क) फ़ारसी का राज–दरबार की भाषा होना, और (ख) उर्दू ग़ज़लकारों को दरबारी संरक्षण (patronage) एवं सुविधाएँ मिलना। लेकिन एक तीसरी वजह भी थी, और वह थी अनेकानेक सिद्ध उर्दू ग़ज़लकारों का विस्फोट (explosion)[2] जो उर्दू ग़ज़ल के उत्कर्ष (rise)के लिए बहुत लाभकारी साबित हुआ।

(ii) अर्थ और गुण–ग़ज़ल भाव और कल्पना के दो भिन्न तत्वों का"सुगम संतुलन"[3] है। यही संतुलन एक सफल ग़ज़ल (और सफल शेर)[4] की पहचान भी है। भाषा की सादगी[5] (यानी आमफ़हम भाषा होना) और अर्थ की गहराई,

---

1. दक्खिनी (उर्दू) भाषा का प्रचलन–काल 1353 ई. से 1707 ई. तक फैला रहा। रेख़ता (उर्दू) भाषा के प्रचलन के सम्बन्ध में सोलहवीं शताब्दी बड़ी महत्त्वपूर्ण रही।
2. उदाहरणार्थ सौदा (1710 ई. से 1781 ई.), मीर (1756 ई. से 1817 ई.), ज़फ़र (1775 ई. से 1862 ई.), ज़ौक़ (1789 ई. से 1854 ई.), ग़ालिब (1797 ई. से 1869 ई.), मोमिन (1800 ई. से 1851 ई.), दाग़ (1831 ई. से 1905 ई.), आदि।
3. यदि भाव और कल्पना के मिश्रण का यह सन्तुलन बिगड़ जाता है तो ग़ज़ल के शेरों की ग़ज़लियत (यानी विशिष्टता) नज़्म के शेरों की नज़्मियत (यानी नज़्म होने की पहचान) का रूप धारण कर लेती है। उदाहरण के तौर पर दाग़ की शायरी में, एक सिद्ध शायर होने के बावजूद भी, भाव और कल्पना का यह अलगाव मिलता है। उस में भाव तो होते हैं लेकिन कल्पना की उड़ान का अभाव बना रहता है, यथा,
   –बात भी करनी न आती थी तुम्हें
   ये हमारे सामने की बात है। –दाग़ (ग़ज़ल एक अध्ययन, लेखक : चानन गोविंदपुरी पृ. 27)
   –किसी की शामत आएगी, किसी की जान जाएगी
   किसी की ताक़ में वो बाम पर बन–ठन के बैठे हैं। –दाग़ (आग़ा, उपर्युक्त, पृ. 246)
4. एक अच्छे, यानी सफल, शेर की पहचान के बारे में मौलाना 'हसरत' मोहानी लिखते हैं–
   –शेर दरअसल है वही 'हसरत'
   सुनते ही दिल में जो उतर जाये। (ग़ज़लिका, सम्पादक : रुद्र काशिकेय, पृ. 9)
   'ग़ज़ल' शब्द की तरह 'शेर' भी अरबी भाषा का शब्द है जिसका शाब्दिक अर्थ है 'केश' यानी 'बाल'। शेर शब्दों का लयबद्ध विधिवत समूह है और ग़ज़ल की 'आधारिक इकाई' है, यानी शेरों के संग्रह से ग़ज़ल का विधान होता है।
5. भाषा की सादगी के सागर निज़ामी और फ़िराक़ गोरखपुरी के निम्न शेर सुन्दर उदाहरण हैं।
   –ग़ज़ल मेरी 'सागर' वह नग़मा है जिसको
   जवानी ने लिक्खा, मुहब्बत ने गाया।* –सागर निज़ामी
   –डर है उन्हीं से इश्क़ को जो है जाँचे–परखे, देखे, भाले
   सम्हले हुओं के क़दम नहीं जमते, गिरते हुओं को कौन सम्हाले।*–फ़िराक़ गोरखपुरी

* *उर्दू काव्य की एक नयी धारा, सम्पादक, उपेन्द्रनाथ अश्क, पृ. 13.14*

ग़ज़ल एवं शेर के विशेष गुण हैं। ग़ज़ल की पद्धति तो कल्पना और चिन्तन की पद्धति है। इस के शेर बहुअर्थी[1] होते हैं और गेय-सौन्दर्य एवं नाद पैदा करते हैं। ग़ज़ल अपनी बात सांकेतिक शब्दों में, कुछ संकुचित-सी, कहती है। इसकी भाषा में लोच और शेरों को मुहावरे में डालने का गुण[2] भी देखने को मिलता है जैसे निम्नलिखित शेरों में–

क़र्ज़ की पीते थे मै, लेकिन समझते थे, कि हाँ,
रंग लाएगी हमारी फ़ाक़ा–मस्ती एक दिन।[3]

–ग़ालिब

अच्छे ईसा हो, मरीज़ों का ख़याल अच्छा है,
हम मरे जाते हैं, तुम कहते हो हाल अच्छा है।[4]

–अमीर

(iii) कथ्य की विविधता–ग़ज़ल के प्रत्येक शेर का कथ्य प्रायः भिन्न होता है। यदि एक ग़ज़ल में पाँच शेर हों तो उसमें पाँच अलग–अलग कथ्य होंगे। और, हिन्दी काव्य के दोहे की शैली की तरह, हर शेर का अपना अलग, स्वतंत्र (independent) एवं स्वतः पूर्ण (self–contained) अस्तित्व (हस्ती; entity) होता है। अतः, शायर को अपनी पूरी बात एक शेर के दो मिसरों में ही कहनी होती है। इसके लिए वह अगले या पिछले शेर पर निर्भर नहीं करता। दूसरे शब्दों में, ग़ज़ल का प्रत्येक शेर गागर में सागर भरने की क्षमता रखता है।

ग़ज़ल के शेरों की विषय-विविधता और असंबद्धता (बेमेल होना) के दो पक्ष हैं। पहला, जब शायर को अपनी पूरी बात एक शेर के दो मिसरों में ही कहनी पड़ती है तो ज़ाहिर है कि ग़ज़ल पूर्णतः 'वैचारिक' नहीं हो सकती। अतः ग़ज़ल के कथ्य की विभिन्नता एवं असंबद्धता उसकी एक संरचनात्मक (structural) कमज़ोरी है। मौलाना अलताफ़ हुसैन 'हाली' के अनुसार, ग़ज़ल की संरचना, विषय-विभिन्नता, तथा अशआर की वैचारिक असंबद्धता के कारण, ग़ज़ल में अनुभवों के 'टुकड़े' देखने को मिलते हैं, कोई 'संपूर्ण' अनुभव नहीं।[5]

---

1. प्रत्येक शेर के शब्द–अर्थ के भीतर उसके प्रतीक रूप में छुपे सांकेतिक, भावनात्मक और कल्पनात्मक अर्थ या आशय, को ढूँढ़ना होता है, इसे शेर की ' तशरीह', यानी व्याख्या करना कहते हैं।
2. भाषा का स्वच्छंद बहाव ही मुहावरे में डालने की कला है। उर्दू काव्य की एक नई धारा, सम्पादक : उपेन्द्रनाथ अश्क, पृ. 13, 14
3. दीवान–ए–ग़ालिब सम्पादक : अली सरदार जाफरी, पृ. 76
4. गोविंदपुरी, उपर्युक्त, पृ. 55
5. हिन्दी ग़ज़ल की विकास यात्रा, लेखक : ज्ञान प्रकाश विवेक, पृ. 6

दूसरी तरफ़, कुछ शायरों और आलोचकों का मानना है कि ग़ज़ल की यह विषय-विभिन्नता एवं असंबद्धता ही उसका अनूठा आकर्षण है और उसकी राह में बाधा बनने के बजाय शायर के लिए एक चुनौती है जो ग़ज़ल की स्वाभाविक सुन्दरता (innate beauty) को और उभारती है। यही नहीं, यह विषय-विभिन्नता और असंबद्धता ग़ज़ल की अपनी निराली पहचान एवं विशिष्टता (strong point) भी हैं। ज़ाहिर है, दृष्टि अपनी–अपनी है। सभी लेखक, आदि, यदि सहमत (एक मत) हैं तो बस इस बात पर कि ग़ज़ल 'एक वातावरण का सृजन'[1] करती है जिसे फ़ैज़ ने 'मूड की इकाई'[2] (भावधारा) कहा है। अन्ततः (finally), ग़ज़ल (उर्दू ग़ज़ल) एक गणात्मक, बह्र–युक्त छंदबद्ध काव्य विधा है। (ग़ज़ल के स्वरूप, संरचना, मिज़ाज, बह्र आदि पर आगे के अध्यायों में परिचर्चा की गई है।)

3. गीत

(i) उद्गम–जब मानव के हृदय में प्रेम का भाव जागृत होता है और वह अपनी प्रेमिका को अपने मन-मंदिर में बैठाकर उसकी पूजा करने लगता है, तब गीत का उद्गम (जन्म) होता है।[3] अतः गीत का सम्बन्ध हृदय की कोमल, छोटी-छोटी भावनाओं से है जो सीधे–सीधे शब्दों में व्यक्त की जाती हैं। कल्पना की तुलना में गीत आवेश-प्रधान है। इसमें 'पुरुष दृष्टि-केन्द्र है और इसीलिए स्त्री बार-बार पुरुष को सम्बोधित करती है।'[4] इसका स्वरूप, संभवतः 'वियोग की अग्नि'[5] में निर्मित होता है।

वज़ीर आग़ा ने गीत को 'चेतना की पहली किरण',[6] मानव हृदय की 'व्यक्तिगत पुकार', 'व्यक्ति और समाज का टकराव', 'संस्कृति और सभ्यता की ही टक्कर का एक रूप', आदि, शब्दों में बख़ाना है।[7]

---

1. वही, पृ. 6
2. वही
3. आग़ा, उपर्युक्त, पृ. 410
4. उपर्युक्त, पृ. 188
5. उपर्युक्त, पृ. 149

   महाकवि सुमित्रानन्दन पन्त ने गीत की सर्वप्रथम उद्गम–कल्पना निम्नलिखित शब्दों में की–

   वियोगी होगा पहला कवि
   आह से उपजा होगा गान,
   उमड़कर आँखों से चुपचाप
   बही होगी कविता अनजान।
6. आग़ा, उपर्युक्त, पृ. 279
7. तत्रैव, पृ. 290

आग़ा के अनुसार गीत स्त्री की 'प्रेम–भावना का द्योतक है...और उसकी स्वतंत्रता की भावना में जन्म लेता है,'[1]; 'गीत में मनुष्य के व्यक्तित्व (individuality) का नारी-पक्ष प्रमुख है...मूर्तिपूजा इसलिए गीत की विशेषता है'[2]; स्वभाव की दृष्टि से गीत 'स्त्री–भाव की संगीतमय अभिव्यक्ति का रूप है'[3]; (परन्तु) यदि 'गीत पुरुष की ओर से भी कहा जाये तो उसके (गीत के) स्वभाव में कोई परिवर्तन नहीं आएगा'[4] क्योंकि दोनों स्थितियों में मूर्तिपूजा की क्रिया होगी ही। संस्कृति की दृष्टि से गीत का 'धरती के साथ बहुत गहरा सम्बन्ध है और धरती स्त्री के समकक्ष है'[5]। गीत, मूलतः, शरीर की सशक्त पुकार है जिसे यह निस्संदेह, उन्मुक्त अभिव्यक्ति देता है। गीत प्रेम की अभिव्यक्ति का वह रूप है जिसमें 'मैं और तू' का रिश्ता सामने आता है।[6]

गीत एक गेय विधा है जो ग़ज़ल की तरह गेय है और जो ग़ज़ल-शिल्प में भी मिलता है। गीत में 'लय, थाप और झंकार का सीधा सम्बन्ध सुनने से होता है'।[7] यही कारण है कि गीत का स्वरूप संगीत के अनुकूल होता है और उसमें छंद से छोटी-मोटी विचलन (deviation) को बहुत बड़ा दोष नहीं माना जाता और उसकी अनदेखी कर दी जाती है।

(ii) गीत, संगीत और नृत्य–नृत्य की दृष्टि से मानव के सांस्कृतिक विकास में गीत 'वह स्थल है जब शरीर पहली बार आत्मबोध से परिचित होकर थिरक उठता है'।[8] यह वह भाव है 'जो कि गीतात्मक आरोह–अवरोह पर नृत्य करता है'।[9] निस्संदेह यही कारण है कि नृत्य और गीत का चोली-दामन-सा घनिष्ठ साथ रहा है।

(iii) भाषा और काव्य की बारीकियाँ (सूक्ष्मताएँ)–गीत की भाषा सरल और स्पष्ट (direct) होती है। यह मानव भावनाओं को सीधे–सीधे शब्दों में विस्तार से बयान करता है। क्लिष्ट और दुरूह (कठिन) शब्दों की कविताओं और ग़ज़लों की तुलना में गीत जनसाधारण के हृदय को अधिक छूते हैं। काव्य की बारीकियों की दृष्टि से 'गाये जाने वाले गीतों में इतनी ताब नहीं होती कि वे उच्च काव्य की बारीकियों के बल पर पसंद किये जा सकें...। ग़ज़लों का चोंचला और चुटीलापन भी पाठक को गीतों में न मिलेगा। गीत वास्तव में बेचैनी के क्षणों की वो हल्की और गहरी लगावटें हैं जो एक विशेष गेयता के द्वारा शब्दों में आ गई हैं।'[10]

अकसर गीतों में हिन्दी शब्दों का प्रयोग कुछ तब्दीलियों (अदल–बदल)

---

1. तत्रैव, पृ. 149., 2. तत्रैव, पृ. 410. 3. तत्रैव, पृ. 147. 4. तत्रैव, पृ. 150–151. 5. तत्रैव, पृ. 147. 6. तत्रैव, पृ. 178. 7. तत्रैव, पृ. 148. 8. तत्रैव, पृ. 182 9. तत्रैव, पृ. 151. 10. अश्क, उपर्युक्त, पृ. 25–86.

के साथ किया जाता रहा है जो किसी सीमा तक प्रदेश-विशिष्ट (region specific) पाया जाता है जैसे पंजाब में पंजाबी और ब्रज में ब्रज भाषा के शब्दों का स्थानीय गीतों में आम प्रयोग। हिन्दी, उर्दू एवं स्थानीय भाषाओं के मिश्रण से पैदा होनेवाले गीतों में बहुत कुछ देखने को मिलता है जैसे व्यथा–वेदना, आशा–निराशा, हर्ष–उल्लास, व्यंग्य–तरंग, विषाद–अवसाद के साथ–साथ हृदय की कसक एवं उसके कोमलतम उद्‌गार (अधीरता, आवेश) भी[1]। कथ्य की दृष्टि से गीत एक ही विषय पर केंद्रित रहता है। भजन, आरती, भेंट, क़व्वाली, लोरियाँ आदि गीत के ही अलग–अलग रूप हैं।

(iv) विकास यात्रा–दक्खिनी भाषा, यानी रेख़ता, (जिसके प्रचलन का काल 1353 ई. तक फैला हुआ है) में गीतात्मकता की प्रधानता 'वली' दकनी के काल (यानी लगभग सत्रहवीं सदी के उत्तरार्द्ध और अठारहवीं सदी के पूर्वार्द्ध–1650 ई. से 1750 ई.) तक बनी रही। वली के काल में ही उर्दू का दिल्ली से सम्बन्ध स्थापित हुआ लेकिन, उर्दू पर फ़ारसी के प्रभाव के कारण, उर्दू गीत के विकास की सम्भावनाएँ तक़रीबन समाप्त हो गईं।[2] उन्नीसवीं शताब्दी में उर्दू गीत का प्रारंभ 'अमानत' की 'इंदर सभा' से हुआ। इन गीतों की भाव–भंगिमा भारतीय थी और ये गीत प्रायः पुरुष, यानी प्रियतम, को सम्बोधित थे, यथा–

लाज रख श्याम हमारी, मैं चेरी हूँ तुम्हारी
ज़रा दे समझ के गारी।
अम्बर, गुलाल न मुख पर डारो, न मारो पिचकारी,
आधी देह सब देख पड़ेगी, सारी भिजोओ न सारी,
.... कहेंगे लोग मतवारी।[3]

वो आँखों में बसते हैं
रोना यह है हम फिर भी सूरत को तरसते हैं।
वो आँखों में बसते हैं
दिल होता है बेकल क्यूँ ?
आँखों में ये बादल क्यूँ दिन–रात बरसते हैं
वो आँखों में बसते हैं।[4]

–अख़्तर शीरानी

हफ़ीज़ जालंधरी से पहले उतने कवि गीत न लिखते थे जितने बाद में लिखने लगे। सम्भवतः तब तक हफ़ीज़ जालंधरी के अतिरिक्त किसी भी

1. तत्रैव 2. आग़ा, उपर्युक्त, पृ. 161–162. 3. तत्रैव, पृ. 167. 4. तत्रैव, पृ. 173.

कवि का गीतों का संग्रह प्रकाशित न हुआ था।[1] उर्दू गीतकारों में हफ़ीज़, साग़र और तासीर के बाद अगला महत्त्वपूर्ण नाम मीराज़ी का आता है। मीराज़ी के साथ उर्दू गीत में एक नये युग का आरम्भ हुआ। उदाहरणस्वरूप उनके दो गीतों के अंश पेश हैं–

छम–छम–छम–छम नाच रही है
मोहन धरती करके सिंगार।
दिल में कैसी पुकार ?[2]

मुझे चाहे न चाहे दिल तेरा
तू मुझको चाह बढ़ाने दे
इक पागल प्रेमी को
अपनी चाहत के नग़में गाने दे।
तू रानी प्रेम–कहानी की,
चुपचाप कहानी सुनती जा,
यह प्रेम की वाणी सुनती जा,
प्रेमी को गीत सुनाने दे।[3]

–मीराज़ी

मीराज़ी के काल के बाद भी उर्दू गीत के विकास की प्रक्रिया चलती रही। देश की आज़ादी के बाद उर्दू गीत की परम्परा में कुछ जाने-माने शायरों, जैसे फ़िराक़ गोरखपुरी, अख़्तर शीरानी, शकील बदायूँनी, क़तील शफ़ाई, मजरूह सुलतानपुरी, साहिर लुधियानवी, मजीद अहमद, मुनीर नियाज़ी, अली सरदार जाफ़री, आदि ने अपना योगदान दिया। वस्तुतः बानी राशिद और फ़ैज़ अहमद 'फ़ैज़' को छोड़कर, आधुनिक युग के लगभग हर महत्त्वपूर्ण शायर ने गीत तथा गीत से मिलती–जुलती कविताएँ लिखीं।[4]

(v) कथ्य की विविधता–गीतों में कथ्य की विविधता की भरमार मिलती है। प्रेम–विरह के गीतों के अतिरिक्त कृष्ण, एकता, देश, जीवन, माया, संसार, प्रकृति, वसंत, होली, मज़ाक़–व्यंग्य, जोगी–जोगन, रहस्यवाद, प्रगतिवाद आदि के गीत देखने को मिलते हैं। लोरियाँ भी गीत के अन्तर्गत ही आती हैं। भिन्न–भिन्न कथ्यों के गीतों के कुछ उदाहरण निम्न दिए गये हैं।

(क) प्रेम–विरह के गीत–यद्यपि फ़ैज़ ने मुहब्बत को दुःख ही कहा है–'और भी दुःख हैं ज़माने में मुहब्बत के सिवा'– बिरला ही कोई शायर

---

1. अश्क, उपर्युक्त, पृ. 1 2. आग़ा, उपर्युक्त, पृ. 177 3. अश्क, तत्रैव, पृ. 136 4. तत्रैव, पृ. 3

होगा जिसने मुहब्बत के गीत न लिखे हों। मुहब्बत के गीतों के कुछ उदाहरण पेश हैं :

मेरी ठंडी साँसें आग,
मेरी आहें दीपक राग,
मेरे नग़मे दुख के गीत,
रोग लगा बैठा, कर के तुझ से प्रीत।[1]

—ज़फ़र

जो दिल की मुहब्बत का गुनाहगार नहीं,
जो दिल की मुहब्बत का सज़ावार नहीं,
पत्थर है उसे दिल न कहो ऐ 'आज़ार',
जिस दिल को मुहब्बत से सरोकार नहीं।[2]

—आज़ार

फुलवारी में फूल हैं फूले,
सखियों ने डाले हैं झूले,
वह अपनी दासी को भूले,
होकर किस के दास?
लगी है पी—दर्शन की प्यास।[3]

—अमर चन्द 'क़ैस'

(ख) कृष्ण के गीत

अब तो श्याम से उलझे नैन!
कोई बुलाये हरि के घर से,
बंसी बजाये प्रेम—नगर से,
दिल रूठा अब दुनिया भर से,
मन की डोर लगी ईश्वर से,
क्या जानूँ आई है रैन!
अब तो श्याम से उलझे नैन।[4]

—मौलवी मक़बूल हुसेन अहमदपुरी

(ग) एकता के गीत

भूल गया ओ भारत वाले,
प्रीत है तेरी रीत!
बसा ले, अपने मन में प्रीत।[5]

—हफ़ीज़

1. तत्रैव, पृ. 54 2. तत्रैव, पृ. 53 3. तत्रैव, पृ. 58 4. तत्रैव, पृ. 33 5. तत्रैव, पृ. 35

जगत में घर की. फूट बुरी!
फूट ने रघुवर घर से निकाले, पापन फूट बुरी,
रावण से बलवान पिछाड़े, जल गई लंकापुरी,
जगत में घर की फूट बुरी![1]

—मौलाना 'वक़ार'

(घ) देश के गीत

सारे जहां से अच्छा हिन्दोस्तां हमारा
हम बुलबुलें हैं इसकी, यह गुलिस्तां हमारा।[2]

—इक़बाल

कैसा संत हमारा
गाँधी,
कैसा संत हमारा![3]

—'साग़र' निज़ामी

(च) जीवन के गीत

यह जीवन एक कहानी है,
कुछ कहता जा, कुछ सुनता जा।
इस का अंत ओ' आद नहीं है
पूरी किसी को याद नहीं है।[4]

—वक़ार अंबालवी

रंग बदलता जाये जीवन, नया रंग भरभाये,
जग–जीवन हर रंग का भेदी, रंग बदलता जाये;
जान जान पर ज्ञानी जीते, मूरख धोखे खाये,
जीवन रंग बदलता जाये।[5]

—मीराजी

(छ) संसार के गीत

इस दुनिया विच अँधेरा है,
इह तिलकन बाज़ी बेहड़ा है
बड़ अंदर देखो केहड़ा है
बाहर खफ़तन पई ढुढ़ें दीए।[6]

—साईं बुल्लेशाह

---

1. तत्रैव, पृ. 36–37 2. तत्रैव, पृ. 37 3. तत्रैव, पृ. 39. 4. तत्रैव, पृ. 173 5. तत्रैव, पृ.51 6. तत्रैव, पृ. 48

दुखिया सब संसार
प्यारे, दुखिया सब संसार।
मोह का दरिया, लोभ की नैया, कामी खेवनहार,
मौज के बल पर चल निकले थे आन फँसे मँझधार,
प्यारे, दुखिया सब संसार।[1]

—अबुल असर 'हफ़ीज़'

(ज) माया के गीत

माया महाठगनी हम जानी।
निरगुन फाँस लिये कर डोले, बोले मधुरी बानी।
केशव के कमला ह्वै बैठी, शिव के भवन भवानी ।[2]

—कबीर

माया आनी–जानी है,
माया बहता पानी है,
माया रूप कहानी है,
त्याग रे मूरख, माया त्याग।[3]

—पंडित इंद्रजीत शर्मा

(ट) प्रकृति के गीत

आया है जाड़े का मौसम, सन सन चले पिछवाई
शाम हुई सूरज है पीला, धूप में हलकी ज़र्दी छाई।[4]

—मक़बूल हुसेन अहमदपुरी

शाम के पेचो– ख़म सितारों से
ज़ीना–ज़ीना उतर रही है रात
यूँ सबा पास से गुज़रती है
जैसे कह दी किसी ने प्यार की बात।[5]

—फ़ैज़

(ठ) वसंत के गीत

सजनी, लिख भेजो कोई पाती
आई बसंत, पिया नहीं आये,
किस विध चैन दुखी मन पाये।
आग विरह की जिया जलाये,
बात कही नहीं जाती।
सजनी, लिख भेजो कोई पाती ।[6]

—अमर चन्द 'क़ैस'

1. तत्रैव, 2. तत्रैव, पृ. 43 3. तत्रैव, पृ. 46. 4. तत्रैव, पृ. 61. 5. मुहम्मद हसन, उपर्युक्त, पृ. 49
6. अश्क, उपर्युक्त, पृ. 66–67

हर पत्ते में पीत,
हर झोंका इक गीत,
हर नद्दी मिरदंग,
जंगल में है रंग,
गोरी,
चल भी मोरे संग![1]

—'जोश' मलीहाबादी

(ड) होली के गीत

मुरली चुप, टूटा मृदंग आली।
होली खेलें किस के संग आली?[2]

—वक़ार

(ढ) मज़ाक़—व्यंग्य के गीत

चरखे तार न चूल्हे आग, मेरे फूट गये हैं भाग,
बहू अभागिन जब से आई,
रहती है हर रोज़ लड़ाई,
पीने—खाने में चतुराई,
काम को कहती है खटराग! मेरे फूट गये हैं भाग।
इस को डस ले काला नाग! मेरे फूट गये हैं भाग।[3]

—वक़ार

(त) रहस्यवादी के गीत

सजनी, कौन बसा उस पार!
मुझ पै चला है मन्तर किस का ?
धरती किसकी, अम्बर किसका ?
सूरज किस का, सागर किसका?
कौन बसत उस पार!
सजनी, कौन बसत उस पार![4]

—'वक़ार' अंबालवी

इन सरल तरल नयनों की,
किसकी उज्ज्वल छवि छाई?
किस ने मेरे प्राणों में,
अपनी तस्वीर बनाई?[5]

—हरि कृष्ण प्रेमी

---

1. तत्रैव, पृ. 106 2. तत्रैव, पृ. 68 3. तत्रैव, पृ. 83 4. तत्रैव, पृ. 41 5. तत्रैव, पृ. 42

(थ) प्रगतिवादी गीत

और भी दु:ख हैं, ज़माने में मुहब्बत के सिवा,
लज्जतें और भी हैं, वस्ल की लज्जत के सिवा।[1]

—फ़ैज़ अहमद 'फ़ैज़'

ताज तेरे लिये इक मज़हरे उलफ़त ही सही
तुझ को इस वादिए—रंगी से अक़ीदत ही सही,
मेरी महबूब कहीं और मिलाकर मुझको।[2]

—साहिर लुधियानवी

(द) लोरियाँ

रहे मंद ही दीपक माला
तुझे कौन भय, कष्ट कसाला?
जाग रही है मेरी ज्वाला,
सो मेरे आश्वासन, सो।[3]

—मैथिलीशरण गुप्त

मत रो बच्चे
रो रो के अभी
तेरी अम्मी की आँख लगी है
मत रो बच्चे।[4]

—फ़ैज़ अहमद 'फ़ैज़'

(vi) आधुनिक उर्दू कविता में हिन्दी का प्रभाव—यूँ तो प्राचीन उर्दू कविता हिन्दी का ही एक रूप थी,[5] आधुनिक उर्दू कविता में भी हिन्दी का प्रभाव साफ़ दिखाई देता है। मौलाना अबुल असर 'हफ़ीज़' ने, जिन का जन्म जालंधर (पंजाब) में हुआ, छोटे—छोटे, सीधे और सरल गीत लिखे जो पंजाब में सर्वसाधारण की ज़बान पर अब भी चढ़े हुए हैं।[6] इन गीतों में हिन्दी भाषा का प्रभाव बड़ा साफ नज़र आता है। एक उदाहरण :

बंसरी बजाये जा।
कान्हा, मुरली वाले, नंद के लाले,
बंसरी बजाये जा!
प्रीत में बसी हुई अदाओं से,
गीत में बसी हुई सदाओं से ,
ब्रजवासियों के झोंपड़े बसाये जा,

1. तत्रैव, पृ. 75 2. तत्रैव, पृ. 75 3. तत्रैव, पृ. 70 4. मुहम्मद हसन, उपर्युक्त, पृ. 90.
5. अश्क उपर्युक्त, पृ. 7—8 6. तत्रैव, पृ. 29

सुनाये जा, सुनाये जा।
कान्हा मुरली वाले, नंद के लाले,
बंसरी बजाये जा।
बंसरी की लय नहीं है, आग है,
और कोई शय नहीं है, आग है,
प्रेम की यह आग चारसू लगाये जा।
सुनाये जा, सुनाये जा!
कान्हा मुरली वाले, नंद के लाले,
बंसरी बजाये जा।[1]

—मौलाना अबुल असर 'हफ़ीज'

हिन्दी का प्रभाव आधुनिक उर्दू कविता में गीतों पर ही नहीं उर्दू ग़ज़लों, रुबाइयों, नज़्मों आदि, सभी पर देखने को मिलता है। यह बड़ी रुचिकर बात है कि 'गीतों तक पहुँचने के लिए उर्दू कविताएँ प्रायः एक दो मरहलों (पड़ावों) से अवश्य गुज़रती हैं'।[2] सरल, सीधे गीत लिखने का प्रारम्भ ग़ज़लों और नज़्मों में सरल भाषा के प्रयोग से ही होता है। आधुनिक उर्दू ग़ज़ल में कठिन और क्लिष्ट शब्दों के स्थान पर (गीतों की शब्दावली की तरह) आम–फ़हम उर्दू के शब्दों का प्रयोग बढ़ता जा रहा है। उदाहरण के तौर पर ग़ज़लों में सरलता से भरे निम्न शेर देखिये–

दीवाना बनाना है तो दीवाना बना दे,
डर है कहीं तक़दीर तमाशा ना बना दे।
मैं ढूँढ रहा हूँ वह मेरी शम्अ किधर है
जो बज़्म की हर चीज़ को परवाना बना दे।[3]

—'बहज़ाद' लखनवी

राज़े–उलफ़त छुपा के देख लिया,
दिल बहुत कुछ जला के देख लिया।
और क्या देखने को बाक़ी है,
आप से दिल लगा के देख लिया।[4]

—फ़ैज़ अहमद 'फ़ैज़'

हर तरफ़ हर जगह बेशुमार आदमी
फिर भी तन्हाइयों का शिकार आदमी।

---

1. तत्रैव, पृ. 30–31 2. तत्रैव, पृ. 9 3. तत्रैव, पृ. 10 4. तत्रैव, पृ. 11.

सुब्ह से शाम तक बोझ ढोता हुआ
अपनी ही लाश का ख़ुद मज़ार आदमी।[1]

—निदा फाज़ली

जैसे ऊपर कहा गया, हिन्दी भाषा का प्रभाव उर्दू में लिखी रुबाइयों और नज़्मों पर भी देखने को मिलता है जिन के कुछ सुन्दर उदाहरण फ़िराक़ गोरखपुरी की निम्न दो रुबाइयों और हाली पानीपती की एक मशहूर नज़्म के निम्न अंश में साफ़ दिखाई देते हैं। रुबाइयाँ 'अरब और ईरान की चीज़ न रहकर भारतीय मालूम होती हैं'।[2]

खिलती कली, मुस्कराते ओंठों की महक!
मँडलाती हुई घटाएँ अलकों की लटक।
जोबन के मधु—कलस भी छलके छलके
माथे के चन्द्रलोक की नर्म दमक।[3]

—फ़िराक़ गोरखपुरी।

पनघट पे गगरियाँ छलकने का यह रंग
पानी हिचकोले लेके भरता है तरंग
काँधों पे, सिरों पे, दोनों बाँहों में कलश
मद अँखड़ियों में सीनों में भरपूर उमंग।[4]

—फ़िराक़ गोरखपुरी

रेत की सी दीवार है दुनिया
ओछे का सा प्यार है दुनिया,
बिजली जैसी चमक है इस की
पल दो पल की झलक है इसकी।[5]

—हाली पानीपती।

3. नज़्म

(i) व्याख्या—साधारणतया किसी विषय पर लिखी गई लयबद्ध, लम्बी कविता को नज़्म कहते हैं। नज़्म घटना एवं विवरण—प्रधान काव्य है। इसके

---

1. ग़ज़लः सौंदर्य मीमांसा, लेखक : डॉ. अब्दुर्रशीद ए. शेख़, पृ. 111.
2. अश्क, उपर्युक्त, पृ. 15
3. तत्रैव,
4. फ़िराक़ गोरखपुरी का कलाम, सम्पादक : डॉ. राणा प्रताप सिंह 'राना' गन्नौरी, पृ. 179.
5. हाली पानीपती का कलाम, सम्पादक : बेगम मुमताज मिर्ज़ा, पृ. 40

अंतर्गत भावों को शृंखलाबद्ध प्रक्रिया से व्यक्त किया जाता है।[1] यह गीत और ग़ज़ल की दरम्यानी कड़ी है। लयबद्ध होने की दृष्टि से ग़ज़ल और गीत भी नज़्म के अंतर्गत आते हैं परंतु ग़ज़ल, गीत और नज़्म की, लयबद्धता के अलावा भी अपनी–अपनी और विशेषताएँ हैं जो उन्हें काव्य की विभिन्न धाराएँ बना देती हैं।

नज़्म का आधार अनुभव है, गीत की तरह केवल चेतना, या ग़ज़ल की तरह भाव और कल्पना, नहीं। वह ज़िन्दगी के हर पहलू (पक्ष) को छूती है। इस प्रक्रिया (process) में हर 'नयी घटना से अनुभव प्राप्त करने का नाम' ही नज़्म है।[2] यह अपने भीतर अनेक कथ्यों को समोने की क्षमता रखती है।नज़्म अपनी बात गीत से कहीं और अधिक विस्तार से कहती है। क्योंकि यह विवरण–प्रधान काव्य–शिल्प है, इसके कई चरण, शेर या पूरे–पूरे बन्ध यदि इसमें से निकाल भी दिए जाएँ तो इसके कथ्य में कोई विशेष अंतर नहीं पड़ता।

गीत और ग़ज़ल की तुलना में नज़्म का 'क्षितिज विस्तृत है और इसकी अभिव्यक्ति स्वछंद विचरण और खोज की है।'[3] इसकी पद्धति (यानी कहने का ढंग) आनुमानिक (inferential) एवं विश्लेषणात्मक (analytical) है, परिकल्पित (imaginary) नहीं। यह स्पष्टत : बाह्य जीवन से भीतर को 'अंतस की गहराइयों में उतरने का प्रयत्न करती है।'[4] यानी, इसकी दिशा चेतन से 'सामूहिक (collective) अचेतन' की ओर है।[5] और इसका' उबाल संस्कृति का उबाल है'।[6]

गीत और ग़ज़ल की तरह नज़्म भी 'व्यक्ति और समाज के परस्पर सम्बन्ध को उजागर करती है। लेकिन उसका स्वरूप गीत और ग़ज़ल से भिन्न है।'[7] जबकि गीत के शेर (चरण), ग़ज़ल की तरह, दो–दो मिसरों के होते हैं, नज़्म के शेर दो–दो, तीन–तीन, चार–चार, या इससे भी अधिक, मिसरों (पंक्तियों) के हो सकते हैं। नज़्म के छंद भी विभिन्न होते हैं। काव्यबद्ध क़िस्से

---

1. शिल्प की दृष्टि से नज़्म में प्रायः पहली और दूसरी पंक्ति में तुक होता है। लेकिन कभी–कभी तुक का निर्वाह तीसरी और चौथी पंक्ति में भी किया जाता है। यही क्रम आगे की भी सभी पंक्तियों में चलता है।
2. आग़ा, उपर्युक्त, पृ. 238
3. तत्रैव, पृ. 281
4. तत्रैव, पृ. 244
5. तत्रैव, पृ. 283
6. तत्रैव, पृ. 290
7. तत्रैव, पृ. 289

और कहानियाँ, जैसे तुलसीकृत 'रामचरित मानस', और जयशंकर प्रसाद कृत 'कामायनी', और परमालरासो (आल्हा–उदल) के क़िस्से भी नज़्म के अन्तर्गत आते हैं।

(ii) नज़्मियत के शेर–ग़ज़लकारों का मानना है कि कुछ वर्ग (category) के शेर, ग़ज़ल शैली में रचे और बह्र– युक्त होने के बावजूद भी, ग़ज़ल के शेर न गिने जाकर, उन्हें नज़्म के शेरों के अन्तर्गत गिना जाएगा क्योंकि वह ग़ज़ल के बुनियादी (basic) अपेक्षाओं (reqirements) के पैमाने पर सफल नहीं उतरते, या उनका उल्लंघन करते हैं।[1] ऐसे वर्ग–विषय निम्नलिखित हैं–

(क) दृश्य चित्रण, ऋतु वर्णन, आदि,

(ख) खुदा या आदमी की महिमा, तारीफ़, आदि, जैसे क़सीदे के शेर,[2]

(ग) धर्म, क़ौम, वतन, राजनीति से सम्बन्धित,

(घ) व्यक्ति, स्थान और समय–विशेष, और

(च) ग़ज़ल के वे शेर जो रूप की दृष्टि से ग़ज़ल परन्तु स्वभाव की दृष्टि से नज़्म के ही एक रूप हैं। यानी, जिन में ग़ज़ल के मिज़ाज, तग़ज़्ज़ुल[3] का अभाव हो या जो नज़्मियत प्रधान हों, अर्थात् जिनकी भाषा ग़ज़ल की सांकेतिक भाषा न होकर नज़्म की सपाटबयानी की भाषा हो, और ऐसे शेर जिनमें भाव और कल्पना में अलगाव हो।

उपर्युक्त वर्ग के शेरों के कुछ उदाहरण निम्न हैं–

(क) दृश्य चित्रण के शेर

दरख़्तों की छाँवों से मय का ज़हूर,
गिरे जैसे छलनी से छन–छन के नूर।[4]

–हसन

1. गोविन्दपुरी, उपर्युक्त, पृ. 38–41.
2. तत्रैव, पृ. 63
3. चनन गोविन्दपुरी ने अपनी पुस्तक 'ग़ज़ल–एक अध्ययन' में ग़ज़ल के बयान को 'तग़ज़्ज़ुल' और नज़्म के बयान की 'नज़्मियत' कहा है। दोनों प्रत्यय में अंतर मुख्यतः अभिव्यक्ति का है। जबकि ग़ज़ल की अभिव्यक्ति सांकेतिक भाषा की है, नज़्म की सपाटबयानी की। और जबकि 'नज़्मकार का बयान एक ही व्यक्ति, वस्तु, विषय, समय–स्थान या घटना तक सीमित होकर रह जाता है....ग़ज़लकार की बात किसी विशेष व्यक्ति या घटना तक सीमित न रहकर अलग–अलग स्थितियों में किसी न किसी रूप में अपना प्रभाव क़ायम रखती हैं।' उपर्युक्त, पृ. 52. मिज़ाज ग़ज़ल के अंदाज़े–बयाँ (बात कहने का ढंग), बात की नवीनता और आश्चर्य पैदा करने की शक्ति को कहते हैं।
4. तत्रैव, पृ. 64

(ख) ख़ुदा की महिमा के शेर

तारीफ़ उस ख़ुदा की जिसने जहाँ बनाया
कैसी ज़मीं बनायी, क्या आसमाँ बनाया।[1]

—इस्माइल मेरठी

जग में आकर इधर—उधर देखा
तू ही आया नज़र, जिधर देखा।[2]

—दर्द

(ग) धर्म, क़ौम, राजनीति से सम्बन्धित शेर

ईद और नौरोज़ हैं सब दिल के हैं साथ
दिल नहीं हाज़िर तो दुनिया है उजाड़।[3]

शेख़ जब दिल ही दैर में न लगा
आ के मस्जिद से क्या लिया तूने।[4]

—हाली पानीपती

(घ) स्थान, देश और व्यक्ति—विशेष शेर

दिल्ली के न थे कूचे, अवराक़े – मुसव्वर थे,
जो शक्ल नज़र आयी, तस्वीर नज़र आयी।[5]

—'मीर' तक़ी मीर

मज़हब नहीं सिखाता आपस में बैर रखना
हिन्दी हैं हम, वतन है हिन्दोस्ताँ हमारा।

—इक़बाल

अहमद के ग़म में दीदा—ओ—दिल क्यों न हो तबाह,
दिल का सरूर था, मेरी आँखों का नूर था।[6]

—दाग़

(च) ग़ज़ल का स्वरूप लेकिन शेर नज़्मियत के सपाटबयानी के शेर—

तू है हरजाई, तो अपना भी यही तौर सही,
तू नहीं और सही, और नहीं और सही।[7]

—दाग़

1. आग़ा, उपर्युक्त, पृ. 243
2. तत्रैव, पृ. 198
3. महेन्द्र प्रताप चाँद, उपर्युक्त पृ. 25
4. तत्रैव, पृ. 73
5. गोविन्दपुरी, उपर्युक्त, पृ. 61
6. तत्रैव, पृ. 61
7. तत्रैव, पृ. 17

न सुनो, गर बुरा कहे कोई,
न कहो, गर बुरा करे कोई।[1]

—ग़ालिब

(छ) भाव और कल्पना के अलगाव के शेर[2]

नहीं आती तो याद उनकी महीनों तक नहीं आती
मगर जब याद आते हैं तो अक्सर याद आते हैं[3]

—'हसरत' मोहानी

आपके सर की क़सम दाग़ को परवा भी नहीं,
आपके मिलने का होगा जिसे अरमाँ होगा।[4]

—दाग़

ख़ुदी को कर बुलन्द इतना कि हर तक़दीर से पहले,
ख़ुदा बन्दे से ख़ुद पूछे बता तेरी रज़ा क्या है।[5]

—इक़बाल

(ज) कुछ अपवाद (exceptions)—यहाँ पर यह बात स्पष्ट करना आवश्यक है कि उपरोक्त वर्ग के शेर जब वर्ग—विशेष होते हुए भी, दिल को छूते हैं, अर्थात् जब उनका सम्बन्ध हृदय से जुड़ जाता है, तो उनका दृश्य—चित्रण, स्थान—सम्बन्धित या नज़्मियत आदि के लेबल (label) बेमायने होकर रह जाते हैं क्योंकि उस परिवर्तित (changed) स्थिति में (यानी जब ऐसे शेर दिल को छूते हैं) वे ग़ज़ल के शेरों का अंदाज़ और गुण ग्रहण कर लेते हैं और तब वे ग़ज़ल के शेर बन जाते हैं, कहलाते हैं,[6] यथा—

(1) दृश्य चित्रण

आ मेरे चाँद, रोशनी कम है,
बात बनती नहीं, सितारों से।[7]

—रज़ा बिजनौरी

---

1. जाफ़री, उपर्युक्त, पृ. 156
2. ज़ाहिर है कि सपाटबयानी तथा भाव और कल्पना में अलगाव का एक दूसरे से सीधा सम्बन्ध है। उपरोक्त विषय पर संक्षिप्त में चर्चा इस प्रवेशिका के दूसरे अध्याय के चौथे भाग में वर्जित विषय के अंतर्गत की गई है।
3. आग़ा, उपर्युक्त, पृ. 248
4. तत्रैव, पृ. 246
5. गोविन्दपुरी, उपर्युक्त, पृ. 66
6. तत्रैव, पृ. 64—65
7. तत्रैव, पृ. 65

और किस शय की आरज़ू है मुझे,
चाँदनी है, शराब है, तू है।[1]

—मुरारी लाल नदीम

(2) स्थान संबंधित

शिकवा—ए—आबला, अभी से मीर,
है प्यारे हनोज़, दिल्ली दूर।[2]

—मीर

(3) देश से संबंधित

दरो—दीवार पे हसरत की नज़र करते हैं
खुश रहो अहले—वतन, हम तो सफर करते हैं।[3]

—नवाब वाज़िदअली शाह 'अख़्तर'

(4) सपाटबयानी

आये तो यूँ कि जैसे हमेशा थे मेहरबाँ
भूले तो यूँ कि गोया कभी आशना न थे।[4]

—फ़ैज़

(iii) नज़्म के भेद (रूप)—नज़्म के अलग—अलग रूपों में, ख़ालिस (शुद्ध) नज़्म के अलावा, मसनवी, क़सीदे और मर्सिये शामिल हैं। मसनवी और क़सीदे के मिश्रण से बना 'हज़्ब' भी नज़्म के अन्तर्गत ही आता है।

(क) ख़ालिस (शुद्ध) नज़्म —शुद्ध नज़्म में नज़्म का वास्तविक (real) स्वभाव उभर आता है जैसे कि सौदा, 'नज़ीर' अकबराबादी, आदि की नज़्मों में देखने को मिलता है। सौदा की एक प्रसिद्ध नज़्म 'सरदी' और 'वक़ार' अंबालवी की एक ख़ालिस (शुद्ध) नज़्म के कुछ अंश पेश हैं—

सर्दी अबकी बरस है इतनी शदीद
सुबह निकले है काँपता ख़ुरशीद,
जितना आलम था काश्मीर हुआ
बल्कि कहिए कि जमहरीर हुआ
इन दिनों चर्ख़ पर नहीं है मिहर
गोद में काँगड़ी रखे हैं सिप्हर।[5]

—सौदा

1. तत्रैव, 2. तत्रैव, पृ. 61 3. तत्रैव, पृ. 62 4. मुहम्मद हसन, उपर्युक्त, पृ. 58 5. आग़ा, उपर्युक्त, पृ. 314

दिलकशो दिलफ़रेब हैं, दश्त भी, राहगुज़ार भी
बाग़ भी हैं खिले हुए, फूलों पे है निखार भी।
क्या करूँ मैं बहार को, दिल पे हो इख़्तियार भी
रुख़सते सैर दे मुझे, सदमए इन्तज़ार भी।
आये न वह बहार में, बीत चली बहार भी।[1]

—'वक़ार' अंबालवी

यद्यपि हाली के काल से ही नज़्म को प्रधानता मिली, 'सैद्धांतिक दृष्टि' से आधुनिक उर्दू नज़्म की शुरुआत इक़बाल (1873 ई.—1938 ई.) से मानी गयी है। प्रगतिवादी नज़्मगो शायरों में मीराज़ी, फ़ैज़, नदीम आदि का नाम प्रमुख है।[2]

(ख) मसनवी—इस काव्य—शैली के अन्तर्गत किसी प्रसिद्ध व्यक्ति, अथवा कल्पित नायक, के पद्यबद्ध जीवन चरित्र को प्रस्तुत किया जाता है।[3] मसनवी का शाब्दिक अर्थ है दोहरा करना। इसका आशय है कि मसनवी के हर शेर के दोनों मिसरे एक ही वज़न के होते हैं और इसकी दोनों पंक्तियाँ एक ही रदीफ़—काफ़िये में आबद्ध होती हैं लेकिन विभिन्न शेरों के रदीफ़—क़ाफ़िये भिन्न—भिन्न होते हैं। संपूर्ण मसनवी का एक ही छंद में होना आवश्यक है। शिल्प की दृष्टि से मसनवी के लिए आठ छोटी बह्रें (छंद) निर्धारित हैं। मसनवी को हिन्दी में खंडकाव्य कहते हैं। यूँ तो इस काव्य—रूप का क्षेत्र किसी विशेष विषय तक सीमित नहीं रखा गया है, यह कहानी प्रस्तुत करती है। लेकिन मसनवी का मूल उद्देश्य प्रेमगाथा बयान करना है। इसके सभी शेर मिलकर नज़्म की इकाई को उभारते हैं। फ़ारसी की मसनवियों में 'शाहनामा,' 'सिकन्दरनामा' तथा 'यूसुफ़ ज़ुलेख़ा' प्रसिद्ध हैं।

उर्दू के जाने—माने शायरों ने अधिकतर ग़ज़लें और मसनवियाँ लिखीं। सौदा, मीर, मुसहफ़ी, नज़ीर अकबराबादी, ज़ौक़, ग़ालिब, मोमिन, दाग़ आदि ने भी मसनवियाँ लिखीं। मीर और मोमिन की एक—एक मसनवी के कुछ अंश प्रस्तुत हैं।

कीच पानी हो, मेंह हो, या बरसात
रोज़े—रौशन हो या अँधेरी रात,
उन तलक मेरे तईं पहुँच रहना
बैठे मुँह देखना, न कुछ कहना,

---

1. अश्क, उपर्युक्त, पृ. 18 2. आग़ा, तत्रैव, पृ. 296 3. हिन्दी ग़ज़ल—उद्भव और विकास, लेखक : रोहिताश्व अस्थाना, पृ. 118

आशना, यार सारे बेगाने
कि हुए मीर जी तो दीवाने,
सुब्ह होते ही घर से चलते हैं
जैसे खोये गये निकलते हैं,
चलते जाते हैं देखते ही राह
पर कहीं की कहीं पड़े हैं निगाह।[1]

—मीर

क्या नये ढब से मुलाक़ात हुई
कि न कुछ बोले, न कुछ बात हुई,
मिल के हैरतज़दगाने
दूर बैठे हुए रोते रहे बस, —बेकस

गर्चे हरगिज़ भी न थी ताबे
पर यह बोली वो, ज़रा जी को थाम —कलाम

कि यह क्या हाल है क्यूँ रोते हो
मुफ़्त किस वास्ते जी खोते हो
अब तुम औरों से लगा लीजो जी
न हुए हम तो कोई और सही।[2]

—मोमिन

(ग) क़सीदा—क़सीदा भी अरबी—फ़ारसी काव्य की देन है। ये वह काव्य—रचनाएँ हैं जो शायर अपने बादशाह, आदि की प्रशंसा में लिखते थे। शिल्प की दृष्टि से क़सीदे का बाह्य रूप ग़ज़ल की ही तरह का होता है। क़सीदा के मुख्य—रूप में चार भाग हैं, यथा (i) 'तश्बीब नसीब' या 'क़ौल (ii) 'गुरेज', (iii) 'मक़सद' तथा (iv) 'दुआ'। इसके प्रारम्भिक अंश (यानी, तश्बीब नसीब) में शायर एक प्रेमगाथा प्रस्तुत करता है और शेष भाग में बादशाहों, नवाबों, अमीरों आदि की शान में शेर कहता है। क़सीदे में कठिन और दुरूह शब्दों के प्रयोग का प्रचलन था।

---

1. आग़ा, उपर्युक्त, पृ. 298—299 2. तत्रैव, पृ. 305

भारत में क़सीदे लिखने वाले शायरों में कुछ तो दरबारी शायर थे जिन्हें बाक़ायदा वेतन, पेंशन या दूसरी सुविधाएँ मिला करती थीं। ये शायर झूठी–सच्ची तारीफ़ (प्रशंसा) और चापलूसी की रचनाएँ लिखते थे। ऐसा भी नहीं कि ये सभी आलतू–फालतू शायर थे। ग़ालिब जैसे महान ग़ज़लकार भी दरबारी शायर थे। शायरों के लिए यह उस ज़माने का चलन था और उनकी रोज़ी–रोटी का एक साधन भी। ग़ालिब के अलावा, सौदा, मीर, जुरअत, मोमिन, ज़ौक़, आदि शायरों ने भी क़सीदे लिखे। ग़ालिब का क़सीदा–नुमा एक शेर प्रस्तुत है–

ग़ालिब भी गर न हो, तो कुछ ऐसा ज़रर नहीं
दुनिया हो या रब! और मेरा बादशाह हो।[1]

–ग़ालिब

(घ) मर्सिया–मर्सिया भी अरबी भाषा का शब्द है जिसका तात्पर्य है मृतक के गुणों का वर्णन करके सुनने और पढ़ने वालों के हृदय में करुणा का संचार करना। मर्सिया को हिन्दी में 'शोक–गीत' और अंग्रेज़ी में 'ऐलिजी' (elegy) कहते हैं।

मर्सिया एक ही साथ दो भूमिका (role) निबाहता है। यानी, जहाँ यह कहानी प्रस्तुत करता है तो साथ–साथ अपने सांकेतिक तत्वों के वर्णन में क़सीदे के लहज़े का अनुसरण (follow) करता है। स्वभाव की दृष्टि से मर्सिया नज़्म की ही शैली का अनुगमन (adhere) भी करता है।[2] शिल्प की दृष्टि से मर्सिया में साधारणता छह–छह मिसरों के समूह पाए जाते हैं। इन छह मिसरे वाले प्रत्येक छंद की पहली चार पंक्तियों में एक जैसा तुकांत तथा अंतिम दो पंक्तियों में भिन्न–भिन्न तुकांत पाया जाता है। प्रस्तुत है फ़ैज़ द्वारा लिखा 'सिपाही' का मर्सिया के कुछ अंश–

उट्ठो अब माटी से उट्ठो
जागो मेरे लाल, अब जागो मेरे लाल,
तुमरी सेज सजावन कारण
देखो आइ रैन अँध्यार
नीले शाल दुशाले लेकर
जिन में इन दुखयन अँखयन ने
ढेर किये हैं इतने मोती

1. गोविन्दपुरी, उपर्युक्त, पृ. 63 2. आग़ा, उपर्युक्त, पृ. 292.

इतने मोती जिन की ज्योति
दान से तुमरा, जग जग लागा नाम चमकने
उट्ठो अब माटी से उट्ठो,
जागो मेरे लाल, अब जागो मेरे लाल।[1]

–.फ़ैज़

4. ग़ज़ल, गीत और नज़्म में अंतर

ग़ज़ल, गीत और नज़्म एक दूसरे से केवल विधान–रूप में ही नहीं वरन अपनी–अपनी अन्य विशिष्टताओं के कारण भी, भिन्न हैं। इनकी मुख्य भिन्नताएँ निम्नलिखित हैं–

(i) संरचना (रूपविधान)–गीत के शेर (चरण), ग़ज़ल की तरह, दो–दो मिसरों के होते हैं। नज़्म के शेर दो–दो, तीन–तीन, चार–चार, या इनसे भी अधिक, मिसरों (पंक्तियों) के हो सकते हैं। गीत का काव्य–रूप भी ग़ज़ल के काव्य–रूप से भिन्न है।

(ii) रुख़ (दृष्टि)–ग़ज़ल और गीत दोनों का रुख़ अंदर (भीतर) से बाहर की ओर है जबकि नज़्म का बाह्य–बाहर–(के अनुभव) से भीतर की ओर है। अतः, जबकि गीत और ग़ज़ल बहिर्मुखी काव्य विधाएँ हैं, नज़्म, उन दोनों के विपरीत, एक अन्तर्मुखी आत्मविश्लेषी (Introspective) विधा है।

(iii) फ़ोकस (केंद्र) –गीत का फ़ोकस (दृष्टिकेंद्र) पुरुष है, ग़ज़ल का नारी (महबूब); नज़्म का मूर्त–अमूर्त कोई भी और कुछ भी व्यक्ति, समाज, समुदाय, फूल, पक्षी आदि–हो सकता है।

(iv) स्थायी भाव–गीत का संबंध हृदय की कोमल भावनाओं, 'प्रणय–प्रंसगों,' आदि से रहा है। गीत वस्तुतः मूर्तिपूजा का रूप है। ग़ज़ल का स्थायी–भाव भी प्रेम ही रहा है (यद्यपि हिन्दी ग़ज़ल का फ़ोकस प्रायः मानव के मूल्य और जीवन–संघर्ष के विविध रूप रहे हैं)। ग़ज़ल (भी) जहाँ मूर्तिपूजा का रूप है, वह 'मूर्ति भंजन की एक प्रक्रिया भी है।'[2] नज़्म की प्रेरणा मूलतः अनुभव ही है जो किसी भी रूप में हो सकता है। मानव हृदय में गीत का वातावरण पहले बनता है, नज़्म का बाद में।

(v) कथ्य –सारे गीत का कथ्य एक–विषय केन्द्रित रहता है, यानी उसके सभी शेरों में एक ही विचार, विषय, आदि, व्याप्त होता है; एक ही भाव–भंगिमा क़ायम (स्थापित) रहती है। उधर नज़्म अपने भीतर अनेकानेक

---

1. मुहम्मद हसन, उपर्युक्त, पृ. 78 2. आग़ा, उपर्युक्त, पृ. 203

कथ्यों को समोने की क्षमता रखती है। जबकि ग़ज़ल 'मिसरे पर लिखी जाती है ..... नज़्म विषय पर आधारित होती है।'[1] ग़ज़ल का हर शेर बहुआयामी होता है, और उसके कथ्य में विविधता होती है। लेकिन, गीत और ग़ज़ल की तुलना में, नज़्म के कथ्य और विवेचन (Treatment of the subject) में अधिक विविधता और ब्यौरा मिलते हैं।

कथ्य का एक और पहलू (पक्ष) भी है। गीत और नज़्म व्यक्ति के निजीरूप के प्रतिबिंब (Reflections) हैं। ग़ज़ल 'समूचे इन्सानियत' की बातचीत है।[2] वस्तुतः, ग़ज़ल 'एक पूरे युग की करवटों और मानसिक प्रेरणाओं का प्रत्यंकन (reflection) है।'[3]

(vi) कथन की प्रक्रिया–ग़ज़ल, गीत और नज़्म, तीनों का अपना–अपना लहज़ा (बोलने का तरीक़ा) है। गीत में कवि अपनी बात सरल, सीधे और स्पष्ट शब्दों में व्यक्त करता है। उसकी भाव भंगिमापूर्ण, मन की उन्मुक्त , निःसंकोच अभिव्यक्ति है। गीत की तुलना में नज़्म अपनी बात अधिक विस्तार से कहती है परन्तु उसकी अभिव्यक्ति स्पष्ट और सपाट है। गीत और नज़्म के विपरीत, ग़ज़ल में संकोच, संयम और मर्यादा का भाव सदैव बना रहता है। वह अपनी बात सांकेतिक शब्दों में कहती है जिस में अर्थ की गहराई छुपी रहती है। अतः, सहजबयानी (सांकेतिक भाषा) ग़ज़ल की विशेषता है। उसका कथन अधिक सुसम्बद्ध (ठोस), चुस्त (terse) और संक्षिप्त (concise) होता है। विवरण (description) नज़्म की विशेषता है।

(vii) प्रचलन (प्रथा)–एक काव्य–विधा के रूप में ग़ज़ल का प्रचलन केवल पूर्व तक ही सीमित रहा है। पाश्चात्य (western) साहित्य में उसका कोई अस्तित्व ही नहीं है। (वज़ीर आग़ा ने इस तथ्य के दिलचस्प भौगोलिक, सांस्कृतिक, आर्थिक, आदि कारण बताये हैं।[4] ग़ज़ल के विपरीत, गीत और नज़्म पाश्चात्य साहित्य में प्रमुख काव्य–विधाएँ हैं।

(viii) पीढ़ी का अन्तर–अंततः, ग़ज़ल, गीत और नज़्म में एक और, तथा अहम अन्तर है और वह है पीढ़ी का, पुश्त का, उत्पति (जन्म) काल का; वस्तुतः, मनुष्य के मानसिक विकास और मानव इतिहास की विभिन्न क्रमिक अवस्थाओं का।[5] वज़ीर आग़ा के शब्दों में गीत 'चेतना की पहली किरण'[6] है तो ग़ज़ल 'चेतना के बाद का व्यक्तित्व (Individuality) की स्थिति'है 'और नज़्म' एक पूर्ण व्यक्तित्व का प्रतीक है।'[7]

---

1. अस्थाना, उपर्युक्त, पृ. 115. 2. गोविन्दपुरी, उपर्युक्त, पृ. 46. 3. आग़ा, उपर्युक्त, पृ. 189. 4. तत्रैव, पृ. 191–192 5. तत्रैव, पृ. 279. 6. तत्रैव, पृ. 279. 7. तत्रैव, पृ. 287

अध्याय–2

उर्दू ग़ज़ल

लिपि (script) के भेद से ही नहीं, संरचना (construction) और मिज़ाज (स्वभाव) से भी उर्दू ग़ज़ल और हिन्दी ग़ज़ल एक दूसरे से भिन्न हैं। अतः अध्ययन के लिए इन्हें यहाँ पर अलग–अलग रखा गया है। इस बात को ध्यान में रखते हुए, इस प्रवेशिका के चौथे अध्याय में दोनों के अंतर का विस्तृत (detailed) तुलनात्मक (comparative) जायज़ा (विश्लेषण) भी किया गया है। 'उर्दू ग़ज़ल' के लिए, इस प्रवेशिका में केवल ग़ज़ल शब्द का प्रयोग किया गया है जबकि हिन्दी ग़ज़ल को 'हिन्दी ग़ज़ल' ही कहा गया है।

1. उद्‌भव और सफ़र

ग़ज़ल का उद्‌भव तो संभवतः अरबी क़सीदों से ही हुआ परन्तु फ़ारसी साहित्य में आने पर इस काव्य–विधा का विधिवत विकास हुआ और उसमें निखार आया। भारत में ग़ज़ल की शैली मिस्र से आयी और प्रारंभिक ग़ज़लें अमीर ख़ुसरो (1255 ई. 1324 ई.) और कबीर (1398 ई. से 1508 ई.) ने रचीं। ख़ुसरो की ग़ज़लें रूप की दृष्टि से ईरानी और स्वभाव की दृष्टि से हिन्दी थी।[1] कबीर ने अपनी ग़ज़लें खिचड़ी भाषा में कहीं। भारत में ग़ज़ल का सफ़र भौगोलिक भी रहा तो मानसिक भी। यह सफ़र निम्नलिखित चार अवस्थानों (पड़ावों) से गुज़रा।[2]

(i) पहला, यानी दक्षिणी, अवस्थान, 1650 ई. में, दक्षिण में 'वली' दकनी से शुरू हुआ।

1. उस समय तक उर्दू भाषा की प्रसूत-पीड़ा (birth pangs) भी शुरू नहीं हुई थी। रेख़ता, यानी दक्खिणी (उर्दू) भाषा, का प्रचलन–काल 1355 ई. से 1707 ई. तक रहा। रेख़ता के विकास में सोलहवीं शताब्दी महत्त्वपूर्ण रही।
2. आग़ा, उपर्युक्त, पृ. 210

(ii) दूसरे अवस्थान में उत्तरी भारत पहुँच कर, 1700 ई. से 1857 ई. के दरम्यान, मुग़लिया दरबार के संरक्षण (patronage) में, अपने शिरोबिंदु (zenith) पर पहुँचा।

(iii) तीसरा पड़ाव सैन्य विद्रोह (आज़ादी की पहली लड़ाई) 1857 ई. से लेकर इक़बाल तक (1938 ई.), यानी हाली से इक़बाल तक का युग, रहा।

(iv) चौथा एवं अन्तिम अवस्थान आधुनिक युग (1938 ई. से अब तक के काल) से जुड़ा है।

(i) पहला (दक्षिणी) अवस्थान–भारत में ग़ज़ल की शुरुआत दक्षिण में हुई, जो भारत में ग़ज़ल के सफ़र का पहला पड़ाव बना। इन (उर्दू) ग़ज़लों की भाषा और शब्दावली हिन्दी और उपमाएँ भारतीय थीं[1], यथा–

जोधा जगत के क्यों न डरें तुझसो ऐ सनम,
तरकश में तुझ नसल के हैं अर्जन के बान आज।
–वली औरंगाबादी

सब आशिक़ां तुझ इश्क़ में जूँ फूल बन तारे छिपे
मोरा पपीहे कोयलां तुझ शौक़ में गावे मल्हार।
–कुली क़ुतुबशाह

नैन रावन हैं, अर्जुन बान पलकें, भों धनक भिम की
हमारे दिल की दुखनगरी के राजा रामचन्दर हो।
–सिराज

(ii) दूसरा (उत्तरी) अवस्थान–जब दक्षिण भारत में ग़ज़ल हिन्दी भाषा और भारतीय प्रतीकों में कही जा रही थी, दिल्ली और उसके आस–पास की दरबारी ज़बान (भाषा) फ़ारसी थी। अतः, मुग़लिया बादशाहों, नवाबों, आदि के संरक्षण में उत्तर भारत में ग़ज़लों में फ़ारसी भाषा की शब्दावली और अरबी–फ़ारसी प्रतीकों, आदि का प्रयोग बहुलता से हुआ। ज़ाहिर है कि ये ग़ज़लें भारतीयता से नहीं जुड़ीं और पूर्णतः फ़ारसी भाषा के प्रभाव में आयीं, और ग़ज़लकारों ने फ़ारसी शब्दावली, बहरें (काव्य–विधा), तथा परम्परा का अनुकरण (follow) किया। फलस्वरूप, ज़फ़र, ज़ौक़, ग़ालिब, मोमिन, आदि ग़ज़लकारों की ग़ज़लों में अरबी–फ़ारसी भाषा और काव्य–रूप का प्रभाव साफ़ दिखाई देता है, यथा–

1. दिनेश शुक्ल, सहयोगी मुज़ावर, उपर्युक्त, पृ. 86.

पी भी जा ज़ौक़ न कर पेशो–पसे–जामे–शराब।
लब पे तोबा, तिरे दिल में हवसे– जामे– शराब।।[1]

–ज़ौक़

ग़ालिब हमें न छेड़ कि फिर जोश–ए–अश्क से
बैठे हैं हम तहय्य–ए–तूफ़ाँ लिए हुए।[2]

–ग़ालिब

क्यों सुने अर्ज़े–मुज़्तरिब मोमिन
सनम आख़िर ख़ुदा नहीं होता।[3]

–मोमिन

इस काल के ग़ज़लकारों की शायरी का स्थायी भाव भी आशिकाना ही रहा जिसमें मूर्तिपूजा का रूप भी बहुत स्पष्ट है।[4] इसके अलावा इस काल की ग़ज़लों की एक और विशेषता थी और वह थी शायर के भाव और कल्पना का "स्वछंद"[5] विचरण, उदाहरणार्थ–

कहाँ मैख़ाने का दरवाज़ा, ग़ालिब, और कहाँ वाअिज़
पर इतना जानते हैं कल वो जाता था, कि हम निकले।[6]

–ग़ालिब

मौत इक माँदगी का वक़्फ़ा है,
यानी, आगे चलेंगे दम लेकर।[7]

–मीर

उम्र तो सारी कटी इश्क़े–बुताँ में मोमिन,
आख़िरी वक़्त में क्या ख़ाक मुसलमाँ होंगे।[8]

–मोमिन

1. पंडित, उपर्युक्त, पृ. 53
2. जाफ़री, उपर्युक्त, पृ. 166
3. अस्थाना, उपर्युक्त पृ. 89
4. आग़ा, उपर्युक्त, पृ. 226
5. तत्रैव, पृ. 232
6. जाफ़री, उपर्युक्त, पृ. 158
7. ज़िक्रे–मीर, भावान्ताकर अजमल अजमली, सम्पादक : श्रीकृष्णदास पृ. 10
8. गोविन्दपुरी, उपर्युक्त पृ. 110

यह उर्दू ग़ज़ल के उत्थान (growth) के शिरोबिंदु (zenith) का काल था जिसमें ग़ज़ल, 'गीत और नज़्म दोनों के प्रभाव से मुक्त थी।'[1]

(iii) तीसरा अवस्थान—यह काल शुरू हुआ (1857 ई. में) सैन्य विद्रोह, यानी, आज़ादी की पहली लड़ाई से, यानी मुग़लिया सल्तनत के अन्त से और ग़ज़लकारों के शाही संरक्षण के लोप से। यह काल था ग़ज़ल के ज़वाल (decline) का। इस काल में ग़ज़ल में फ़ारसी शब्दावली का आपतन (incidence) क्षीण हुआ; काव्य में भारतीयता के रंग–रूप की वापसी हुई और नये प्रतीकों का प्रयोग शुरू हुआ। इस काल में नज़्म का महत्त्व भी बढ़ा।

इस युग में "हाली के दौर का हिन्दुस्तान, अदब की पुरानी रिवायतों को छोड़कर नयी रोशनी की तलाश में था।'[2] इस काल में ग़ज़ल रूप की दृष्टि से ग़ज़ल परन्तु स्वभाव की दृष्टि से नज़्म का रूप थी। यही कारण रहा कि दाग़ हाली, हसरत मोहानी आदि, की ग़ज़लों में कल्पना और चिन्तन का तत्व प्रायः दुर्बल मिलता है।[3] हाली इस काल का पहला और इक़बाल आख़िरी ग़ज़लकार थे। उपर्युक्त ग़ज़लकारों के अलावा, फ़ानी, यगाना, आदि इस काल (तीसरे अवस्थान) के अन्य जाने– माने ग़ज़लकार थे। इस काल के प्रतिनिधि (representative) ग़ज़लकारों के शेरों के कुछ उदाहरण प्रस्तुत हैं–

मेरे ख़याल में दुनिया उजड़ गयी मेरी,
तेरे ख़याल में तिनके थे आशियाने के।[4]

—दाग़

जो कहिए तो झूठी, जो सुनिए तो सच्ची
ख़ुशामद भी हमने अज़ब चीज़ पाई।[5]

—हाली

इक मुअम्मा है समझने का न समझाने का
ज़िन्दगी काहे को है, ख़्वाब है दीवाने का।[6]

—फ़ानी

1. आग़ा, उपर्युक्त, पृ. 233
2. हाली पानीपती की नज़्में, सम्पादक : बेगम मुमताज मिर्ज़ा, पृ. VIII
3. हाली की ग़ज़लें प्रायः नज़्मियत–प्रधान थी। दाग़ और हसरत की ग़ज़लों में भाव और कल्पना में अलगाव था। फ़ानी की शायरी में सोच का तत्त्व था लेकिन उसकी शैली 'परोक्ष कथन'की थी। आग़ा, उपर्युक्त, पृ. 250
4. गोविन्दपुरी, उपर्युक्त, पृ. 57
5. चाँद, उपर्युक्त, पृ. 55
6. आग़ा, उपर्युक्त, पृ. 250

अपनी हस्ती पर भी कुछ शक आ पड़ा
इल्म का सौदा बड़ा महँगा पड़ा।[1]

—यगाना

तअम्युनात की हद से गुज़र रही है निगाह
बस अब ख़ुदा ही ख़ुदा है निगाह वालों का।[2]

—फ़ानी

हम क्या करें अगर न तिरी आरज़ू करें,
दुनिया में और भी कोई तेरे सिवा है क्या।[3]

—हसरत मोहानी

(iv) चौथा और अंतिम अवस्थानः आधुनिक युग—तीसरे अवस्थान का अन्तिम शायर इक़बाल चौथे और अन्तिम अवस्थान एवं आधुनिक युग का पहला शायर था। इक़बाल के अतिरिक्त इस युग ने फ़ैज़ और फ़िराक़ जैसे महान ग़ज़लकारों को जन्म दिया। यह उथल—पुथल का काल रहा। इस काल को ग़ज़ल के परिवर्तन का युग भी कहा जा सकता है। नज़्म और हिन्दी ग़ज़ल के प्रभाव के कारण, इस काल में ग़ज़ल के कथ्य में (पारम्परिक रोमानी रंग के बावजूद) यथार्थवादी, समाजवादी, प्रयोगवादी विचार—धाराओं का प्रभाव जड़ पकड़ता गया। भाषा और शब्दावली में भी बदलाव आया। ग़ज़ल में आमफ़हम भाषा के प्रयोग का बाहुल्य हुआ और तत्सम् शब्दों के इस्तेमाल में सुस्पष्ट (marked) कमी आयी। शायर की कल्पना का स्वछंद विचरण का तेज़ भी देखने को मिला। शायरों ने नये प्रतीकों के सहारे आम-ज़िन्दगी के सभी विषयों पर, प्रायः आमफ़हम भाषा में, ग़ज़लें कहीं। ग़ज़ल अपने पारम्पारिक रंग से बाहर निकल जीवन की सच्चाइयों से सामना करती दिखाई दी। वस्तुतः इस युग में सम्पूर्ण काव्य—क्षेत्र में मंथन की प्रक्रिया जारी रही। फ़ैज़ की ग़ज़लों (और नज़्मों) में राजनीतिक और समाजवादी विचारधारा का प्रवाह रहा जिसमें 'शुद्ध मानव' को प्रस्तुत करने की प्रवृति भी जागृत हुई, यथा—

कभी हैरत, कभी मस्ती, कभी आहे—सहरगाही
बदलता है हज़ारों रंग मेरा दर्दे—महजूरी।[4]

—इक़बाल

1. तत्रैव, पृ. 253 2. तत्रैव, पृ. 199 3. तत्रैव, पृ. 248 4. आग़ा, उपर्युक्त, पृ. 256

सबा ने फिर दरे–ज़िन्दाँ प आके दी दस्तक,
सहर क़रीब है, दिल से कहो न घबराये।[1]

—फ़ैज़

वो बात सारे फ़साने में जिसका ज़िक्र न था
वो बात उनको बहुत नागवार गुज़री है।[2]

—फ़ैज़

साहित्य पर युग का प्रभाव निश्चित रूप से पड़ता है।[3] वह प्रभाव इस युग के साहित्य एवं शायरी में भी देखने को मिलता है। समकालीन शायरी में, मानों एक नये वजूद (अस्तित्व) की तलाश में, ज़िन्दगी के हर पहलू, हर जुस्तज़ू, वस्तुतः एक हलचल, (turmoil) की झलक देखने को मिलती है जैसाकि इस काल में रचे निम्नलिखित शेरों से ज़ाहिर है–

एक नाटक है ये जहाँ सारा
कौन बहरूपिया नहीं होता।[4]

—हस्तीमल हस्ती

आग न फैले बग़ावत की कहीं
आपका चूल्हा बुझाया जाएगा।[5]

—महेश अग्रवाल

ख़ुद से बातें कर सकें ऐसा
घर में इक कोना ज़रूरी है।
आदमी का दुःख समझने को
आदमी होना ज़रूरी है।[6]

—प्रदीप चौबे

तुम ज़माने की राह से आए
वरना सीधा था रास्ता दिल का।[7]

—'बाक़ी' सिद्दीक़ी

1. तत्रैव, पृ. 261 2. हसन, उपर्युक्त, पृ. 28 3. आग़ा, तत्रैव, पृ. 269 4. आधुनिक ग़ज़लें, सम्पादक : नित्यानन्द 'तुषार' पृ. 141 5. तत्रैव, पृ. 98 6. तत्रैव, पृ. 72 7. आग़ा, उपर्युक्त, पृ. 267

दिल ये कहता है कि बेटी बिक गयी बूढ़े के साथ
मुफ़लिसी कहती है उसके हाथ पीले हो गये।[1]

—मुज़तर आज़मी

आधुनिक ग़ज़ल के उक्त उदाहरण 'एक नये लहज़े की ओर संकेत करते हैं जिस से साफ़ पता चलता है कि आज का ग़ज़लगो शायर जीर्ण–शीर्ण उपमाओं, अलंकारों और प्रतीकों से सन्तुष्ट नहीं' और वह नये मूल्यों और नये आस्तित्व की खोज में जुटा है।[2]

आधुनिक युग के कुछ ग़ज़लकारों (यथा फ़िराक़ गोरखपुरी) की ग़ज़लों में यहाँ–वहाँ फ़ारसी–अरबी के शुद्ध शब्दों का प्रयोग मिलता है तो इसका कारण उनका फ़ारसी भाषा का ज्ञान, उस पर पूर्ण अधिकार और उसके बल पर अपनी ग़ज़लों में अपनी विशेष छाप छोड़ने का उनका कोई अवचेतन (subconscious) अना का जज़्बा (अहं का भाव) भी रहा लगता है विशेषतः जब फ़ारसी भाषा का प्रचलन एवं रुचि जनसाधारण एवं उर्दू साहित्यकारों में भी प्रायः लुप्त हो रही है। बह्रहाल, आहिस्ता–आहिस्ता ग़ज़लों की शब्दावली और भाषा प्रायः आमफ़हम भाषा ही हो गयी है।

2. कथ्य और उसकी विविधता

ग़ज़ल का स्थायी भाव तो परम्परागत से रोमानी (आशिक़ाना) ही रही है जो इश्क़े–मज़ाजी (यानी लौकिक पक्ष) से इश्क़े–हक़ीक़ी (यानी अलौकिक पक्ष)–महबूब के इश्क़ से ख़ुदा के इश्क़–की ओर जाता है,[3] यथा–

नाज़ुकी उसके लब की क्या कहिये,
पंखुड़ी इक गुलाब की–सी है।
'मीर' इन नीमबाज़ आँखों में
सारी मस्ती शराब की–सी है।[4]

—मीर

---

1. विवेक, उपर्युक्त, पृ. 31
2. आग़ा, तत्रैव, पृ. 277
3. जो शेर इश्क़े–मजाजी से इश्क़े–हक़ीक़ी की तरफ़ जाते हैं यानी मारफ़त (care of) का रंग लिए होते हैं, उन्हें मारफ़त (care of) के शेर और ऐसी शायरी को मारफ़त या 'तसव्वर' की शायरी कहते हैं। ऐसे शेरों और शायरी को उच्च कोटि के शेर और शायरी माना जाता है। 'मारफ़त' का शाब्दिक अर्थ है 'माध्यम' और 'तसव्वर' के मायने हैं 'कल्पना'।
4. शेख़, उपर्युक्त, पृ. 43

आशिक़ी से मिलेगा ऐ ज़ाहिद
बंदगी से खुदा नहीं मिलता।

—अज्ञात

कुछ हक़ीक़त न पूछो, क्या है इश्क़
हक़ अगर समझो, तो ख़ुदा है इश्क़।[1]

—मीर

ग़ज़ल के स्थायी रोमानी भाव के बावजूद समकालीन ग़ज़ल ज़िन्दगी के हर पहलू, हर सच्चाई से रू–ब–रू होती दिखाई देती है। आज की ग़ज़ल ज़िन्दगी का आईना हैं जो विषय–विशेष के दायरे से बहुत बाहर जा चुकी है।

3. गुण

ग़ज़ल का बह्र में निबद्ध होना उसकी परिभाषित अनिवार्यता है। ग़ज़ल का गुण नहीं। वे विशिष्टताएँ जो ग़ज़ल को अन्य काव्यधाराओं से अलग पहचान देती हैं, वही ग़ज़ल के गुण हैं। ग़ज़ल में यह गुण शायर की शायरी, उसकी ग़ज़ल की कला पर पकड़, पैदा करती है। यानी, ग़ज़ल के गुण ग़ज़ल की विशेष विशिष्टताएँ हैं, और जिनका रंग और चटक हर ग़ज़ल में भिन्न होती है। ग़ज़ल के गुणों में निम्नलिखित गुण प्रमुख हैं–

(i) गेय– संगीतात्मकता
(ii) भाषा कौशल्य
(iii) भावों की नवीनता और कल्पना की उड़ान
(iv) मिज़ाज (स्वभाव)

(i) गेय–संगीतात्मकता–संगीतात्मकता तो हर काव्य विधा का अंगी–तत्त्व है, ग़ज़ल विधा का भी। लय और उसका तरन्नुम, ग़ज़ल की विशेषता है। ग़ज़ल में गेय–संगीतात्मकता का संचार बह्र–युक्त होने के अलावा उसका रदीफ़–क़ाफ़िये, में निबद्ध होना यानी लयबद्ध होना है जो ग़ज़ल के शेरों में रवानगी (प्रवाह) देता है और जिससे वह 'राग, लय और संगीत में ढलकर' पढ़ी या कही जाती है।[2] यही कारण है कि सुगम संगीत एवं शास्त्रीय संगीत, दोनों ने ही दोनों हाथ से ग़ज़ल का स्वागत किया है। वस्तुतः ग़ज़ल और संगीत में 'जान और जिस्म' का संबंध है। अपने तरन्नुम की वजह से उर्दू काव्य में ग़ज़ल और अपना गेयता के कारण हिन्दी काव्य में गीत, का अपना-अपना अलग विशेष स्थान है।

---

1. श्री कृष्ण दास, उपर्युक्त, पृ. 16 2. शेख़, उपर्युक्त, पृ. 2.

अरूज़ के नियमों का पालन करते हुए भी केवल वही ग़ज़लें (शेर) धरातल से ऊपर उठ पाई हैं जिनमें बह्र–युक्त होते हुए, विचार की गहराई, कल्पना की उड़ान, भाषा की नवीनता, आदि, के तत्त्वों के अतिरिक्त गेय– संगीतात्मकता होती है। अतः एक सफल ग़ज़ल का गेय– संगीतात्मकता एक अंगी तत्त्व, गुण है।

जहाँ तक बह्रों का सवाल है, सभी बह्रों में एक सी गेय– संगीतात्मकता नहीं पाई जाती। केवल पाँच–सात चुनिंदा बह्रों में गेय–संगीतात्मकता का अंश अधिक है और इसी क़ारण वे बह्रें अधिक प्रचलित हैं और उन्हीं में अधिकतर सफल ग़ज़लें कहीं गई हैं।[1] पेश हैं ऐसी ही ग़ज़लों से कुछ शेर–

हम इश्क़ के मारों का इतना ही फ़साना है
रोने को नहीं कोई, हँसने को ज़माना है।[2]

–जिगर मुरादाबादी

लाई हयात आये, क़जा ले चली, चले
अपनी ख़ुशी न आये, न अपनी ख़ुशी चले।[3]

–ज़ौक़

कब ठहरेगा दर्द–ए–दिल, कब रात बसर होगी
सुनते थे वह आएँगे, सुनते थे सहर होगी।[4]

–फ़ैज़

(ii) भाषा कौशल्य–भाषा कौशल्य एक बहु–आयामी (multi-dimensional) गुण है जो शब्दावली की प्रभुता (sway) एवं आधिपत्य (mastery) से परे जाता है। ग़ज़ल की दृष्टि से भाषा कौशल्य में भाषा की (क) सादगी, नम्यता तथा संक्षिप्तता, (ख) सांकेतिकता, और (ग) अर्थ की गहराई व मौलिकता विशिष्ट हैं।

(क) भाषा की सादगी, नम्यता लोच और संक्षिप्तता–भाषा की सादगी से अभिप्राय है जनसाधारण की भाषा का होना, दुरूह (difficult) 'तत्सम' आदि, शब्दों के प्रयोग से परहेज़ करना। वस्तुतः भाषा

---

1. 'ग़ज़ल यात्रा और पदचिह्न', निश्तर ख़ानकाही, हिन्दी ग़ज़ल यात्रा–एक, सम्पादक : गिरिराजशरण अग्रवाल व अजय जनमेजय, पृ. 11
2. उर्दू के प्रसिद्ध शायर–जिगर मुरादाबादी, सम्पादक : प्रकाश पंडित, पृ. 47
3. प्रकाश पंडित, उपर्युक्त, पृ. 21
4. मुहम्मद हसन, उपर्युक्त, पृ. 69

की सादगी श्रेष्ठ ग़ज़लों और सफल शेरों का विशेष गुण है जो उन्हें एक सहज बाँकपन प्रदान करती है। भाषा की दृष्टि से ग़ज़ल समय के अनुसार अपने आपको बदलती, ढालती रही है। जब दरबारी भाषा फ़ारसी थी तो ग़ज़ल ने फ़ारसी शब्दावली को अपनाया। समकालीन यथार्थ युग में उसके रोमानी कथ्य ने जीवन की सच्चाइयों के लिए स्थान दिया। ग़ज़ल की इस नम्यता का एक सबूत (प्रमाण) अलग–अलग युग के शायरों की ग़ज़लों और शेरों की बदलती शब्दावली और कथ्य है। कुछ उदाहरण पेश हैं–

(i) आमफ़हम भाषा के शेर

ये दिल क्या है, देखा दिखाया हुआ है
मगर दर्द कितना समाया हुआ है।
मेरा दुख सुना, चुप रहे, फिर वो बोले
कि ये राग पहले से गाया हुआ है।[1]

–त्रिलोचन शास्त्री

तुम भी तो तुम नहीं हो आज
हम भी तो आज हम नहीं।[2]

–फ़िराक़ गोरखपुरी

(ii) भाषा की सादगी के शेर

बुरी और भली सब गुज़र जाएगी
ये कश्ती यूँ ही पार उतर जाएगी।[3]

–हाली पानीपती

तंगदस्ती अगर न हो 'ग़ालिब'
तंदरुस्ती हज़ार नेमत है।[4]

–ग़ालिब

(iii) फ़ारसी भाषा से प्रभावित शेर

य' मसाइल–ए–तसव्वुफ़, यह तिरा बयान, ग़ालिब
तुझे हम वली समझते, जो न बादाख़्वार होता।[5]

–ग़ालिब

1. विवेक, उपर्युक्त, पृ. 60 2. 'राना' गन्नौरी, उपर्युक्त, पृ. 63 3. चाँद, उपर्युक्त, पृ. 53 4. गोविन्दपुरी, उपर्युक्त, पृ. 57 5. जाफ़री, उपर्युक्त, पृ. 34

मक़ाम 'फ़ैज़' कोई राह में जँचा ही नहीं,
जो कू–ए–यार से निकले तो सू–ए–दार चले।[1]

—फ़ैज़

(iv) भाषा की नम्यता (यथार्थवादी एवं प्रयोगवादी) के शेर

मैं हूँ ख़ुशबू मुझे घर नहीं चाहिए,
ज़िन्दगी क़ैद होकर नहीं चाहिए।[2]

—रज़ा हैदरी

यहाँ मज़बूत से मज़बूत लोहा टूट जाता है,
कई झूठे इकट्ठे हों तो सच्चा टूट जाता है।[3]

—हसीब सोज़

फ़ाख़ता चुप हैं बड़ी देर से क्यूँ,
सरू की शाख़ हिलाकर देखो।[4]

—नासिर काज़मी

जब से दीवार हो गयी बूढ़ी,
इश्तहारों के काम आती है।[5]

—शबाब मेरठी

सिर्फ़ खुशियाँ ही काफ़ी नहीं,
दर्द ज़िंदगी का बकसुआ है।[6]

—विष्णु सक्सेना

हिन्दी के दोहों की तरह, ग़ज़ल का हर शेर अपने आप में सम्पूर्ण ही नहीं बल्कि अपनी बात को इने–गिने शब्दों में व्यक्त करने की क्षमता रखता है। ग़ज़ल के कुछ शेरों में संक्षिप्तता इस हद तक पाई जाती है कि उनका अकेला एक मिसरा ही बहुत कुछ कह देता है और ऐसे मिसरों ने मुहावरों (proverbs) का रूप धारण कर लिया है, उदाहरणार्थ–

– इस घर को आग लग गयी घर के चिराग़ से ।

—अज्ञात

—न ख़ुदा ही मिला न विसाले सनम।

—अज्ञात

---

1. आग़ा, उपर्युक्त, पृ. 262 2. शेख़, उपर्युक्त, पृ. 129 3. विवेक उपर्युक्त, पृ. 35 4. आगा, उपर्युक्त, पृ. 274 5. विवेक, तत्रैव, पृ. 40 6. गोविन्दपुरी, उपर्युक्त, पृ. 85

– इश्क़ ने ग़ालिब निकम्मा कर दिया।

—ग़ालिब

– है प्यारे हनोज़ दिल्ली दूर।

—मीर

—वो वायदा नहीं जो वफ़ा हो गया।

—हाली

—वही होता है जो मंज़ूरे—ख़ुदा होता है।

—इक़बाल

—मुश्किलें मुझ पर पड़ीं इतनी कि आसाँ हो गयी।

—गालिब

—जान है तो जहान है प्यारे।

—मीर

– 'जुरअत' हम पहचान गये कुछ दाल में काला काला है।

—जुरअत

(ख) भाषा की सांकेतिकता—सांकेतिक भाषा ग़ज़ल का विशेष गुण है। ग़ज़ल एक मान—मर्यादा की काव्य—विधा होने के कारण, अपनी बात सांकेतिक शब्दों में अभिव्यक्त करती है। सपाटबयानी इसके स्वभाव के विपरीत जाती है। वस्तुतः सिद्ध ग़ज़लकार सांकेतिक भाषा के प्रयोग से ग़ज़लों और शेरों को आम धरातल से उठाकर उन्हें अनश्वर (अमर्त्य) बना देते हैं और बहुत कुछ कह देते हैं कुछ ही शब्दों में, यथा—

उन निगाहों ने कुछ कहा भी नहीं
बात पहुँची मगर कहाँ से कहाँ।[1]

—फ़िराक़ गोरखपुरी

अब इसी तरह वो रोटी का पता देता है
भूख के गाँव में इक चूल्हा जला देता है।[2]

—देवेन्द्र कुमार आर्य

एक चेहरा, जिसे लोगों ने कई नाम दिए,
गीता में, कुरआँ में, इंजील में देखा मैंने।[3]

—ज़हीर क़ुरेशी

---

1. 'राना' गन्नौरी, उपर्युक्त, पृ. 65 2. विवेक, उपर्युक्त, पृ. 134 3. गोविन्दपुरी, उपर्युक्त, पृ. 81

रात के बाद नये दिन की सहर आएगी
दिन नहीं बदलेगा, तारीख़ बदल जाएगी।[1]

—निदा फाज़ली

(ग) अर्थ की गहराई और मौलिकता—ग़ज़ल में शायर को अपनी पूरी बात एक शेर के दो मिसरों में ही कहनी होती है। इसके लिए वह प्रायः सांकेतिक शब्दों, प्रतीकों, बिम्बों, उपमाओं, आदि का सहारा लेता है। अतः प्रत्येक शेर के शब्द—अर्थ के भीतर उसका वास्तविक अर्थ, यानी शायर का भावनात्मक और कल्पनात्मक अभिप्रेत (intended) अर्थ एवं आशय छुपा रहता है। शेर उतना ही अधिक उम्दा, उच्च —स्तर का, श्रेष्ठ माना जाता है जितनी उसमें अर्थ की गहराई एवं मौलिकता, होती है। वस्तुतः, अर्थ की विविधता में शेर की ऊँचाई और गहराई का आभास मिलता है। ग़ज़ल की अनेक विशिष्टताओं में शेर के अर्थ की गहराई बहुत महत्वपूर्ण समझी जाती है। यद्यपि कल्पना तत्त्व ग़ज़ल का अंगी तत्त्व है, ग़ज़ल की अभिव्यक्ति में जितनी मौलिकता (वास्तविकता) होगी, ग़ज़ल उतनी ही अधिक सशक्त, सार्थक, सटीक एवं उत्तम होगी। ग़ज़ल के शेरों के अर्थ की गहराई और मौलिकता के कुछ उदाहरण निम्नलिखित हैं :

दर्द मिन्नत कश—ए—दवा न हुआ,
मैं न अच्छा हुआ, बुरा न हुआ।[2]

—ग़ालिब

दोनों आलम कहीं न टकरा जाएँ
मौत ने साज़े—ज़िन्दगी छेड़ा।[3]

—फ़िराक़ गोरखपुरी

भीड़ में गुम कभी हुए थे हम,
खोया चेहरा कहाँ से मिलता है।[4]

—अर्चना श्रीवास्तव

कहा मैंने कितना है गुल का सबात,
कली ने यह सुन कर तबस्सुम किया।[5]

—मीर

1. शेख़, उपर्युक्त, पृ. 111 2. जाफरी, उपर्युक्त, पृ. 39 3. 'राना' गन्नौरी, उपर्युक्त, पृ. 203 4. शेख़, उपर्युक्त, पृ. 159 5. आग़ा, उपर्युक्त, पृ. 221

मुहब्बत में इक ऐसा वक़्त भी दिल पर गुज़रता है
कि आँसू खुश्क हो जाते हैं, तुग़ियानी नहीं जाती।[1]

—फ़ानी

(iii) भावों की नवीनता और कल्पना की उड़ान—भावों की नवीनता और कल्पना की उड़ान ग़ज़ल के विशेष अंगी तत्त्व हैं। भावों की नवीनता के अन्तर्गत नया दृष्टिकोण नया अंदाज़ेबयां, नयी ताज़गी (नयापन), आदि आते हैं। कल्पना की उड़ान तो कल्पना की उड़ान है लेकिन इसमें भी यदि एक नयापन हो तो वह और भी अधिक मन—भावक हो जाती है। कुछ ऐसे ही शेर उदाहरणार्थ प्रस्तुत हैं—

शबे—विसाल है, गुल कर दो इन चिराग़ों को
ख़ुशी की बज़्म में क्या काम जलने वालों का।

—मोमिन

हिज्र की रात काटने वाले,
क्या करेगा अगर सहर न हुई।

—'अज़ीज़' लखनवी

अपनी तो आशिक़ी का क़िस्सा ये मुख़्तसर है,
हम जा मिले ख़ुदा से, दिलवर बदल—बदल कर।[2]

—माइल देहलवी

तुझे याद करता हूँ और सोचता हूँ,
मुहब्बत है शायद तुझे भूल जाना।[3]

—फ़िराक़ गोरखपुरी

पढ़ के रेखाएँ वो मेरे हाथ की,
और भी ख़ाली हथेली दे गया।[4]

—चाँद 'शेरी'

रंज से ख़ूगर हुआ इन्साँ, तो मिट जाता है रंज,
मुश्किलें मुझ पर पड़ी इतनी कि आसाँ हो गयीं।[5]

—ग़ालिब

---

1. तत्रैव, पृ. 201 2. गोविन्दपुरी, उपर्युक्त, पृ. 17 3. 'राना' गन्नौरी, उपर्युक्त, पृ. 32 4. तुषार, उपर्युक्त, पृ. 49 5. जाफरी, उपर्युक्त, पृ. 90

आख़िरे –शब के हम–सफ़र 'फ़ैज़' न जाने क्या हुए
रह गई किस जगह सबा, सुबह किधर निकल गई।[1]

–फ़ैज़

(iv) मिज़ाज (स्वभाव)–ग़ज़ल का बुनियादी मिज़ाज (स्वभाव) तो रोमानी, यानी आशिकाना ही है लेकिन समकालीन ग़ज़ल में जिन्दगी के हर पहलू, सभी सच्चाइयों, हर रंग का ज़िक्र मिलता है। सभी ग़ज़लों का बाह्य रूप, यथार्थ विधा, तो एक ही होती है। जो भिन्न, नूतन, होता है वह है ग़ज़ल का मिज़ाज। मिज़ाज का साधारण अर्थ स्वभाव और प्रकृति है (temperament)। इस दृष्टि से ग़ज़ल का मिज़ाज ग़ज़ल, की वह विशेषता है जो शायर अपने भावों की अभिव्यक्ति और कल्पना की उड़ान के बल पर ग़ज़ल, या उसके किसी शेर, में पैदा करता है और जो उस ग़ज़ल या शेर के पढ़ने या सुनने वालों को मधुरित एवं विस्मित (astonish) ही नहीं करती बल्कि ,कुछ लम्हों के लिए ही सही, उनके हृदय एवं मस्तिष्क में एक मंत्र–मुग्ध करती–सी स्पंदन (कम्पन) पैदा करती है, प्रभाव छोड़ती है। भावों, कल्पना और शब्दों का यह सशक्त सौंदर्य एक साधारण–सी लगती ग़ज़ल (या शेर) को समतल से उठाकर काव्य के शिखर पर ला खड़ा करता है जहाँ वह (ग़ज़ल, शेर) अमर हो जाता है।

ग़ज़ल का यह मिज़ाज–रूपी गुण महसूस तो होता है लेकिन शब्दों की पकड़ (बयान) में पूरी तरह से नहीं आता। अलग–अलग ग़ज़लकारों ने इस दुर्ग्राह्य (elusive) भाव को अपनी–अपनी समझ और अति संवेदन–शीलता के अनुसार बयान किया है, वख़ाना है। किसी ने इसे 'ग़ज़लियत' कहा तो किसी ने 'तग़ज़्जुल', 'शेरीयत', 'तासीर', (असर करने वाली शक्ति), 'नाटकीयता, 'लहज़ा,' आदि, तो किसी ने 'चमत्कार'–आनन्द स्वरूप–आश्चर्यमय–शक्ति, विलक्षण बात, आदि कहा। ग़ालिब ने इसे 'अंदाज़ेबयां (अभिव्यक्ति, प्रस्तुत करने का तरीक़ा) कहा है। ऐसा लगता है कि ये सभी विश्लेषणात्मक शब्द श्लथ (loosely) समानार्थक–रूप से ही विभिन्न ग़ज़लकारों द्वारा प्रयोग किए गये हैं जिनका मूल भाव यही है कि ग़ज़ल का विषय, विचार, शब्दावली, आदि, कितने भी पुराने, घिसे–पिटे, क्यों न हों, ग़ज़ल का मिज़ाज, लहज़ा, अंदाज़ेबयां, उसमें (ग़ज़ल में) एक चमत्कार, एक नवीनता पैदा कर देता है जो उसे अनुपम, अद्वितीय, अतुल्य (incomparable) बना देता है। जी हाँ, यही ग़ज़ल के मिज़ाज का निराला, अनूठापन है, विलक्षणता है। मिसाल के तौर पर कुछ ऐसे शेर पेश हैं–

1. मुहम्मद् हसन, उपर्युक्त, पृ. 54

मक़्तबे–इश्क़ का 'मोमिन' है निराला दस्तूर
उसको छुट्टी न मिली, जिसको सबक़ याद हुआ।

—मोमिन

यह भी सोचा है रोने वाले
किस मुश्किल से दर्द उठा है।[1]

—फ़िराक़ गोरखपुरी

रुख़े– रोशन के आगे शमा रखकर वो ये कहते हैं,
उधर जाता है देखें, या इधर परवाना आता है।[2]

—दाग़

ज़ाहिद शराब पीने दे मसजिद में बैठकर,
या वो जगह बता कि जहाँ पर ख़ुदा नहीं।[3]

—ज़ौक़

हम वहाँ हैं, जहाँ से हमको भी
कुछ हमारी ख़बर नहीं आती।[4]

—ग़ालिब

(v) गुणों के कुछ और पक्ष—शायर गोविन्दपुरी के अनुसार ग़ज़ल के गुणों की एक लंबी फ़िहरिस्त (सूची) है। उन्होंने ग़ज़ल के गुणों में 'तक़रार' (कहा–सुनी), 'तश्बीह' (उपमा), 'बुलंद ख़याली' (उच्च विचार), 'अख़्लाक़ी' या 'इसलाही ख़याल' (अच्छे आचरण या सुधारने वाले ख़याल), 'नाज़ुक ख़याली' (कोमल सोच), 'तमसील' (किसी बात को उदाहरण से प्रस्तुत करना), 'मुहावराबंदी' (रूढ़ वाक्यांश, यानी कहावत, लोकोक्ति), 'हक़ीक़त बयानी' (सच्चाई का वर्णन) 'सोज़–तड़प' (दाह, वेदना, बेचैनी), 'जिद्दत, 'नुदरत' (नये अंदाज़), 'बलाग़त' (सोच–भरी सरल अभिव्यक्ति), तसव्वुफ़ (सुफ़ियाना रंग के कलाम) 'क़िनाया' (सांकेतिक अभिव्यक्ति), 'तक़ाबुल' (तुलनात्मक प्रस्तुति), 'सादगी' (आडम्बर रहित बयानी), 'दलील' (तर्क), 'तसमीह' (लोक–कथा, आदि से संबंधित), 'लफ़्ज़ी रिआअत' (शब्दों का बहु–अर्थी प्रयोग), 'ख़ूबसूरत टुकड़ियाँ' (सुन्दर शब्द समूह), 'मंज़रकशी' या 'तस्वीरकशी' (सुंदर चित्र–रूपी बयान) 'शराब', 'वाइज़' (उपदेशक), 'ज़ाहिद' (भक्त), 'इबादत' (पूजा, उपासना) आदि से संबंधित; 'ज़ोर'

---

1. 'राना' गन्नौरी, उपर्युक्त, पृ. 120 2. गोविन्दपुरी, उपर्युक्त, पृ. 27 3. तत्रैव, पृ. 46 4. जाफ़री, उपर्युक्त, पृ. 120

(हू–ब–हू: पूर्ववत् बयानी), 'इख़्तसार' (संक्षेप), 'कुछ न कहते हुए भी सब कुछ कह जाना, 'सलासत' (आमफ़हम शब्दों का प्रयोग), 'मुताबक़ते–अल्फ़ाज़' (अवसरानुकूल शब्द–चयन), 'हुस्ने–तरतीब' (क्रमबद्धता से कहना), 'अल्फ़ाज़ का उल्ट– फेर' (शब्दों के साथ विचरना), आदि को गिना है।[1] ज़ाहिर है जिन ग़ज़लों में इन गुणों की अधिकता होगी, उतना ही उनमें ग़ज़ल– सौंदर्य अधिक होगा और उतनी ही वे ग़ज़लें उत्तम होंगी। उपर्युक्त गुणों वाले ग़ज़ल के कुछ और शेर उदाहरणार्थ प्रस्तुत हैं–

(क) अख़्लाक़ी ख़याल (आचरण संबंधित)

यही है इबादत, यही दीनों–ईमाँ,
कि काम आये दुनिया में इन्साँ के इन्साँ।[2]

–ज़फ़र

(ख) मुहावराबंदी (रूढ़ वाक्यांश)

वाइज़! तेरी बे–रब्त कहानी को सुने कौन,
ये ईंट कहीं की है, तो रोड़ा कहीं का।[3]

–जोश मल्सियानी

(ग) ख़ूबसूरत टुकड़ियाँ (सुंदर शब्द समूह)

बू–ए– गुल, नाला–ए–दिल, दूदे– चिराग़े महफ़िल,
जो तेरी बज़्म से निकला, सो परेशां निकला।[4]

–ग़ालिब

(घ) मंज़रकशी (दृश्य चित्रण)

क्या एक ही डोरे में बँधी उनकी नज़ाकत,
जब हिलती है गरदन तो लचकती है कमर भी।[5]

–दाग़

(च) ज़ोर (हू–ब–हू–बयानी)

मत सहल हमें जानो, फिरता है फ़लक बरसों,
तब ख़ाक के परदे से इन्सान निकलते हैं।[6]

–मीर

1. गोविन्दपुरी, उपर्युक्त, पृ. 105–112 2. तत्रैव, पृ. 108 3. तत्रैव, 4. जाफ़री, उपर्युक्त, पृ. 23 5. गोविन्दपुरी, उपर्युक्त, पृ. 110 6. तत्रैव, पृ. 109

(छ) **अल्फ़ाज़ (शब्दों) का उलट–फेर**

सुलझाएँ बे–दिली से यूँ उलझे हुए सवाल,
वाँ जायें या न जायें, न जायें कि जायें हम।[1]

—फ़ैज़

4. वर्जित विषय[2]

यूँ तो ग़ज़ल में हर प्रकार के ख़्याल (भाव) के लिये स्थान है, परन्तु इस काव्य–विधा की कुछ अपनी मान्यताएँ हैं जिनके अन्तर्गत निम्न विषयों तथा विवरणों की ग़ज़ल में उपस्थिति को वर्जित बताया गया है–

(i) किसी विशेष व्यक्ति, शहर या स्थान का ज़िक्र.

(ii) धार्मिक और राजनीतिक विषय जैसे ईश्वर, देवी–देवता की पूजा, महिमा, श्रद्धा से संबंधित शेर। इन विषयों से सम्बन्धित शेर, आदि, गीत और नज़्म के क्षेत्र (sphere), यानी ग़ज़ल के क्षेत्र के बाहर, माने जाते हैं। और यदि ग़ज़ल शैली में उपर्युक्त विषयों पर शेर कहे गये हों तो उन्हें ग़ज़ल के शेर न मानकर नज़्मियत के शेर माना गया है।[3]

(iii) शेरों में स्त्री–क्रिया का वर्णन, तथा

(iv) महबूब, यानी प्रेमिका, को सम्बोधित करते समय प्रथम व्यक्ति अभिव्यक्ति (expressions) जैसे, मेरी जान, मेरी रानी, आदि।

क्योंकि ग़ज़ल परम्परा से अपनी बात सांकेतिक शब्दों में कहती है, उपरोक्त विषयों की सपाटबयानी हो या अन्य विषयों से सम्बन्धित, सपाटबयानी को भी ग़ज़ल की अभिव्यक्ति से वर्जित माना गया है और ऐसे शेरों को भी ग़ज़ल के शेर न मानकर नज़्मियत के शेर कहा गया है।[4] सच तो यह है कि सपाटबयानी ग़ज़ल के सहजात सौंदर्य को क्षीण करती है तथा ग़ज़ल की मान्यताओं के विरुद्ध जाती है।

5. उर्दू ग़ज़ल की नयी संज्ञाएँ

ग़ज़ल के इस आधुनिक काल में, ग़ज़ल को सिर्फ़ ग़ज़ल न कहकर, उसके नाम के साथ अनके विशेषणात्मक शब्द भी लगाए जा रहे हैं, जैसे–'आधुनिक', 'आज़ाद', 'नयी', 'जदीद', आदि, जो ग़ज़ल के नये

1. तत्रैव, पृ. 112 2. ग़ज़ल में वर्जित विषयों पर इस प्रवेशिका के पहले अध्याय के तीसरे भाग में 'नज़्मियत के शेर' के अन्तर्गत विस्तृत चर्चा की गयी है। 3. गोविन्दपुरी, उपर्युक्त, पृ. 38–39. 4. तत्रैव, पृ. 60–61

कथन एवं शैली की तरफ़ संकेत करते हैं। क्योंकि इन नयी संज्ञाओं का प्रयोग कोई बहुत निर्णायक (definitive) ढंग से नहीं हो रहा है और ऐसा प्रायः एक काव्य विधा के परवर्ती (transitional) काल (stage) में ही होता है, जब एक सिद्ध, प्रमाणित (established) काव्य–धारा अनेक धाराओं में बँटने, बिखरने लगती है। अतः ग़ज़ल, विशेषतः उर्दू ग़ज़ल, इसी नये दौर से गुज़र रही है।

(i) आधुनिक नयी (जदीद) ग़ज़ल–हिन्दी ग़ज़ल से प्रभावित होकर, आधुनिक (नयी) उर्दू ग़ज़ल का कथ्य, ग़ज़ल के पारम्परिक कथ्य (यानी इश्क़) से बाहर निकल, मानव के संघर्ष–भरे जीवन के विभिन्न पहलुओं, समाज की विभिन्न समस्याओं और जुस्तजू (तलाश, खोज), पर लिखी जा रही हैं। वस्तुतः इश्क़–मज़ाजी (मानव–प्रेम, भौतिक प्रेम) से इश्क़–हक़ीक़ी (ईश्वर–भक्ति) की ओर बढ़ने वाली दार्शनिक (दर्शन–शास्त्र से जुड़े हुए) के अलावा प्रयोगशाली ग़ज़लें भी कही जा रही हैं। इन ग़ज़लों में कथ्य की विभिन्नता ही नहीं है वरन् पुराने प्रतीकों (जैसे साक़ी, मीना, क़फ़स, आदि) के स्थान पर नये प्रतीकों (जैसे चाँदनी, रात, प्यास आदि) और बिम्बों तथा मुहावरों का प्रयोग आम (common) होता जा रहा है। अतः ग़ज़ल की सोच एवं कलेवर (ढाँचा, देह) में, पारम्पारिक ग़ज़ल की तुलना में, नयी धाराएँ देखने को मिल रही हैं। यही आधुनिक ग़ज़ल है जिसका आरम्भ ज्ञान प्रकाश विवेक ने कमोबेश नासिर काज़मी से कहा है।[1] आधुनिक ग़ज़ल के कुछ उदाहरण निम्नलिखित हैं–

दिल में एक लहर – सी उठी है अभी,
कोई ताज़ा हवा चली है अभी।
भरी दुनिया में जी नहीं लगता–
जाने किस चीज़ की कमी है अभी।[2]

–नासिर काज़मी

हम अपने अहद की ख़ुशियां ख़रीदते कैसे,
हमारे पास गुज़िश्ता सदी के सिक्के थे।[3]

–जावेद बर्क़ी

जो हाल ज़िन्दगी के थे, अब भी हैं बरक़रार,
मुश्किल से चार दिन टिके पत्थर मज़ार के।[4]

–हस्तीमल 'हस्ती'

---

1. विवेक, उपर्युक्त, पृ. 30 2. तत्रैव, पृ. 30–31 3. तत्रैव, पृ. 36 4. अग्रवाल व जनमेजय, उपर्युक्त, पृ. 159

उसकी ख़ामोशियाँ ये कहती हैं
उसके दिल में ज़बान है शायद।[1]

—अंसार कंबरी

इस तरल (flux) स्थिति में जहाँ ग़ज़ल में 'युग की हर नयी करवट को वर्जित किया' और इस प्रक्रिया (process) में अपने लचीलेपन (flexibility) का भी प्रमाण दिया, वहीं 'ग़ज़ल का यह नया रूप एक हद तक आधुनिक उर्दू नज़्म के निकट आ गया है'[2], जैसे—

दुनिया को इंक़लाब की याद आ रही है आज,
तारीख़ अपने आप को दुहरा रही है आज।[3]

—फ़िराक़ गोरखपुरी

वो सारे बरस की जान बरसात,
वो कौन ख़ुदा की शान बरसात,
आई है बहुत दुआओं के बाद,
और सैकड़ों इल्तजाओं के बाद।[4]

—हाली

रात बाक़ी थी अभी जब सरेबाली आकर,
चाँद ने मुझ से कहा – जाग सहर आई है,
जाग इस शब जो मय–ए–ख़्वाब तेरा हिस्सा थी,
जाम के लब से तहे जाम उतर आई है।[5]

—फ़ैज़

हाली और उसके समकालीन शायरों ने 'जदीद', यानी नयी, ग़ज़ल का अर्थ प्रायः वह काव्य–रूप लगाया जिसका ढाँचा ग़ज़ल का हो लेकिन रूप नज़्म (या गीत) का, जो, अतः, सुननेवालों को कविता भी जान पड़ सकती है। इसलिए ग़ज़ल के ऐसे शेरों को नज़्मियत के शेर ही कहा गया। हिन्दी में इन नयी (जदीद) ग़ज़ल को 'अनुगीत' की संज्ञा दी गयी जबकि नीरज ने अपने लेखों में इन्हे 'गीतिका' का नाम दिया।[6]

(ii) आज़ाद ग़ज़ल—आज़ाद ग़ज़ल में क़ाफ़िया और रदीफ़ की व्यवस्था वही रही लेकिन उन में बह्र के 'टुकड़ों' को थोड़ा घटा या बढ़ा दिया

1. नित्यानन्द 'तुषार', उपर्युक्त, पृ. 38 2. आग़ा, उपर्युक्त, पृ. 277 3. 'राना' गन्नौरी, उपर्युक्त, पृ. 164 4. बेगम मुमताज मिर्ज़ा, उपर्युक्त, पृ. (ix) 5. डॉ., मुहम्मद हसन, उपर्युक्त, पृ. 50 6. मुज़ावर, उपर्युक्त, पृ. 148

गया।'[1] अतः आज़ाद ग़ज़ल में पंक्तियों (मिसरों) का पारम्परिक सन्तुलन न रहा। ऐसी ग़ज़लें भी जन–घोष से वंचित रहीं। कुछ हिन्दी ग़ज़लकार, ग़ज़ल के पारम्परिक अनुशासन से बाहर निकल, हिन्दी छंद शास्त्र के छंदों पर आधारित, ग़ज़लें कह रहे हैं। इतना ही नहीं वे एक ही ग़ज़ल में एक से अधिक छंदों और हिन्दी ही की उपमाओं और प्रतीकों का प्रयोग कर रहे हैं। इन हिन्दी ग़ज़लों को भी 'आज़ाद ग़ज़ल' की ही संज्ञा दी गयी है।

(iii) मुक्त ग़ज़ल–ये वे ग़ज़लें हैं जो क़ाफ़िया और रदीफ़ की व्यवस्था को मानते हुए, लेकिन बह्रों के बंधन से मुक्त, गद्य शैली में लिखी जा रही हैं।[2] इन गद्यात्मक 'नसरी' ग़ज़लों को 'मुक्त–ग़ज़ल' कहा गया। अन्य प्रयासों की तरह, यह प्रयास भी असफल रहा।

(iv) छंद–मुक्त नयी कविता (Blank verse) –नयी कविता से आशय है स्वतंत्र, प्रवाहित, काव्य के बंधन से मुक्त, अतुकांत,[3] गद्य में अभिव्यक्त लेकिन एक लय से युक्त, काव्य–रूप। हिन्दी साहित्य में यह काव्य–रूप बीसवीं सदी के पाँचवे, छठे और सातवें दशक में (लगभग 1950 ई. से 1965 ई. के दरमियान) एक सशक्त काव्य विधा के रूप में उभरकर आगे आया। हिन्दी के महाकवि निराला ने (जिनकी हिन्दी काव्य पर गहरी पकड़ ही नहीं रही बल्कि एक प्रयोगवादी और नयी कविता के प्रवर्तक कवि थे) इस नये काव्य–रूप में काव्य रचे जिससे इस विधा को एक शक्तिशाली प्रोत्साहन मिला। और शायद इसकी नवीनता के कारण, इस काव्य–रूप को बुद्धिजीवी वर्ग का भी समर्थन एवं सम्मान मिला। दरअसल इस काव्य–विधा की एक अहम ख़ूबी रही और वह ये थी कि प्रायः हर संवेदनशील मनुष्य, जो हिन्दी साहित्य से जुड़ा है या उसमें रुचि रखता है, काव्य के सभी बंधनों और व्याकरण–सम्मत नियमों से मुक्त इस काव्य रूप में अपने आप को अभिव्यक्त कर सकता है। यह 'एक खुली हुई कविता', एक सीधा–सादा गद्य–लेखन था।[4] यही कारण रहा कि देखते ही देखते यह काव्य–रूप हिंदी–साहित्य

---

1. अग्रवाल व जनमेजय, उपर्युक्त, पृ. 19
2. गद्य शैली का काव्य में प्रयोग के खंडन (contradiction) पर डॉ. मोहन अवस्थी की निम्न टिप्पणी बहुत अर्थपूर्ण (important) है:–'क्या नहीं लिखना चाहिए' कविता की ऐसी विशेषता है जो उसे गद्य के विवक्षापरक तत्त्व से पृथक् करती है। विचार विविधता, गद्य–शैली का आवश्यक गुण है, किन्तु एकभावता काव्य का प्रमुख अंग है।' डॉ. मोहन अवस्थी , आधुनिक हिन्दी काव्य शिल्प, पृ. 13
3. अतुकांत होते हुए भी, नयी कविता की एक तुकांत शैली कहने का एक ढंग है।
4. दिनेश शुक्ल, सहयोगी सम्पादक : मुज़ावर, उपर्युक्त, पृ. 105.

के क्षितिज पर बरसात के मेघों की तरह छा गया। परन्तु उतना ही शीघ्र यह क्षीण भी होने लगा। इसके कई मूल और महत्त्वपूर्ण कारण रहे।

जो गायी नहीं जा सकती, स्वतः कंठस्थ नहीं हो सकती, उद्धृत नहीं की जा सकती, जिसका जीवनकाल उतने क्षण–मात्र का है जो इसके पढ़ने में लगते हैं, वह कविता कैसी, उसमें अमरता कहाँ। जी हाँ, बस कुछ ऐसी–सी हालत इस छंद–मुक्त नयी कविता की है। यदि इस काव्य–रूप में अभी भी कुछ कविजन लिख रहे हैं (और पत्रिकाएं इसे प्रकाशित कर रही हैं) तो इसका एक ही स्पष्टीकरण कहा जा सकता है और वह है इस छंद–मुक्त काव्य–रूप का रचना (लिखना) बंधन रहित, एकदम आसान, होना ही नहीं बल्कि, सभी बंधनों और नियंत्रणों की अनुपस्थिति में, मूल्यांकन की दृष्टि से उतना ही कुटिल, अस्पष्ट और अनिश्चित होना है।

अध्याय–3

हिन्दी ग़ज़ल

मोटे तौर पर देवनागरी लिपि में लिखी जा रही ग़ज़लों को हिन्दी ग़ज़ल कह सकते हैं। इनकी भाषा सरल और इनमें हिन्दी एवं उर्दू की मिश्रित शब्दावली का प्रयोग हो रहा है। शैली की दृष्टि से ही नहीं, बल्कि ग़ज़ल विधा की दृष्टि से भी, इन ग़ज़लों में उर्दू की बहरों के अतिरिक्त हिन्दी काव्य छंद का भी प्रयोग हो रहा है। पर इसके बावजूद हिन्दी ग़ज़ल अभी भी अपनी स्थायी पहचान बनाने की प्रक्रिया (process) में ही है।[1]

1. उद्‌भव और विकास यात्रा

हिन्दी ग़ज़ल की परंपरा तो बहुत पुरानी है। हिन्दी ग़ज़ल का जन्म आदिकाल के नामवर कवि ख़ुसरो (1252 ई.–1325 ई.) से जोड़ा जाता है जिन्हें तेरहवीं शताब्दी में पहली हिन्दी ग़ज़ल रचने का श्रेय दिया जाता है। उनकी इस ग़ज़ल का एक शेर पेश है।

जब यार देखा नैन भर, दिल की गयी चिंता उतर,
ऐसा नहीं कोई अजब, राखे उसे समझाये कर।[2]

हिन्दी ग़ज़ल परंपरा में अमीर ख़ुसरो के बाद कबीर (1398 ई.–1518 ई.) का नाम लिया जाता है। कबीर ने खड़ी बोली की आमफ़हम भाषा में ग़ज़लें कहीं। उनकी एक ग़ज़ल के दो शेर निम्नलिखित हैं–

1. नीरज ने हिन्दी ग़ज़ल को, 'गीतिका' कहा है तो मोहन अवस्थी ने 'अनुगीत'। यह तो जहाँ तक नामकरण की बात है। नीरज की गीतिकायें, लेखक : नीरज, पृ. 16.
2. अमीर ख़ुसरो और उनकी हिन्दी रचनाएँ, सम्पादक : डॉ. भोलानाथ तिवारी, पृ. 122, उद्धरण शेख़ पृ. 38.

हमन है इश्क़ मस्ताना, हमन को होशियारी क्या
रहे आज़ाद या जग से, हमन दुनिया से यारी क्या।

न पल बिछुड़े पिया हमसे, न हम बिछुड़े पिया से
उन्हीं से नेह लगी है, हमन को बेक़रारी क्या।[1]

—कबीर

(i) भारतेन्दु युग—अमीर खुसरो और कबीर की प्रारंभिक हिन्दी ग़ज़लें थी। हिन्दी साहित्य के इतिहास में ग़ज़लें लिखने की नियमित परंपरा आधुनिक युग के प्रवर्तक (प्रेरित करने वाला) कवि एवं नाटककार भारतेन्दु हरिश्चन्द्र (1850 ई.—1885 ई.) के साथ शुरू हुई। वह ग़ज़ल लिखने का आरंभिक काल था। उदाहरणार्थ हैं भारतेन्दु हरिश्चन्द्र की एक ग़ज़ल के दो शेर—

दिल मेरा ले गया दग़ा करके
बेवफ़ा हो गया, वफ़ा करके।

दोस्तो कौन मेरी तुरबत पे
रो रहा है रसा—रसा करके।[2]

(ii) छायावादी युग—भारतेन्दु हरिश्चन्द्र के बाद प्रेमघन (1855 ई. —1930 ई.), हरिऔध (1865 ई.—1947 ई.), छायावाद के प्रवर्तक कवि जयशंकर प्रसाद (1889 ई.—1937 ई.); राष्ट्रीय कवि मैथिलीशरण गुप्त (1889 ई.—1964 ई.), और हिन्दी के विद्रोही कवि सूर्यकान्त त्रिपाठी 'निराला' (1896 ई.—1961 ई.) ने भी हिन्दी में ग़ज़लें लिखी। इन कवियों के कुछ शेर निम्नलिखित हैं—

दिल को तो लूट लिया करते हैं
मुझ को बेचैन किया करते हैं।
क्या तरीक़ा यह निकाला है नया
जान दे दे के लिया करते हैं।[3]

—प्रेमघन

क्यों पले पीस कर किसी को तू,
है बहुत पालिसी बुरी तेरी।

1. काशिकेय, उपर्युक्त, पृ. 19—20
2. विवेक, उपर्युक्त, पृ. 46.
3. प्रेमघन सर्वस्व, भाग—एक सम्पादक : प्रभाकेश्वर उपाध्याय, पृ. 445

हम रहे चाहते पटाना भी,
पेट तुझ से नहीं पटी मेरी।[1]

—हरिऔध

सरासर भूल करते हैं, उन्हें जो प्यार करते हैं।
बुराई कर रहें और अस्वीकार करते हैं।।
उन्हें अवकाश ही इतना कहाँ है मुझसे मिलने का
किसी से पूछ लेते हैं, यही उपकार करते हैं।।[2]

—जयशंकर प्रसाद

बिगड़कर बनते और बनकर बिगड़ते एक युग बीता,
परी और शाम रहने दे, शराब और जाम रहने दे।[3]

—निराला

किनारा वह हमसे किये जा रहे हैं।
दिखाने को दर्शन दिए जा रहे हैं।।[4]

—निराला

(iii) आधुनिक युग —प्रारंभिक ग़ज़ल लिखने वाले उपरोक्त हिन्दी कवियों के बाद आये बलबीर सिंह रंग, त्रिलोचनशास्त्री, रामावतार त्यागी (1925 ई.—1985 ई.), और शमशेर बहादुर सिंह (1911 ई.—1993 ई.)। इनकी ग़ज़लों पर भी उर्दू भाषा की छाप रही और उर्दू ग़ज़लों की तरह उनकी ग़ज़लों का भी मूल स्वर रोमानी था। इनकी ग़ज़लों के अश्आर के कुछ उदाहरण निम्नलिखित हैं—

हमने तनहाई में ज़ंजीर से बातें की हैं
अपनी सोई हुई तक़दीर से बातें की हैं।

तेरे दीदार की हमको क्या तमन्ना होगी
ज़िंदगी भर तेरी तस्वीर से बातें की हैं।[5]

—बलबीर सिंह रंग

1. हिन्दी साहित्य का इतिहास, लेखक : रामचन्द्र शुक्ल, पृ. 414
2. इन्दुकला, खंड 4, किरण 5, सम्पादक : जयशंकर प्रसाद, पृ. 498
3. शेख़, उपर्युक्त, पृ. 51
4. बेला, लेखक सूर्यकान्त त्रिपाठी 'निराला', पृ. 68
5. अग्रवाल व जनमेजय, उपर्युक्त, पृ. 111

तड़पता हूँ मगर मैं नाम तेरा ले कहाँ पाया
कभी तेरे किनारे नाव अपनी खे कहाँ पाया।
जिन्हें अपना समझता था, समझ कर प्रीति करता था
उन्हें प्रतिबिंब जैसे पंथ पर चलते कहाँ पाया।[1]

—त्रिलोचन शास्त्री

हम न बोले कभी, वह न समझे कभी
बेवजह ख़ून जज़्बात करते रहे।[2]

—रामावतार त्यागी

तन बचाने चले थे कि मन खो गया
एक मिट्टी के पीछे रतन खो गया।[3]

—रामावतार त्यागी

इल्मो—हिक़मत, दीनों—इमां, मुल्को—दौलत, हुस्नो— इश्क़,
आपको बाज़ार से जो कहिए ला देता हूँ मैं।[4]

—शमशेर बहादुर सिंह

(iv) सामाजिक यथार्थ का युग—शमशेर बहादुर सिंह के बाद हिन्दी ग़ज़लों में एक नये युग का आरंभ हुआ जिसे डॉ. मुजावर ने 'सामाजिक यथार्थ' के युग की संज्ञा दी है।[5] यह हिन्दी ग़ज़ल के विकास का युग था और यह शुरू हुआ दुष्यन्त कुमार (1933 ई.—1975 ई.) से जिन्होंने हिन्दी ग़ज़ल को पहचान और प्रतिष्ठा दिलाई। प्रस्तुत हैं उनके कुछ अशआर—

कल नुमाइश में मिला वो चीथड़े पहने हुए
मैंने पूछा नाम तो बोला कि हिन्दुस्तान है।[6]

—दुष्यन्त कुमार

मेरे सीने में नहीं तो तेरे सीने में सही,
हो कहीं भी आग लेकिन आग जलनी चाहिए।[7]

—दुष्यन्त कुमार

---

1. गुलाब और बुलबुल, लेखक त्रिलोचन शास्त्री, पृ. 69
2. शेख, उपर्युक्त, पृ. 56
3. विवेक, उपर्युक्त, पृ. 57
4. कुछ और कविताएँ, लेखक शमशेर सिंह बहादुर, पृ. 93 शेरजग गर्ग, पृ. 4
5. मुज़ावर, उपर्युक्त, पृ. 19
6. साये में धूप, लेखक : दुष्यन्त कुमार, पृ. 57
7. दुष्यन्त कुमार, तत्रैव, पृ. 30

मुझ में रहते हैं करोड़ों लोग चुप कैसे रहूँ
हर ग़ज़ल अब सल्तनत के नाम एक बयान है।[1]

—दुष्यन्त कुमार

कैसे आकाश में सूराख़ नहीं हो सकता
एक पत्थर तो तबीयत से उछालो यारो।[2]

—दुष्यन्त कुमार

यहाँ तो सिर्फ़ गूँगे और बहरे लोग बसते हैं
ख़ुदा जाने यहाँ पर किस तरह जलसा हुआ होगा।[3]

—दुष्यन्त कुमार

तुम्हारे पाँव के नीचे कोई ज़मीन नहीं,
कमाल ये है कि फिर भी तुम्हें यक़ीन नहीं।[4]

—दुष्यन्त कुमार

वस्तुतः अपने वर्तमान रूप में हिन्दी ग़ज़ल दुष्यन्त कुमार की देन हैं। उन्होंने हिन्दी ग़ज़ल को 'संवेदना व शिल्प दोनों आभूषणों से सजाया।'[5] इस दृष्टि से हिन्दी ग़ज़ल का प्रारंभिक काल और हिन्दी ग़ज़ल की पहचान केवल बीसवीं शताब्दी के मध्य के बाद से है जबकि उर्दू ग़ज़ल का इतिहास भारत के मुग़लिया सल्तनत (साम्राज्य) के सोलहवीं शताब्दी में क़ायम होने के बाद से है। अर्थात् हिन्दी ग़ज़ल का उद्भव भारत में उर्दू ग़ज़ल के उद्भव से लगभग 350 साल के बाद, और उर्दू ग़ज़ल के कारण ही, हुआ। दूसरे शब्दों मे हिन्दी ग़ज़ल तो अभी अपनी आरंभिक अवस्था, यानी अपने शैशव (childhood) काल में है।

(v) हिन्दी ग़ज़ल के विकास का युग—दुष्यन्त कुमार के बाद हिन्दी ग़ज़ल का असली दौर शुरू हुआ और बल पकड़ता गया। परिणाम स्वरूप हिन्दी ग़ज़ल की नई परिभाषिक शब्दावली (terminology) की ईजाद (invention) हुई। फलस्वरूप देवनागरी लिपि में लिखी जा रही ग़ज़लों को हिन्दी ग़ज़ल की संज्ञा दी गयी (जबकि उर्दू लिपि में लिखी जा रही ग़ज़लों को, बिना किसी विशेषणात्मक शब्द के, केवल ग़ज़ल ही कहा गया)।

---

1. तत्रैव, पृ. 57
2. दुष्यन्त कुमार : सम्पादक शेरजंग गर्ग, पृ. 9
3. तत्रैव,
4. तत्रैव, पृ. 52
5. शेख़, उपर्युक्त, पृ. 63

हिन्दी ग़ज़ल के विकास में दुष्यन्त कुमार के अतिरिक्त भवानी शंकर, चन्द्रसेन विराट, ज़हीर क़ुरेशी, डॉ. कुँवर बेचैन, आदि का भी महत्त्वपूर्ण योगदान रहा। इन कवियों की ग़ज़लों से कुछ शेर प्रस्तुत हैं।

आज चोली है कहीं पर और दामन है कहीं
और इस संबंध को किस किसने निर्वाहा नहीं।[1]

—भवानी शंकर

सुबह से शाम पत्थर तोड़ती है
निराला की यह शहज़ादी है प्यारे।[2]

—भवानी शंकर

डाल से टूटा हुआ पत्ता हूँ मेरी शर्त क्या
जाऊँगा ही अब हवा मुझको जहाँ ले जाएगी।[3]

—चन्द्रसेन विराट

भाव ऊँचा चढ़ा देखकर
लोग रिश्ते भुनाने लगे।[4]

—चन्द्रसेन विराट

इस शहर में एक टुकड़ा धूप मुश्किल हो गयी
आस्था रद्दी में बिक जाने के क़ाबिल हो गयी।[5]

—ज़हीर कुरेशी

रिश्तों के आइने जहाँ टूटे हैं बार—बार,
उन स्वार्थों की एक बेरहम चट्टान है शहर।[6]

—ज़हीर कुरेशी

जहाँ इंसान की औक़ात से दौलत बड़ी होगी
महल तनकर खड़े होंगे, झुकी हर झोंपड़ी होगी।[7]

— डॉ. कुँवर बेचैन

1. शेख़, उपर्युक्त, पृ. 147
2. मुज़ावर, उपर्युक्त पृ. 20
3. तत्रैव, पृ. 34
4. अस्थाना, उपर्युक्त, पृ. 210
5. एक टुकड़ा धूप, लेखक : ज़हीर कुरेशी
6. हिन्दी की सर्वश्रेष्ठ ग़ज़लें, सम्पादक : गिरिराजशरण अग्रवाल, पृ. 18
7. शामियाने काँच के, लेखक : डॉ. कुँवर बेचैन, पृ. 43

ये भरम लेकर कि यूँ जुड़ जाएँगी यादें तेरी,
जोड़ते रहते हैं हम टुकड़े पुराने काँच के।[1]

—डॉ. कुँवर बेचैन

(vi) नयी पीढ़ी के कवि—नयी पीढ़ी के ग़ज़लकारों में जिनका नाम आता है वे हैं—ओम प्रकाश शिव, उपेन्द्र कुमार, सूर्यभानु गुप्त, ज्ञान प्रकाश 'विवेक', गिरिराजशरण अग्रवाल, डॉ. उर्मिलेश, डॉ. रोहिताश अस्थाना, दिनेश शुक्ल, बालकृष्ण गर्ग, रऊफ़ परवेज़, आदि। हिंदी भाषा के नयी पीढ़ी के इन ग़ज़लकारों की ग़ज़लों से कुछ शेर प्रस्तुत हैं—

आंधी की तरह चलो तो कोई बात होगी
मशाल बनकर जलो, तो कोई बात होगी।[2]

—ओम प्रकाश शिव

ज़ंजीर कहीं कोई दिखाई नहीं देती
उड़ने के लिये फिर भी मैं आज़ाद नहीं हूँ।[3]

—उपेन्द्र कुमार

उम्र भर झोंपड़ों को दिखाती रही,
रोज़ कश्मीर के पोस्टर ज़िन्दगी।[4]

—सूर्यभानु गुप्त

हों न कंबल तो लोग रातों को
ओढ़ लेते हैं अरमान यहाँ।[5]

—ज्ञान प्रकाश 'विवेक'

खोये हुए ख़याल को मैं खोजता फिरा।
खोये हुए उबाल को मैं खोजता फिरा।
जीवन के आर पार नहीं जिसका हल मिला—
उस बेतुके सवाल को मैं खोजता फिरा।।[6]

—गिरिराजशरण अग्रवाल

1. तत्रैव, पृ. 39
2. मुज़ावर, उपर्युक्त, पृ. 23
3. शेख़, उपर्युक्त, पृ. 143
4. अस्थाना, उपर्युक्त, पृ. 249
5. धूप के हस्ताक्षर, लेखक, ज्ञान प्रकाश 'विवेक' पृ. 12
6. अग्रवाल, उपर्युक्त, पृ. 58. (यह शेर एक रुबाई है)

प्यार इतना हुआ अँधेरों से
डर सा लगने लगा सवेरों से।[1]

—डॉ. उर्मिलेश

चूल्हे बुझे हैं क्या हुआ, हर दिल तो जल रहा,
उठ देख ज़िन्दगी के अलामात वहीं हैं।[2]

—डॉ. रोहिताश्व अस्थाना

जीवन कठिन सवाल, हमारी बस्ती का,
हर सपना कंगाल, हमारी बस्ती का।[3]

—दिनेश शुक्ल

डूबा, डूबा दिल रहता है।
ये चाँद नहीं पर गहता है।।
दीवाना है हँस देता है—
चोटों पर चोटें सहता है।।[4]

—बाल कृष्ण गर्ग

तिलमिला जायेगी धुएँ की एक लकीर—
दीप की लौ को बुझाकर देखिए।।[5]

—रऊफ परवेज़

(vii) समाहार—हिन्दी ग़ज़ल की काव्य—यात्रा का आरंभ कुछ असंबद्ध एवं धीमा रहा। अमीर खुसरो (1255 ई.—1324 ई.) और कबीर (1398 ई.—1518 ई.) ने हिन्दी ग़ज़ल के जो बीज छितराए वे जाके भारतेन्दु हरिश्चन्द्र (1850 ई.—1885 ई.) काल में अंकुरित होने शुरू हुए और दुष्यन्त कुमार (1932 ई. —1975 ई.) के युग में पल्लवित हुए।

अमीर खुसरो से भारतेन्दु हरिश्चन्द्र और उनके बाद में आने वाले सभी हिन्दी भाषा के कवियों का रुख़ (प्रवृति) ग़ज़ल को अपनाने का रहा। इस दौर में हिन्दी ग़ज़ल कई पड़ावों से गुज़री और उसकी परंपरा का विकास निरंतर होता रहा।

---

1. पल्लवों की ओट में से, सम्पादक : हरिशंकर सक्सेना, पृ. 2
2. अस्थाना, उपर्युक्त, पृ. 288
3. मुज़ावर, उपर्युक्त, पृ. 114
4. अग्रवाल, उपर्युक्त, पृ. 117
5. गीतिका, सम्पादक : सीता राम पांडेय, पृ. 36

जहाँ तक अवस्थानों और उन अवस्थानों (पड़ावों) की राह के हिन्दी ग़ज़लकारों की बात है, भारतेन्दु–युगीन कवियों में भारतेन्दु हरिश्चन्द्र के अलावा पं. प्रताप नारायण मिश्र और बद्रीनारायण चौधरी प्रेमघन (1855 ई.–1930 ई.), द्विवेदी–युग में पं. श्रीधर पाठक, पं. अयोध्या सिंह उपाध्याय 'हरिऔध' (1865 ई.–1947 ई.), नाथूराम शंकर शर्मा, राष्ट्रकवि मैथिलिशरण गुप्त (1826 ई. –1964 ई.); छायावादी कवियों में जयशंकर प्रसाद (1889 ई.–1937 ई.), पं. माखनलाल चतुर्वेदी (1889 ई.–1968 ई.), सूर्यकान्त त्रिपाठी निराला (1896 ई.1961 ई.), आदि; छायावादोत्तर युग में रामेश्वर शुक्ल 'अंचल', नरेश शर्मा, हरिकृष्ण 'प्रेमी', जानकीवल्लभ शास्त्री, बलबीर सिंह 'रंग,' रामस्वरूप सिंदूर; प्रयोगवादी युग में अज्ञेय, शमशेर बहादुर सिंह, गिरिराज कुमार 'माथुर', त्रिलोचन शास्त्री, आदि; और आधुनिक युग में दुष्यन्त कुमार, नीरज, सूर्यभानु गुप्त, चन्द्रसेन विराट, डॉ. कुँवर बेचैन, भवानी शंकर, आदि, प्रमुख हस्ताक्षर रहे। आधुनिक काल में ही, उपरोक्त ग़ज़लकारों के अलावा, रामावतार त्यागी, बालस्वरूप राही, शिव ओम अम्बर, डॉ. उर्मिलेश, शेरजंग गर्ग, ज़हीर क़ुरेशी, गिरिराजशरण अग्रवाल, राजकुमारी रश्मि, आदि भी जाने–माने हिन्दी ग़ज़लकार हुए।

भारतेन्दु युग के कवियों ने हिन्दी ग़ज़ल को एक काव्य विधा के रूप में अपनाया। द्विवेदी काल के कवियों का ग़ज़ल के क्षेत्र में अपना महत्त्वपूर्ण योगदान रहा। छायावादी एवं छायावादोत्तर कवियों ने हिन्दी ग़ज़ल की विधा को समृद्ध किया और इस प्रक्रिया में हिन्दी ग़ज़ल की परंपरा को आगे बढ़ाने में महत्त्वपूर्ण भूमिका निभाई। उनकी ग़ज़लों में आध्यात्मिक, सामाजिक, राष्ट्रीय, प्रकृति–चित्रण, प्रणय, आदि तत्त्वों की प्रधानता रही। निराला ने ग़ज़ल शैली एवं विधा की दृष्टि से प्रयोग किये। उनकी अधिकांश ग़ज़लों में जबकि बह्र उर्दू की रही, भाषा हिन्दी की रही। प्रसाद की हिन्दी की ग़ज़लें छायावादी भावनाओं से प्रभावित रहीं। कुल मिलाकर इस युग में हिंदी–उर्दू मिश्रित भाषा में लिखी जाने वाली ग़ज़लों ने ज़ोर पकड़ा।

छायावादी काल के विपरीत, प्रयोगवादी युग में हिन्दी ग़ज़लों में उर्दू शब्दावली का दबदबा रहा। इस युग के ग़ज़लकारों ने ग़ज़ल के क्षेत्र में नये–नये प्रयोग भी किये। शमशेर की ग़ज़लों में भाषा मुख्यतः उर्दू रही, त्रिलोचन शास्त्री की ग़ज़लों की भाषा एवं शब्दावली मुख्यतः हिन्दी की रही तो गिरिराज कुमार 'माथुर' ने हिन्दी और उर्दू दोनों शब्दावलियों का ज़रूरत अनुसार प्रयोग किया।

हिन्दी ग़ज़ल का आधुनिक युग (जिसका रचना–काल 1960 ई. से शुरू हुआ) उसकी विकास यात्रा का अत्यधिक महत्त्वपूर्ण युग रहा है। इस युग

के ग़ज़लकारों ने उर्दू, हिन्दुस्तानी एवं शुद्ध हिन्दी भाषा में ग़ज़लें रचीं। इस युग में हिन्दी ग़ज़ल की अगुवाई (प्रतिनिधित्व) दुष्यन्त कुमार ने की। उनकी ग़ज़लें लोकप्रिय हुईं। उन्होंने हिन्दी ग़ज़ल की पहचान ही नहीं बनाई बल्कि उसके भविष्य की नींव भी रखी।

2. हिन्दी ग़ज़ल की विशिष्टताएँ

हिन्दी ग़ज़ल की मुख्य विशिष्टताएँ निम्नलिखित हैं।

(i) शब्दावली–हिन्दी ग़ज़ल की शब्दावली प्रायः सरल, हिन्दू–उर्दू मिश्रित, और जन–साधारण की है। यदि उसमें कहीं, कहीं हिन्दी के दुरूह (मुश्किल), या संस्कृत के तत्सम शब्द आ भी जाते हैं तो ऐसे मामले इक्का–दुक्का ही है, उर्दू ग़ज़ल में अरबी–फ़ारसी के तत्सम शब्दों जितना या उससे कुछ कम ही है। लेकिन मिश्रित शब्दावली में लिखनेवाले ग़ज़लकारों के अतिरिक्त कुछ ऐसे भी हिन्दी ग़ज़लकार उभर कर आये हैं जो शुद्ध, सरल हिन्दी शब्दावली में भी ग़ज़लें लिख रहे हैं जैसे चन्द्रसेन विराट, रुद्र काशिकेय, आदि। ऐसी सरल, किन्तु शुद्ध, हिन्दी शब्दावली के कुछ शेर प्रस्तुत हैं–

तृप्ति के बाद की प्यास दो
आस्था के अमलतास दो।[1]

–चन्द्रसेन विराट

देवी कहूँ तुम्हें कि तुम्हें मैं परी कहूँ।
कह दो तुम्ही कि क्या मैं तुम्हें सुन्दरी कहूँ।[2]

–रूद्र काशिकेय

धार तुमने उलट–पलट दी है,
यह नदी सत्य, छलकपट की है।[3]

–जानकीवल्लभ शास्त्री

खोखली आधुनिकता के संदर्भ में
मान्यताएँ बदलने लगा आदमी।[4]

–सुन्दरलाल 'अरुणेश'

---

1. आस्था के अमलतास, लेखक : चन्द्रसेन विराट, पृ. 9
2. काशिकेय, उपर्युक्त, पृ. 102
3. विवेक, उपर्युक्त, पृ. 56
4. शेख़, उपर्युक्त पृ. 168

मेरे दिल के मंदिर की मूर्तियाँ विखंडित हैं
किस तरह कहा जाये हर तरफ़ सुमंगल है।[1]

—हरेराम समीप

जानती है दुपट्टे की सीमा मगर
ओढ़ लेती है रक्षा—कवच मान के।[2]

—देवेन्द्र कुमार आर्य

(ii) भाषा—हिन्दी ग़ज़ल की भाषा मुख्यतः खड़ी बोली है जो बहुत कुछ उर्दू ग़ज़ल की भाषा से मिलती—जुलती है। लेकिन हिन्दी ग़ज़ल और उर्दू ग़ज़ल की भाषा में एक विशेष अंतर भी है। जबकि उर्दू ग़ज़ल की भाषा प्रायः आमफ़हम भाषा है, हिन्दी ग़ज़ल की भाषा (उर्दू ग़ज़ल की भाषा के विपरीत) कुछ किताबी एवं बनावटी—सी है जो हिन्दी ग़ज़ल के स्वतः स्वाभाविक सौंदर्य को क्षीण करती है। किताबी हिन्दी भाषा के कुछ शेर देखिए—

अंधकार में प्यासी आंखों की यह रही बिडम्बना,
जिधर उठाई आँख नज़र आये चमकीले प्रेत यहाँ।[3]

—दिनेश दधीचि

ज़िंदगी से हाथ करने ही पड़ेंगे,
हो गई सम्मुख बलखाने लगी है।[4]

—विश्रांत वशिष्ठ

तीखी चितवन से यों न निहारिए प्रियतम
मन की सरिता में हलचल को आना ही पड़ेगा।[5]

—डॉ. भारत गौड़

भाषा तो सम्प्रेषण का साधन है। स्वयं में वह न किताबी है और न ही स्वतः। उसे किताबी या स्वतः बनाता है लेखक और कवि। खड़ी बोली में तो हिन्दी ग़ज़ल और उर्दू ग़ज़ल में केवल लिपि का ही प्रमुख फ़र्क़ रह गया है जैसे निम्नलिखित शेरों से साफ़ ज़ाहिर है—

---

1. विवेक, उपर्युक्त, पृ. 231
2. तत्रैव, उपर्युक्त, पृ. 205
3. शेख़, उपर्युक्त, पृ. 163
4. तत्रैव, पृ. 161
5. मुज़ावर, उपर्युक्त, पृ. 150

खुद से रूठे हैं हम लोग
टूटे– फूटे हैं हम लोग।
सत्य चुराता नज़रें हमसे
इतने झूठे हैं हम लोग।[1]

–शेरजंग गर्ग

समय ने जब भी अँधेरों से दोस्ती की है,
जला के अपना ही घर, हमने रोशनी की है।[2]

–नीरज

पत्थर के जिगर वालो, ग़म में वो रवानी है,
खुद राह बना लेगा, बहता हुआ पानी है।[3]

–बशीर बद्र

इन दिनों तुम बहुत याद आए,
जैसे धुन राग के बाद आए।[4]

–त्रिलोचन शास्त्री

जब दोस्त कह दिया है तो फिर ख़ामियां न देख
टुकड़ों में जो क़ुबूल हो वो दोस्ती नहीं।[5]

–रमेन्द्र जाखू 'साहिल'

क्या मिलेगा तुझ को 'साहिल' रोने–धोने से यहाँ,
वो तो कश्ती थी समन्दर की, उसी में खो गई।[6]

–रमेन्द्र जाखू 'साहिल'

(iii) कथ्य–हिन्दी ग़ज़ल की विशिष्टता उसके कथ्य की विविधता है जो मानव जीवन के हर पहलू से जुड़ा है। हिन्दी ग़ज़ल, उर्दू ग़ज़ल की तुलना में, रोमानी कम और यथार्थवादी, प्रयोगवादी, व्यंग्यपरक, चिंतापरक, आदि कहीं अधिक है। भारतीय दर्शन और परंपराओं से प्रभावित होकर, वह सभी समकालीन विषयों, जैसे सामाजिक, आर्थिक, राजनीतिक आदि पर लिखी जा रही है। मुक्तिबोध के शब्दों में हिन्दी ग़ज़ल आदमी से संवाद करती है।[7]

जहाँ हिन्दी ग़ज़ल के कथ्य में, ग़ज़ल से ग़ज़ल की तुलना में, विविधता

---

1. अस्थाना, उपर्युक्त, पृ. 260 2. नीरज, उपर्युक्त, पृ. 57 3. शेख़, उपर्युक्त, पृ. 112 4. तत्रैव, पृ. 120 5. विवेक, उपर्युक्त, पृ. 211 6. तत्रैव, पृ. 213 7. दिनेश शुक्ल, सहयोगी मुज़ावर, उपर्युक्त, पृ. 91

है, वहीं उर्दू ग़ज़ल के विपरीत, हिन्दी ग़ज़ल के सभी शेरों का प्रायः एक ही विषय रहता है, या वो एक ही विषय के इर्द–गिर्द (आस–पास) रचे होते हैं। यानी 'हिन्दी ग़ज़ल के सभी शेर एक ही विषय को रेखाकिंत'करते हैं।[1] हिन्दी ग़ज़ल के यथार्थवादी, प्रयोगवादी, राजनीतिक, व्यंग्यपरक, चिंतनपरक शेरों के कुछ उदाहरण निम्न हैं।

सच का कोई भी ख़रीददार नहीं,
झूठ ने ऐसी तिजारत की है।[2]

–रमेंद्र जाखू 'साहिल'

रात को राम धुन के हल्ले में
जाने क्या–क्या हुआ मुहल्ले में।[3]

–अनिल खम्पारिया

सारी भेड़ें ऊन देके आ गई हैं
सोच में डूबा इक मेमना है।[4]

–वीरेन्द्र कुमार 'हमदम'

हमको पता नहीं था, हमें अब पता चला
इस मुल्क में हमारी हुकूमत नहीं है।[5]

–दुष्यन्त कुमार

कैसे पहचानते भला मुझको–
वह मिनिस्टर के साथ आये थे।[6]

–बेढब बनारसी

इस तरह रहते हैं अब बूढ़े यहाँ
जैसे हो पन्ना फटे अख़बार का।[7]

–महेश जोशी

ख़त्म होती जा रही है ज़िंदगी
आज खुद को खा रही है ज़िंदगी।[8]

–मोहन सोनी

---

1. शेख़, उपर्युक्त, पृ. 36 2. विवेक, उपर्युक्त, पृ. 211 3. अस्थाना, उपर्युक्त, पृ. 153 4. विवेक, उपर्युक्त, पृ. 133 5. दुष्यन्त कुमार, उपर्युक्त, पृ. 18 6. बेढव की बहक, लेखक : बेढ़व बनारसी, पृ. 10 7. विवेक, उपर्युक्त, पृ. 244 8. अग्रवाल, उपर्युक्त, पृ. 158

(iv) भारतीय परंपरा तथा काव्य–संस्कार–हिन्दी ग़ज़ल भारत में जन्मी और विकसित हुई। अतः उसकी भाव–भंगिमा, उसके प्रतीक, बिंब, मिथक, मुहावरे, उसकी शब्दावली एवं भाषा सभी भारतीय हैं। देवनागरी लिपि के अलावा हिन्दी ग़ज़ल की भारतीयता ही उसकी मुख्य पहचान, प्रमुख विशिष्टता है। सूर्यभानु गुप्त के शब्दों में 'हिन्दी ग़ज़ल का काव्य–संस्कार, उसका चिंतन, उसकी उपमाएँ उसके प्रतीक, उसकी संपूर्ण, काव्य–भंगिमा भारतीय है।'[1] हिन्दी ग़ज़ल के नये प्रतीक आदि के कुछ उदाहरण निम्नलिखित हैं।

दर्द के शहर में मेरा घर है
मेरे घर का पता है ख़ामोशी।[2]

–सूर्यभानु गुप्त

उम्रभर कच्ची रहगुज़ारों पर
आहटें सूंघता है सन्नाटा।[3]

–सूर्यभानु गुप्त

ऐसी काई है अब मकानों पर
धूप के पांव भी फिसलते हैं।[4]

–सूर्यभानु गुप्त

आँखों के सूखे समुंदर से कुछ आँसू चुनता जायेगा
हमको मालूम है बादल, बरसात कहाँ से लायेगा।[5]

–दिनेश शुक्ल

(v) संगीतात्मकता का अभाव–संगीतात्मकता की राह पर हिन्दी ग़ज़ल अभी अपनी अलग पहचान बनाने में लगी है। लोकप्रिय गायकी के धरातल पर तो वह उर्दू ग़ज़ल से काफ़ी पिछड़ी है। हिन्दी ग़ज़ल में उर्दू ग़ज़ल का तरन्नुम जैसी गेय शैली का तो नितांत अभाव है। हिन्दी ग़ज़ल में संगीतात्मकता की कमी के कई कारण हैं, उनमें से उसकी किताबी शैली, 'सख़्त लबो–लहजा,' 'दानेदार स्वभाव', 'विरोधी प्रकृति' मुख्य हैं।[6] इन कारणों के अलावा हिन्दी ग़ज़ल की कुछ बौद्धिक भाव–संरचना और उसके अलग क़िस्म के प्रतीक,

1. सूर्यभानु गुप्त, सहयोगी मुजावर, उपर्युक्त, पृ. 35
2. विवेक, उपर्युक्त, पृ. 145.
3. तत्रैव, पृ. 146
4. तत्रैव, पृ. 147
5. दिनेश शुक्ल, सहयोगी, मुजावर, उपर्युक्त, पृ. 89
6. विवेक, उपर्युक्त, पृ. 217

बिम्ब और उपमाएँ हैं जो जन–साधारण के जीवन से हट के हैं और जो कुछ कृत्रिम सी हैं। इन सभी एवं संबंधित कारणों से हिन्दी ग़ज़ल में संगीतात्मकता की कमी है और गेयता का नितांत अभाव है।

(iv) मिज़ाज (स्वभाव)–हिन्दी ग़ज़ल के कथ्य की विविधता उसे किसी विशेष कथ्य से ही नहीं बल्कि किसी विशेष मिज़ाज़ से भी तादात्म्य (identification) स्थापित करने में बाधक रहती है। फलस्वरूप उर्दू ग़ज़ल की तरह हिन्दी ग़ज़ल अभी तक अपना कोई विशेष मिज़ाज़–रूपी पहचान बनाने में असफल रही है। ज़हीर कुरेशी के शब्दों में हिन्दी ग़ज़ल स्वभाव से ही 'रोमांटिक कम, समाजोन्मुख अधिक' रही है।[1] इसकी अराजक प्रकृति होने के कारण यह समाज के दुःख–दर्द और संघर्षों से अधिक जुड़ी हैं। रामकुमार कृषक के अनुसार हिन्दी ग़ज़ल किसी प्रेमिका से बातचीत नहीं बल्कि ज़िंदगी से बातचीत है।[2] अपने इस स्वभाव की अभिव्यक्ति हिन्दी ग़ज़ल अपने सपाट शब्दों में खुलकर करती भी है। इसकी यह आधुनिक समाज–सोच और स्वच्छंद एवं अबोध (unhindered) व्यंग्यपूर्ण अभिव्यक्ति ही इसका मिज़ाज़ बनकर रह गयी है। हिन्दी ग़ज़ल की भाषा आमफ़हम भाषा न होने के कारण, जनसाधारण के दुःख–दर्द, 'युगीन विरूपताओं,' से जुड़ी होते हुए भी, प्रायः किताबी–सी लगती है। इन कितने ही नकारात्मक पहलुओं के बाबजूद हिन्दी ग़ज़ल के शेरों में भी भाषा का चमत्कार, एक अलग कुछ हटकर–सा मिज़ाज, देखने को मिलता है, यथा–

अपना दरवाज़ा खुला रखता हमेशा 'नीरज'
ज़िन्दगी आती है, आती है मगर चुपके से।[3]

–नीरज

जगह, कुदाल, कुआं सब तलाश कर लेंगे,
मैं सिर्फ़ सोई हुई प्यास को जगाता हूं।[4]

–देवेन्द्र कुमार आर्य

हो गई है पीर पर्वत–सी, पिघलनी चाहिए,
इस हिमालय से कोई गंगा निकलनी चाहिए।[5]

–दुष्यन्त कुमार

1. जहीर कुरेशी, सहयोगी मुजावर, उपर्युक्त, पृ. 42
2. रामकुमार कृषक, सहयोगी मुजावर, उपर्युक्त, पृ. 50
3. नीरज, उपर्युक्त, पृ. 94
4 विवेक, उपर्युक्त, पृ. 201
5. दुष्यन्त कुमार, उपर्युक्त, पृ. 30

कुछ तो अपने और मेरे दरमियाँ रहने भी दे
दूरियाँ चुभती हैं, फिर भी दूरियाँ रहने भी दे।[1]
—राज गोपाल सिंह

पानी को कागज़ों में बांधने की ज़िद न कर
मन है, इसे हदों में बाँधने की ज़िद न कर।[2]
—कुँवर बेचैन

3. हिन्दी ग़ज़ल का भविष्य

हिन्दी ग़ज़ल के बारे में एक जानकारिक (informed) अनुमान (judgement) के लिये हमने निम्नलिखित सूचकों (indicators) को आधार बनाया है—

(i) हिन्दी ग़ज़ल की लोकप्रियता (popularity);

(ii) हिन्दी ग़ज़ल का सहजात (innate) स्वभाव (character);

(iii) हिन्दी ग़ज़ल का भूत और वर्तमान; और

(iv) हिन्दी ग़ज़ल का विकास क्रम।

(i) लोकप्रियता—जो ग़ज़ल पाठकों और श्रोताओं के ह्रदय को छूती है प्रायः वही लोकप्रिय भी होती है। ऐसी ग़ज़ल की भाषा सरल, उसके भावों में गहराई, कल्पना में उड़ान और उसमें संगीतात्मकता एवं गेय गुण होते हैं। यदि एक ही भाषा की अनेकानेक ग़ज़लें, चाहे वे एक ग़ज़लकार की रची हों या अलग–अलग ग़ज़लकारों की, लोकप्रियता के पैमाने पर सफल उतरती है (जैसा की उर्दू ग़ज़लों के साथ हुआ जब वे अपने चरम–शिखर पर थीं) तो उस भाषा की ग़ज़लों का भविष्य यक़ीनन उज्ज्वल माना जाता है और होता भी है। लेकिन हिन्दी ग़ज़ल में संगीतात्मकता का अभाव है और, गेय तो वह है ही नहीं। जीवन संघर्षों से जुड़ी, आमफ़हम भाषा से दूर वह प्रायः किताबी और कृत्रिम जान पड़ती है; धरातल से ऊँची, ह्दय को छूती, मनोरंजक तो बिरले (seldom) ही है। अतः यह कोई अचरज की बात नहीं कि वह लोकप्रियता के मानदंड पर, उर्दू ग़ज़ल की तुलना में, निस्सन्देह पिछड़ी रही है। ऐसी सूरत में हिन्दी ग़ज़ल का भविष्य धुँधला, निरानन्द (gloomy) ही कहा जा सकता है।

(ii) सहजात स्वभाव—हिन्दी ग़ज़ल मूलतः परिवर्तन, जीवन के यथार्थ और सामाजिक संघर्षों से जुड़ी, अराजक (विरोधी) प्रकृति की है। अतः उसका सहजात स्वरूप चलायमान है, विशेषतः काव्य– शैलियों के संदर्भ में।

---

1. अग्रवाल, उपर्युक्त, पृ. 118
2. शेख़, उपर्युक्त, पृ. 125

कोई भी काव्य शैली वैसे भी 'किसी के द्वारा प्रदान नहीं की जा सकती' क्योंकि वह 'व्यक्ति (शायर) के भीतर से उत्पन्न होती है और उसके व्यक्तित्व की झलक रहती है।[1] शायर भी तो आख़िर समाज का ही प्राणी है और उससे निरंतर प्रभावित होता रहता है। शायर की तरह काव्य शैलियाँ भी युग–परिस्थितियों (जैसे राजनीतिक, सामाजिक और आध्यात्मिक) के अनुकूल बदलती रहती हैं। हिन्दी काव्य धारा के इतिहास के आधार पर हिन्दी में काव्य–शैलियों की परिवर्तन की यह प्रवृति प्रत्यक्ष है। उदाहरण के तौर पर, हिन्दी के समकालीन साहित्य में 'छायावाद और प्रगतिवाद का प्रायः लोप–सा हो गया है। उनके स्थान पर प्रयोगवाद के अतिरिक्त दूसरी वैयक्तिक काव्य–धारा का चलन' छोटे –छोटे कालांतराल में युग–परिवर्तन का होना, और नयी–नयी काव्य शैलियों (यथा गीत, नवगीत, कविता, अकविता, नयी कविता, मुक्त छंद, क्षणिकाएँ, हंसिकाएँ, आदि) का उभरना छंद के प्रति अनास्था और काव्य–शैलियों के क्षेत्र में अस्थिरता का सूचक है।[2] वस्तुतः, हिन्दी कविता के लंबे इतिहास में हिन्दी कविता ने विभिन्न प्रकार के आवरण ओढ़े हैं।[3] अतः इस दृष्टि से भी हिन्दी ग़ज़ल का भविष्य अनिश्चितता के काल–क्षेत्र (दायरे) में दिखाई देता है।

(iii) भूत और वर्तमान–भविष्य का वर्तमान और भूत से, सीधा संबंध है। वर्तमान भूत का प्रसार है और भविष्य भूत और वर्तमान दोनों का। अतः हिन्दी ग़ज़ल के भविष्य के बारे में उसके भूत और वर्तमान के आधार पर ही कुछ निगमन (deduce) किया जा सकता है।

भारत में हिन्दी ग़ज़ल उर्दू ग़ज़ल से बहुत पहले लिखी जाने लगी थी। जबकि हिन्दी ग़ज़ल का उद्भव तेरहवीं शताब्दी में शुरू हुआ, भारत में उर्दू ग़ज़ल का लिखा जाना सोलहवीं शताब्दी में शुरू हुआ, यानी हिन्दी ग़ज़ल के उद्भव से लगभग 300 वर्ष बाद। परंतु उर्दू ग़ज़ल अंकुरित (खिलने) होने के पश्चात दिन दुगुनी और रात चौगुनी रफ़्तार से पुष्पित हुई।

हिन्दी ग़ज़ल के जनक अमीर खुसरो रहे हों परंतु असली अर्थ में हिन्दी ग़ज़ल उन्नीसवीं शताब्दी के मध्यांतर के बाद भारतेन्दु हरिचन्द्र के काल से ही अंकुरित हुई; यानी वह लगभग 600 वर्ष तक प्राय; शीतनिष्क्रियता (hibernation) की स्थिति में रही जबकि उस दौरान उर्दू ग़ज़ल अपने चरमबिंदु पर पहुँची। क्यों और कैसे?

---

1. मोहन अवस्थी, उपर्युक्त, पृ. 10
2. हिन्दी काव्य परिजात, सम्पादक : लोकनाथ भराली , पृ. 10 134
3. तत्रैव, पृ. 135.

कारण तो छोटे–मोटे कितने ही रहे लेकिन यदि निष्कासन की प्रक्रिया (process of elimination) से सब से अहम घटक को अभिन्न (identify) किया जाए तो वह था ऊँची कोटि के ग़ज़लकारों का उर्दू शायरी के रंगमंच पर विस्फोट–एक के बाद एक का पैदा होना।

हिन्दी ग़ज़ल की अपनी अलग पहचान और प्रतिष्ठा बनी दुष्यन्त कुमार की सशक्त ग़ज़लों से ठीक उसी तरह जैसे उर्दू ग़ज़ल को जन–अभिस्वीकृति और जनघोष मिला था मीर और ग़ालिब की ग़ज़लों से। अतः हिन्दी ग़ज़ल का भविष्य जुड़ा है उसकी दुष्यन्त कुमार जैसी प्रतिभा के हिन्दी ग़ज़ल के कवियों की फसल पर। यदि हिन्दी ग़ज़ल दो–चार और दुष्यन्त कुमार पैदा करने में सफल हो जाती है तो यह उसके भविष्य के लिये निर्णायक सिद्ध होगा और तब हिन्दी ग़ज़ल भी उन्ही ऊँचाइचों को छू पाएगी जहाँ उर्दू ग़ज़ल अपने चरम–बिन्दु पर कभी पहुँची थी। हिन्दी ग़ज़ल के भविष्य के अनुग्रह में यही अनन्य परंतु प्रभावशाली कारक दिखाई देता है।

(iv) विकास क्रम–उपर्युक्त खंड (यानी 'हिन्दी ग़ज़ल का भूत और वर्तमान') में हिन्दी ग़ज़ल के भविष्य के संबंध में निगमन (deduce) करने के लिये हमने दो अलग–अलग जुदा (भिन्न) काल परिस्थितियों, यानी वर्तमान प्रति (versus) भूतकाल की तुलना की थी। इस खंड में यह तुलना काल–क्रमशः, (यानी अधिक विस्तार से) की गयी है ताकि हन अधिक परिशुद्ध एवं विश्वसनीय निष्कर्ष निकाल सकें।

इसमें कोई शक़ नहीं कि हिन्दी ग़ज़ल के बारे में भविष्यवाणी करने के लिए यह चौथा और अंतिम सूचक (यानी 'हिन्दी ग़ज़ल का विकास क्रम') बहुत ही महत्त्वपूर्ण है। निम्न तालिका में हिन्दी काव्य का विकास–क्रम काल एवं युगों अनुसार दर्शाया गया है। इस तालिका के पठन (perusal) से ज़ाहिर है कि हिन्दी काव्य स्वभाव से ही परिवर्तन की अनुयायी (follower) रहा है। वह समय के साथ विभिन्न प्रकार के आवरण ओढ़ते आया है, अपने रंग–रूप – काव्य शैलियों – में बदलाव लाता रहा है। इतना ही नहीं उसकी परिवर्तन की यह प्रवृति (inclination) समय के साथ प्रबल होती जा रही है तथा हिन्दी काव्य के हर काल और युग की अवधि प्रायः घटती जा रही है।[1]

1. भराली, तत्रैव, पृ. 109–135

तलिका नं. एक

काल / युग (era)	कालावधि (period)	अवधि (वर्ष)
1. कालः—		
1. आदिकाल ...	800 ई. से 1300 ई.	500
2. भक्तिकाल ...	1300 ई. से 1750 ई.	450
3. रीतिकाल ...	1650 ई. से 1850 ई.	200
4. आधुनिक काल ...	1850 ई. से अब तक	160
2. आधुनिक काल के युग		
1. भारतेन्दु युग ...	1850 ई. से 1900 ई.	50
2. द्विवेदी युग ...	1900 ई. से 1920 ई.	20
3. वर्तमान युग ...	1920 ई. से 1950 ई.	90
3. वर्तमान युग के उपयुग		
1. साम्यवाद युग ...	1920 ई. से 1940 ई.	20
2. प्रगातिवाद युग ...	1940 ई. से 1950 ई.	10
3. प्रयोगवाद युग ...	1950 ई. से 1960 ई.	10
4. बाद के अन्य युग ...	1960 ई. से अब तक	50

नोट : यह तालिका हिन्दी काव्य परिजात के पृ. 108 से पृ. 135 के आधार पर, निर्माण की गयी।

उपर्युक्त तालिका से भी ज़ाहिर है कि हिन्दी काव्य के प्रत्येक काल एवं युग की अवधि (life span) प्रायः घटती जा रही है। तालिका नं. दो में उन विशेष काव्य–रूप और शैलियों को दर्शाया गया है जो विभिन्न कालों में उस काल के राजनीतिक, सामाजिक, आध्यात्मिक आदि स्थितियों की प्रतिक्रिया में उभर कर आयी। इस तालिका से ज़ाहिर है कि आधुनिक काल में प्रयोग हुई विभिन्न शैलियों में 'गीत को छोड़कर ग़ज़ल ने ही अपने श्रोताओं पर विशिष्ट प्रभाव डाला।'[1] यानी, हिन्दी ग़ज़ल के भविष्यरूपी आशा की एक किरण हिन्दी काव्य साहित्य में पहली बार नज़र आयी। इस तालिका से यह भी ज्ञात होता है कि जबकि हिन्दी ग़ज़ल का उद्भव तेरहवीं शताब्दी में हुआ, उसको पहचान और प्रतिष्ठा बीसवीं शताब्दी में जाकर मिली, यानी (जन्म के)

1. डॉ. रमा सिंह, सहयोगी, मुजावर, उपर्युक्त, पृ. 140 के बिना पर निर्मागित की गयी।

पूरे 700 वर्ष बाद। इन 700 वर्षे में हिन्दी ग़ज़ल के गुण (या उसकी विधा) नहीं बदले। वे तो सदा से वही रहे और रहेंगे भी। और ऐसा भी नहीं कि इस दौरान महान हिन्दी कवि नहीं पैदा हुए या उन्होंने हिन्दी में ग़ज़लें लिखने का प्रयोग नहीं किया। उन्होंने हिन्दी ग़ज़लें अवश्य लिखीं परंतु उन्होंने ग़ज़ल शैली को कोई विशेष महत्त्व नहीं दिया। यह काम किया दुष्यन्त कुमार ने और ब–खूबी, बहुत अच्छी तरह से किया।

तालिका न. दो

काल	उस काल में प्रचलित काव्य शैलियाँ[1]
1. आदिकाल	वीर–रस प्रधान कविताएँ
2. भक्तिकाल	दोहा, चौपाई और छंद शैली
3. रीतिकाल	दोहा, कवित्त, सवैया, छप्पय, आदि
4. आधुनिक काल	कुछ नयी शैलियों का प्रयोग हुआ जैसेकि गीत, नवगीत, मुक्तछंद, क्षणिकाएँ, हंसिकाएँ और ग़ज़ल

(v) निष्कर्ष–हिन्दी ग़ज़ल के भविष्य के उपर्युक्त सिंहावलोकन से निम्नलिखित निष्कर्ष सामने आते हैं।

(क) लोकप्रियता के मापदंड पर हिन्दी ग़ज़ल उर्दू ग़ज़ल से बहुत पिछड़ी है।

(ख) हिन्दी ग़ज़ल का सहजात स्वभाव अराजक तथा परिवर्तन –मुखी है। उसके लंबे इतिहास में किसी भी उच्च–कोटि के हिन्दी कवि ने ग़ज़ल शैली में विशेष रुचि नहीं ली।

(ग) दुष्यन्त कुमार के बीसवीं शताब्दी में हिन्दी ग़ज़ल के रंगमंच पर आने से पहले हिन्दी ग़ज़ल का कोई अपना विशेष अस्तित्व ही नहीं था।

(घ) हिन्दी ग़ज़ल की पहचान और प्रतिष्ठा उसके उद्भव के पूरे 700 वर्ष के बाद आधुनिक काल के वर्तमान युग में जा कर बनी ।

(च) बह्र युक्त होना ग़ज़ल की एक तकनीकी पूर्वापेक्षा (pre-requisite) है; पूर्णता नहीं। सांकेतिक भाषा, भाव की नवीनता, कल्पना की उड़ान, विचार की गहराई का मिश्रण, ग़ज़ल के अंगी तत्त्व ही नहीं, उसकी आत्मा हैं। इनके

1. तत्रैव, पृ. 140 के आधार पर निर्मागित की गई।

बगैर बह्र–युक्त ग़ज़ल, ग़ज़ल का ढाँचा, कंकाल भर बनकर रह जाती है। अधिकांश हिन्दी ग़ज़लें बस कुछ ऐसी –सी 'ढाँचाई' ग़ज़लें हैं। उनकी सपाटबयानी और अक्सर विद्याडम्बरी (pedantic) अभिव्यक्ति में बह्र का निर्वाह भले ही हो, ग़ज़ल सौंदर्य का अभाव नितांत है। उनमें 'अंदाज़े–बयाँ' का हुनर ढूँढ़े नहीं मिलता।

(छ) इस पृष्ठभूमि में हिन्दी ग़ज़ल का का भविष्य उज्ज्वल नज़र नहीं आता।

एकमात्र कवि के बलबूते पर पहचान बनने से हिन्दी ग़ज़ल (या कोई काव्यशैली) जनप्रिय नहीं बन जाती और न ही उसका भविष्य सुनिश्चित होता है। छायावाद जैसा काव्य–रूप (जिसे हिन्दी भाषा के अनेक यशस्वी कवियों ने अपनाया और जिस में उन्होंने अपने जीवन की महत्त्वपूर्ण कृतियाँ रची) और मुक्त छंद, क्षणिकाएँ, हंसिकाएँ जैसी काव्य शैलियों का भी जीवनकाल क्षणभंगुर रहा। अतः हिन्दी ग़ज़ल की पहचान और प्रतिष्ठा को अनंत (everlasting) बनाने के लिए हिन्दी ग़ज़ल को दुष्यन्त कुमार जैसी प्रतिभा के एक नहीं अनेक ग़ज़लकार पैदा करने होंगे। ऐसा होता है या नहीं यह तो भविष्य ही बताएगा। लेकिन समकालीन और आगे आने वाली पीढ़ियों के हिन्दी ग़ज़लकार मीर, ग़ालिब, फ़िराक़ और दुष्यन्त कुमार जैसे उच्च कोटि के ग़ज़लकारों की ग़ज़लों से बहुत कुछ सीख सकते हैं। हिन्दी ग़ज़ल का भविष्य भी उनकी इस काव्य–साधना से जुड़ा है।

हिन्दी ग़ज़ल के भविष्य के साथ, कई कारणों से, उर्दू ग़ज़ल का भविष्य भी जुड़ा है। एक, समकालीन उर्दू ग़ज़ल और हिन्दी ग़ज़ल के बीच का भाषा और कथ्य का अंतर समाप्त होता जा रहा है और उसके साथ उन दोनों के बीच का भेद भी। दो, हिन्दी के राज्यभाषा होने और उसके विस्तृत प्रचलन के कारण, उर्दू–भाषी जन–समुदाय की रुचि भी हिन्दी भाषा की ओर तेज़ी से बढ़ती जा रही है। विलोमतः (conversely), उर्दू भाषा और उर्दू ग़ज़ल में रुचि रखने और उर्दू ग़ज़ल के क्षेत्र में आनेवाले नये ग़ज़लकारों की संख्या भी घटती जा रही है।[1] यहाँ तक कि उर्दू ग़ज़लकार अब अपनी ग़ज़लें और ग़ज़ल संग्रह देवनागरी लिपि में लिखने और छपवाने लगे हैं। उक्त दोनों कारणों से उर्दू ग़ज़ल की परंपरागत स्वतंत्र पहचान मिटती जा रही है। वस्तुतः उर्दू ग़ज़ल का हिंदीकरण हो गया है और उसके हिन्दी ग़ज़ल में विलीन होने की प्रक्रिया आरंभ हो गयी है।

---

1. वैसे भी देशी भाषा काव्य (और अब, विशेषतः उर्दू लिपि में लिखी ग़ज़ल आदि) के लिए बाज़ार में कोई भी माँग नहीं है। हालत यह है कि देशी–भाषा के लेखकों को अपनी कृतियाँ प्रायः स्वयं ही छपवानी (प्रकाशित करवानी) पड़ रही है।

प्रश्न लिपि का ही नहीं, जीवन—दर्शन का भी है। उर्दू ग़ज़ल के जीवन दर्शन के लिए आज के संघर्ष भरे जीवन और यथार्थवादी जगत में कोई विशेष स्थान नहीं है। स्वच्छंदतावाद (romanticism) और पलायनवाद (escapism) ज़िंदगी की दौड़—धूप से अल्पकालिक (temporary) अपवर्तन (diversion) हो सकते हैं, उसके लक्ष्य और व्यवसाय (pursuit) नहीं। यद्यपि यह शोध का विषय है, परंतु संभवतः उर्दू ग़ज़ल के जीवन—दर्शन के कारण ही हिन्दी साहित्य के विशिष्ट कवियों ने हिन्दी में ग़ज़ल लिखने के प्रयोग तो किये किंतु उन्होंने उसे अपनी रचनाओं के लिए एक प्रमुख शैली के रूप में स्वीकार नहीं किया। यहाँ तक कि हिन्दी साहित्य के एकमात्र महान ग़ज़लकार दुष्यन्त कुमार ने भी उर्दू ग़ज़ल शैली को तो अपनाया परंतु उसके जीवन—दर्शन से दूरी ही रखी। इन तर्क एवं तथ्यों की पृष्ठभूमि में यह कहना तर्क—संगत ही होगा कि उक्त दिए कारणों के साथ उर्दू ग़ज़ल का सर्वाधिक आकर्षण एवं पहचान, यानी उसका जीवन—दर्शन ही, उसके काव्य के धरातल से, लोप होने का अहम कारण बनता जा रहा है। इस निष्कर्ष का मतलब यह नहीं कि उर्दू लिपि में ग़ज़लों का लिखना और उर्दू ग़ज़ल का परंपरागत स्वरूप विस्मृत हो जाएगा; बल्कि उर्दू ग़ज़ल एवं हिन्दी ग़ज़ल के 'जातिगत संस्कार', एवं दूसरे कारक, इन्हें अपनी अलग—अलग पहचान बनाए रखने में जुटे रहेंगे।

अध्याय–4

उर्दू ग़ज़ल और हिन्दी ग़ज़ल में फ़र्क़

उर्दू ग़ज़ल और हिन्दी ग़ज़ल के लक्षणों को यदि ध्यान से देखें तो जहाँ उनके बीच ढेर सारे फ़र्क़ नज़र आते हैं तो वहीं कुछ समानताएँ भी दिखाई देती हैं। फ़र्क़ पारंपरिक भी हैं तो बुनियादी भी। समानताएँ मुख्यतः सीमित परंतु महत्त्वपूर्ण है।

1. पारंपरिक फ़र्क़

उर्दू ग़ज़ल और हिन्दी ग़ज़ल के पारंपरिक फ़र्क़ बेशक 'काव्य–परिणामी' (poetry consequential) न हो, उनकी सुस्पष्टता के कारण ग़ज़ल पढ़नेवाले का ध्यान उनकी तरफ़ आकर्षित होता है। ये पारंपरिक फ़र्क़ निम्नलिखित हैं।

(i) उर्दू ग़ज़ल का शीर्षक न होना–परंपरा से उर्दू ग़ज़लकार अपनी ग़ज़ल को शीर्षक नहीं देते। संभवतः इसका तर्क ग़ज़ल के हर शेर के कथ्य का विभिन्न होना, और कोई एक विशेष शीर्षक का विविध कथ्य के शेरों का निरूपण (represent) न कर सकना है। बात तो जँचती भी है परंतु शीर्षक के बिना ग़ज़ल कुछ मानों में कलगी रहित, परिचय और पते रहित, और कुछ बेनामी सी, लगती है। बिना शीर्षक के बेशुमार (अनेकानेक) ग़ज़लों के बीच किसी एक ग़ज़ल को तलाश (खोज) करना भी एक श्रमसाध्य कार्य हो जाता है। आज की इंटरनेट की दुनिया में तो और भी असंगत, बेतुका सा। प्राणी हो, या ग़ज़ल ही, उसकी सार्वजनिक पहचान तो उसका शीर्षक, अथवा नाम, ही है।

उर्दू ग़ज़ल के ठीक विपरीत हिन्दी ग़ज़लकार अपनी ग़ज़ल को शीर्षक से शोभित करते हैं हालाँकि (यद्यपि) उनकी ग़ज़ल के शेरों के कथ्य में भी काफ़ी विविधता मिलती है। अतः जबकि हिन्दी ग़ज़ल अपनी नाम–रूपी पहचान

लिए होती है, उर्दू ग़ज़ल बिना किसी नाम–रूपी पहचान, यानी बिना शीर्षक, के चलती है।

(ii) मक़्ते में ग़ज़लकार का नाम या उपनाम का होना–दूसरा परंपरागत काव्य–फ़र्क़ जो उर्दू ग़ज़ल और हिन्दी ग़ज़ल में दिखाई देता है वह है उर्दू ग़ज़ल के मक़्ते (यानी ग़ज़ल के अंतिम शेर) में ग़ज़लकार का नाम या तख़ल्लुस (उपनाम) का होना और इसके विपरीत हिन्दी ग़ज़ल में उसका प्रायः न होना। इस परंपरा के पीछे उर्दू ग़ज़लकारों का अना (अहं) रहा है या ग़ज़ल के कर्तृत्व (authorship) की पहचान का एक साधन, या उक्त दोनों ही कारण, कहना कुछ कठिन है। उधर हिन्दी ग़ज़लकारों का अपनी ग़ज़ल के मक़्ते में अपना नाम या उपनाम न देना उनकी विनम्रता (politeness) का सूचक है, यह भी कहना कुछ कठिन ही लगता है। बह्रहाल, उर्दू ग़ज़ल और हिन्दी ग़ज़ल के मक़्ते में नाम (या उपनाम) का फ़र्क़ स्पष्ट नज़र आता है बेशक वह अनुवर्ती (consequential) न हो।

2. बुनियादी फ़र्क़

उर्दू ग़ज़ल और हिन्दी ग़ज़ल के दरमियान (बीच) अनेक बुनियादी फ़र्क़ भी देखने को मिलते हैं। इन में से मुख्य (i) लिपि, (ii) भाषा और शब्दावली, (iii) कथ्य, (iv) संगीतात्मकता, (v) गेयता, (vi) काव्य संस्कार, और (vii) मिज़ाज़ (प्रकृति) के हैं। इनका विवरण नीचे दिया गया है।

(i) लिपि–जबकि अधिकांश समकालीन ग़ज़लों में भाषा और शब्दावली का अंतर घटता जा रहा है और दोनों, उर्दू ग़ज़ल एवं हिन्दी ग़ज़ल, आमफ़हम (सुबोध) भाषा में लिखी जा रही हैं, उनमें एक बुनियादी फ़र्क़ मूलतः लिपि का ही रह गया है और लिपि के माध्यम से दोनों अपनी–अपनी पृथक् अभिन्न वैयक्तिक पहचान बनाए हुए हैं। उर्दू ग़ज़ल उर्दू में और हिन्दी ग़ज़ल देवनागरी लिपि में लिखी जा रही हैं। वैसे भी, अरबी–फ़ारसी शब्दावली वाले शेरों की ग़ज़ल बेशक देवनागरी लिपि में ही क्यों न लिखी गयी हो, स्वयं ही बताती है कि वह उर्दू ग़ज़ल है।

(ii) भाषा और शब्दावली–किसी ग़ज़ल का उर्दू ग़ज़ल या हिन्दी ग़ज़ल होने का सबूत (प्रमाण) लिपि के अलावा उसकी शब्दावली और भाषा से भी जुड़ा हुआ है। इसकी अनुभूति दुष्यन्त कुमार की ग़ज़लों की भाषा और शब्दावली से होती है। उनकी ग़ज़लें 'लिप्यंतरण मात्र' से उर्दू ग़ज़लें भी कही जा सकती हैं जैसा कि उनके निम्न शेरों से साफ़ ज़ाहिर है–

सिर्फ हंगामा खड़ा करना मेरा मक़सद नहीं,
मेरी कोशिश है कि ये सूरत बदलनी चाहिए।

ख़ुदा नहीं न सही, आदमी का ख़्वाब सही,
कोई हसीन नज़ारा तो है नज़र के लिए।

हमने तमाम उम्र अकेले सफ़र किया,
हम पर किसी खुदा की इनायत नहीं रही।[1]

–दुष्यन्त कुमार

उर्दू ग़ज़ल की भाषा जनसाधारण की आमफ़हम भाषा है जिसके साथ आम आदमी भी आसानी से तादात्म्य स्थापित कर लेता है। यदि उसमें कहीं–कहीं गूढ़ उर्दू या अरबी– फारसी के शब्द आ भी जाते हैं तो वे ग़ज़ल में कृत्रिम, बाहरी, अजनबी से नहीं लगते। वे भी उर्दू भाषा की लय और लहजे में रंगे होते हैं और उर्दू ग़ज़ल की स्वाभाविक एवं अंतर्भूत (inherent) संगीतात्मकता, गेयता और एक लंबी परंपरा के कारण, उसमें समा से जाते हैं। इसके विपरीत, हिन्दी ग़ज़ल की गेयता (और किसी हद तक संगीतात्मकता) की कमी के कारण, उसमें दुरूह हिन्दी शब्दावली, और संस्कृत भाषा के तत्सम शब्दों की मौजूदगी तथा बाहुल्य (अधिकता), ग़ज़ल पढ़नेवाले एवं श्रोता को अखरती और चुभती है और हिन्दी ग़ज़ल के लोकप्रिय बनने की राह में बाधक बनती है। इस संदर्भ में कवि त्रिलोचन शास्त्री की भाषा संबंधी यह टिप्पणी कि 'हिन्दी ग़ज़ल शुद्ध हिन्दी का बोझ नहीं ढो सकती'[2] काफ़ी अर्थपूर्ण (meaningful) है। वस्तुतः जबकि उर्दू ग़ज़ल के शेर जनसाधारण की बोली में रँगे और ज़िंदगी से स्पंदित (pulsating) होते हैं, वहीं हिन्दी ग़ज़ल बनावटी और किताबी होती हैं। हिन्दी ग़ज़लकार, भाषागत इस तत्त्व को, कि हिन्दी ग़ज़ल के शब्दों का चयन और उपमाएँ, प्रतीक, बिंब, रूपक, अलंकार, आदि, आम–आदमी की ज़िंदगी और ज़बान से मेल नहीं खाते, किसी कारण नहीं पहचान पा रहे हैं। वे जनसाधारण की सोच एवं संवेदनशीलता से भावशून्य, उदासीन से लगते हैं। आम आदमियों के कानों को ही नहीं बल्कि औरों के कानों को भी हिन्दी ग़ज़ल की शब्दावली और भाषा प्रायः कुछ किताबी और अस्वाभाविक सी लगती है। इसके शुद्ध (chaste) और दुरूह शब्द जीवन के

1. दुष्यन्त कुमार, उपर्युक्त, पृ. 30, 13 तथा 18
2. विवेक, उपर्युक्त, पृ. 96

यथार्थ से असंबद्ध (unrelated) और जनसाधारण की बोली से अनभिज्ञ से ज्ञात होते हैं। यही कारण है कि हिन्दी ग़ज़ल हृदय को उस तरह से नहीं छू पाती जैसे कि उर्दू ग़ज़ल करती है। एक सीमा तक इसमें हिन्दी ग़ज़लकारों के शब्द चयन और भाषा की अभिव्यक्ति का ही दोष नहीं, जनसाधारण एवं बुद्धिजीवियों का हिन्दी की शब्दावली एवं भाषा की अनभिज्ञता का भी योग है। कुल मिलाकर तत्सम शब्दों की बहुलता (अरबी–फ़ारसी के हों या संस्कृत के), भाषा एवं सोच की दृष्टि से हिन्दी ग़ज़ल और उर्दू ग़ज़ल एक दूसरे से प्रत्यक्ष भिन्न दिखाई देती हैं। दोनों का अपना–अपना अलग व्यक्तित्व है।

(iii) कथ्य–उर्दू ग़ज़लकारों का अपना एक जीवन–दर्शन भी है जिसमें प्यार और मुहब्बत का रंग गाढ़ा है।[1] उर्दू की अधिकांश ग़ज़लें इश्क–मज़ाज़ी से चलकर इश्क–हक़ीक़ी तक जाती हैं। अतः अनका स्थायी पारंपरिक भाव आशिकाना है। वह आत्मकेंद्रित होती हैं। उनके कथ्य में रोमानियत अधिक और व्यापकता कम हैं, भले ही समकालीन उर्दू ग़ज़लों में यथार्थ का बोध भी अब जहाँ–तहाँ देखने को मिलता है।

हिन्दी ग़ज़ल का कथ्य, यानी वर्णन विषय, उर्दू ग़ज़ल के कथ्य से भिन्न भी है और व्यापक भी। हिन्दी ग़ज़ल रोमानी कम और यथार्थवादी, प्रयोगवादी, व्यंग्यपरक, चिंतनपरक, आदि कहीं अधिक है। भारतीय दर्शन और परंपराओं से प्रभावित होकर, वह सभी समकालीन सांस्कृतिक, सामाजिक, आर्थिक, राजनीतिक विषयों पर लिखी जा रही है। वे नून-तेल के सवाल एवं जीवन के संघर्ष एवं सच्चाइयों से हमारा आमना–सामना करवाती हैं। रामकुमार कृषक के शब्दों में हिन्दी ग़ज़ल में 'किसी प्रेमिका से बातचीत नहीं, ज़िंदगी से बातचीत है और उस ज़िंदगी से जोकि आज के तमाम दबावों के ख़िलाफ़ संघर्षरत है।'[2] ज़ाहिर है हिन्दी ग़ज़ल कल्पना की बजाय यथार्थ से अधिक जुड़ी है।

हिन्दी ग़ज़ल का, उर्दू ग़ज़ल की भाँति, अपना कोई परंपरागत विशेष कथ्य नहीं है। यही कारण है कि जब हम उर्दू ग़ज़ल पढ़ते या सुनते हैं तो अवचेतन (subconsciously) ही उसके स्वाभाविक अधिक रोमानी कथ्य की प्रतीक्षा करते हैं, और अधिक ग्रहणशील (receptive) एवं एकाग्रचित (attentive) होते हैं। फलस्वरूप, उर्दू ग़ज़ल हमारे कानों को अधिक स्वीकार्य दिलचस्प एवं अर्थपूर्ण लगती है। उसका प्रायः पलायनवादी (escapist) रोमानी

1. राधेश्याम शुक्ल, सहयोगी मुजावर, उपर्युक्त, पृ. 155
2. रामकुमार कृषक, सहयोगी मुजावर, तत्रैव, पृ. 50.

कथ्य और सहज आमफ़हम भाषा, विशेषतः युवा पीढ़ी को, अधिक प्रीतिकर (endearing) लगती है और युवा पीढ़ी के ये लोग स्वतः (spontaneously) 'वाह–वाह' (very good, very good) और मुकर्रर– मुकर्रर' (दोबारा–दोबारा) कह उठते हैं क्योंकि उससे वे अपने आप को अभिन्न (identify) करने लगते है। बेशक, इसमें निर्णायक (determining) भूमिका तो उर्दू ग़ज़ल के मिज़ाज़ का ही हो, परंतु परंपरा से संचित हमारे अवचेतन के ग्रहणशीलता की समर्थक (supportive) पाट को भी इंकार नहीं किया जा सकता जिस कारण उर्दू ग़ज़ल अधिक लुभाती है। अतः, सवाल शब्दावली और कथ्य–मात्र का नहीं, भाषा, उसकी अभिव्यक्ति और पीढ़ी का भी है। सवाल लालन–पालन का भी है। उर्दू ग़ज़ल के 450 वर्षों के लालन–पालन और 'शाही–परवरिश' (upbringing) की तुलना में हिन्दी ग़ज़ल के वात्सल्य और अकसर उभरते और फक्कड़ ग़ज़लकारों बनाम (versus) उर्दू ग़ज़ल के जाने–माने हस्ताक्षरों का है। यानी, सवाल परवरिश, परंपरा और पीढ़ी का है। अतः, हिन्दी ग़ज़ल की उर्दू ग़ज़ल से तुलना का तक़ाज़ा अकाल, असामयिक (premature) और असमान (unequal) हैं।

ग़ज़ल के कथ्य का एक और पक्ष भी है। जबकि उर्दू ग़ज़ल के सभी शेर अलग–अलग विषयों पर हो सकते हैं, हिन्दी ग़ज़ल के सभी शेर एक ही विषय या भाव के आस–पास केंद्रित होते हैं। यानी, इसके विभिन्न शेरों में विभिन्न 'भाव धाराएँ' नहीं बहती बल्कि पूरी ग़ज़ल एक ही ' भावपुंज' होती हैं। उसके सभी शेर एक ही विषय को 'रेखाकिंत' करते हैं।[1] शायद इसलिए कि वह अपनी बात, रोमानी हो या सामाजिक प्रसंगों से जुड़ी, सांकेतिक शब्दों में एक शेर के दो मिसरो में ही न कह कर उसे पूरी तरह विस्तार से, कहना चाहती है और कहती भी है। इस प्रक्रिया में वह हमें अपने समय की सच्चाइयों से रू–ब–रू करवाती है और समाज के प्रति हमारी असंवेदनशीलता को जगाना चाहती है, वह भी झकोर के। ज़हीर कुरेशी के शब्दों में 'उर्दू ग़ज़ल में विचार का क्षरण है, जबकि हिन्दी ग़ज़ल विचार–युग की ग़ज़ल है।'[2]

जहाँ पूरी ग़ज़ल का एक ही विषय होना ग़ज़लकार को अपनी बात कहने के लिए अधिक क्षेत्र, अवकाश (space) एवं संभावनाएँ (possibilities) प्रदान करता है, शेरों के कथ्य की विविधता ग़ज़लकार को अपनी बात एक ओर सक्षिंप्तता से कहने को बाध्यित करती है तो दूसरी ओर अनजाने ही उसे

---

1. शेख़, उपर्युक्त, पृ. 36
2. विवेक, उपर्युक्त, पृ. 97

अधिक आकर्षक, रुचिकर (interesting) एवं मोहक (captivating) भी बनाती है। अतः ग़ज़ैल के कथ्य के साथ–साथ, कहीं–न–कहीं, ग़ज़ल शिल्प का पहलू भी जुड़ा है जो हिन्दी ग़ज़ल और उर्दू ग़ज़ल को एक दूसरे से भिन्न बनाता है।

(iv) संगीतात्मकता –ऐसा माना जाता है कि जहाँ उर्दू ग़ज़ल में संगीतात्मकता है, हिन्दी ग़ज़ल में उसका अभाव है। उर्दू ग़ज़ल की संगीतात्मकता एवं गेयता उसके बह्रों में बँधे, मुहावरों में लिपटे और आमफ़हम भाषा में रचे होने के कारण है। और इन्हीं तत्त्वों की ग़ैरमौजूदगी (absence) में हिन्दी ग़ज़ल, उर्दू ग़ज़ल की भाँति एक लोकप्रिय विधा और महफ़िल की चीज़ नहीं बन सकी है।

हिन्दी ग़ज़ल में संगीतात्मकता (और गायकी) के अभाव के कारण हिन्दी भाषा में संस्कृत भाषा के तत्सम शब्द, संयुक्त अक्षर और संधिहीन स्वतंत्र शब्दों की बाहुल्यता, (अधिकता),[1] के अतिरिक्त हिन्दी ग़ज़ल की किताबी शैली, 'सख़्त लबो–लहज़ा', 'रूखा और दानेदार स्वभाव,' 'विरोधी प्रकृति', आदि भी बताए जाते हैं।[2] इनके अलावा, हिन्दी ग़ज़ल की कुछ 'बौद्धिक भाव–संरचना' और उसके अपने अलग क़िस्म के प्रतीक, बिंब, उपमाएँ आदि,, जो जनसाधारण के जीवन से हट कर और कुछ कृत्रिम (artificial) हैं, को भी इसके लिये जिम्मेवार ठहराया गया है।

हिन्दी ग़ज़ल में संगीतात्मकता के अभाव के उपरोक्त सभी कारण बहुत तर्कसंगत नहीं लगते। यदि हिन्दी ग़ज़ल में संस्कृत के तत्सम शब्द, संयुक्त अक्षर आदि अधिक हैं तो इस सत्य से भी इंकार नहीं किया जा सकता कि लोकप्रिय (popular) एवं महान उर्दू ग़ज़लकारों (जैसे ग़ालिब, इक़बाल, फ़ैज़, आदि), की ग़ज़लों में भी अरबी–फ़ारसी के तत्सम शब्द आम पाए जाते है। संगीतात्मकता (एवं गेय) होने का संबंध शब्दों के चयन या तत्सम होने की तुलना में भाषा की रचना, शब्द और वाक्य–विन्यास (construction) से अधिक जुड़ा है। यानी, उसका सीधा संबंध कवि की भाषा और काव्य–विधा पर अधिकार से है। शब्दों के चयन का सवाल तो बाद की बात है।

जहाँ तक हिन्दी भाषा के रूखे और दानेदार होने का प्रश्न है, यह प्रेक्षण (observation) न तो सटीक है और न सार्थक ही। ऐसा जान पड़ता है कि हिन्दी ग़ज़ल के आलोचक हिन्दी के आम, साधारण (ordinary) ग़ज़लकारों की ग़ज़लों की तुलना में उर्दू के महान और प्रख्यात (famous) ग़ज़लकारों की ग़ज़लों से

1. महेश अनघ, सहयोगी सम्पादक : मुजावर, उपर्युक्त, पृ. 119
2. विवेक, उपर्युक्त, पृ. 217

जाने–अनजाने, अनायास (unintentionally) कर रहे हैं। इसकी अनुभूति (realisation) तब होती है जब हम हिन्दी और उर्दू भाषा के सिद्ध कवियों की एक ही विषय पर लिखी दो रचनाओं को साथ–साथ रख कर पढ़ते और तुलना करते हैं, यथा–

मंज़ूर हो, सूली पे चढ़ाना, या रब,
सौ बार जहन्नुम में जलाना, या रब,
माशूक कहे आप हमारे हैं बुज़ुर्ग–
नाचीज़ को यह दिन, न दिखाना, या रब।

–जोश मलिहाबादी

केशव केसन अस करी, जस अरिह न कराहिं,
चन्द्रबदनि, मृगलोचनी बाबा कहि कहि जाहिं।

–केशवदास

उपर्युक्त रचनाओं से जाहिर है कि जहाँ हिन्दी के दोहे में ग़ज़ल की शेर संक्षिप्तता एवं सांकेतिकता हर पक्ष से है, उर्दू के शेर में हिन्दी ग़ज़ल के शेरों पर लगातार मढ़ी जाने वाली सपाट– बयानी और दानेदार भाषा के अलावा तुलना में अल्हड़ की सी बयानबाज़ी है। केशव और मलिहाबादी दोनों ही काव्य विधा के माने हुए कर्ता (practitioner) हैं परंतु केशव हिन्दी के कवि शिरोमणी ही नहीं, हिन्दी के आचार्य भी थे। कहने का तात्पर्य है कि, और चीज़ो के अलावा, हिन्दी ग़ज़ल और उर्दू ग़ज़ल की तुलना हम अनायास ही असमान (unequal) स्तर पर कर बैठते हैं।

संगीतात्मकता किसी भाषा की विरासत नहीं है। उसका संबंध भाषा पर नियंत्रण, अधिकार और प्रभुता (command) से है, केवल भाषा से नहीं। उर्दू ग़ज़ल हो या हिन्दी ग़ज़ल, बह्र में बंधित हो या छंद में, ग़ज़ल के अंतस् में लय का होना स्वाभाविक है। अलग–अलग बह्र/छंद की ख़ानगी (प्रवाह) अलग–अलग हो सकती है, होती भी है, परन्तु लय तो स्वतः होगी ही। बह्र (छंद) का उद्‌देश्य (raison d'etre) ही लय है। इसका एक मान्य प्रमाण (proof)तो उर्दू की बह्रों का हिन्दी छंद में पाया जाना है।

(v) गायकी (गेय तत्त्व)–उर्दू ग़ज़ल और हिन्दी ग़ज़ल में एक वास्तविक अंतर गायकी का भी है। जहाँ उर्दू ग़ज़ल की अपनी एक अलग विशेष लय (यानी तरन्नुम) है जो पढ़ने एवं सुनने वालों को एक सुखद आनंद देती है और इस प्रक्रिया में उर्दू ग़ज़ल को लोकप्रिय बनाती है, हिन्दी ग़ज़ल में उर्दू ग़ज़ल के तरन्नुम से मिलती जुलती अपनी कोई विशेष गेय–शैली नहीं है।

उर्दू ग़ज़ल और हिन्दी ग़ज़ल के बीच तरन्नुम का यह अंतर दोनों की जीवन–यात्रा के संदर्भ में स्पष्ट हो जाता है।

उर्दू ग़ज़ल का लालन–पालन ही संगीत की महफ़िलों में हुआ चाहे वह किसी बादशाह का राज दरबार रहा, या किसी रईस की बैठक, या किसी गाने–वाली का कोठा। अपनी लंबी जीवन –यात्रा में उर्दू ग़ज़ल गायकी के कई आयामों (विस्तीर्णताओं) से गुज़री और उस प्रक्रिया में भिन्न ग़ज़लकारों, उस्तादों (उर्दू अरूज़ के ज्ञाता) और गानेवालों ने उर्दू ग़ज़ल के तरन्नुम का ईज़ाद (आविष्कार) किया और सँवारा जो अब उसका एक अंगी तत्त्व बन गया है।

हिन्दी ग़ज़ल को संगीत की महफ़िलों के उन अवस्थानों से नहीं गुज़रना पड़ा जिनसे उर्दू ग़ज़ल गुज़री। वस्तुतः, दोनों की जीवन यात्रा एवं कथ्य के पथ, एकदम अलग और भिन्न रहे। यही कारण है कि हिन्दी ग़ज़ल में उर्दू ग़ज़ल के तरन्नुम के समान की अपनी कोई विशेष गेय–शैली है ही नहीं और उस में (हिन्दी ग़ज़ल में) गायकी का नितांत अभाव है। ऐसा लगता है कि हिन्दी ग़ज़लकारों और काव्य आचार्यों ने इस ओर अपना ध्यान ही नहीं दिया। फलस्वरूप, गायकी और तरन्नुम के पैमाने पर हिन्दी ग़ज़ल उर्दू ग़ज़ल से एकदम पिछड़ी है।

(vi) काव्य संस्कार और भारतीयता–उर्दू ग़ज़ल की प्रेरणा अरबी–फ़ारसी काव्य रहा है। उसके शेर मुहावरों में लिपटे होते हैं और उसके प्रतीक, बिंब, आदि, अरबी–फ़ारसी काव्य संस्कार से जुड़े हैं। यानी उर्दू ग़ज़ल की प्रेरणा एवं काव्य–संस्कार विदेशी हैं। इसके विपरीत, हिन्दी ग़ज़ल भारत में जन्मी और विकसित हुई। उसकी मूल पहचान उसकी शुद्ध भारतीयता है। सूर्यभानु गुप्त के शब्दों में 'उसके काव्य–संस्कार, उसका चिंतन, उसकी उपमाएँ, उसके प्रतीक, उसकी संपूर्ण काव्य–भंगिमा भारतीय है।'[1] यदि हिन्दी ग़ज़ल में भी इक्के–दुक्के अरबी–फ़ारसी भाषा के शब्द मिलते हैं तो ऐसा उर्दू ग़ज़ल के पारंपरिक प्रभाव के कारण है। वस्तुतः हिन्दी ग़ज़ल अभी तक अपनी अलग, भिन्न (distinct) पहचान बनाने की प्रक्रिया में है।

(vii) मिज़ाज (स्वभाव / प्रकृति)–उर्दू ग़ज़ल और हिन्दी ग़ज़ल में एक महत्त्वपूर्ण यद्यपि अग्राहय (elusive) भिन्नता (distinction) एवं अंतर उनके मिज़ाज का है जिसे उर्दू ग़ज़लकारों ने अलग–अलग नज़रिये (दृष्टि) से देखा और बखाना है। कुछ ने ग़ज़ल के कथ्य के मुख्य फ़ोकस (केंद्रबिंदु) को उसका मिज़ाज कहा है। अतः उनका मानना है कि उर्दू ग़ज़ल का स्थायी मिज़ाज

---

1. सूर्यभानु गुप्त, सहयोगी, सम्पादक : मुजावर, उपर्युक्त, पृ. 33

आशिकाना यानी रोमानी, है। कुछ ने ग़ज़ल की 'सादगी में बाँकेपन' को उसका मिज़ाज कहा है। कुछ का कहना है कि ग़ज़ल के शेरों का चमत्कार, ग़ज़ल का मिज़ाज है जो भाषा, भाव, कथ्य, आदि की सीमाओं से परे हैं, सर्वव्यापक (all inclusive) है और सुननेवालों के हृदय पर अपनी अलग छाप छोड़ जाता है और, चाहे कुछ उड़ते क्षणों के लिए ही सही, उन्हें मंत्र–मुग्ध (captivate) और भावविह्वल कर देता है।

जबकि उर्दू ग़ज़लकार उर्दू ग़ज़ल के मिज़ाज रूपी सौंदर्य को बखानते नहीं थकते, हिन्दी ग़ज़लकारों का हिन्दी के मिज़ाज के प्रति निर्जीव (listless) एवं अनमना–सा रुख देखने को मिलता है। कुछ का तो यहाँ तक कहना है कि हिन्दी ग़ज़ल का अपना कोई विशेष मिज़ाज है ही नहीं। चन्द्रसेन विराट के शब्दों में हिन्दी ग़ज़ल का मिज़ाज 'बिल्कुल ठेठ हिन्दी की कविता जैसा' है।[1] कुछ का मानना है कि हिन्दी ग़ज़ल का मिज़ाज 'व्यंग्यपूर्ण' रहा है। इस सोच में बल भी लगता है क्योंकि हिन्दी काव्य रचनाओं में, चाहे वे ग़ज़ल हों, गीत या कविता, विद्रोह और व्यंग्य की भावना, विशेषतः भारत की स्वतंत्रता के बाद से, प्रबल रही हैं।

जहाँ उर्दू ग़ज़ल का मिज़ाज पारंपरिक है, हिन्दी ग़ज़ल का, जहीर कुरेशी के अनुसार, 'रोमांटिक कम, समाजोन्मुख अधिक है।'[2] डॉ. अनन्त के शब्दों में हिन्दी ग़ज़ल का मिज़ाज अधिकतर 'युगीन विरूपताओं से संयुक्त है।'[3] रामकुमार कृषक का मानना है कि हिन्दी ग़ज़ल में 'समूचे यथार्थवादी काव्य–विकास की गहरी चेतना मौजूद है।'[4]

जहाँ उर्दू ग़ज़ल अपनी बात को सांकेतिक शब्दों में कहती है, हिन्दी ग़जल समकालीन सच्चाइयों को निडर, साफ़–साफ़ शब्दों में कहती है। यही कारण है कि किसी हद तक 'आधुनिक सामाजिक सोच' ही उसकी मिज़ाज़–रूपी पहचान बनती जा रही है। नीतीश्वर शर्मा 'नीरज' के शब्दों में 'हिन्दी ग़ज़ल का मिज़ाज समकालीन काव्य–प्रकृति के अनुसार बन–बदल रहा है।'[5]

ज़ाहिर है, हिन्दी ग़ज़ल का मिज़ाज अभी तक साकार (concrete) नहीं बन पाया है। इसके कई कारण रहे हैं। एक, हिन्दी ग़ज़लकारों का ध्यान, ग़ज़ल की तुलना में, अन्य काव्य–धाराओं और विधाओं पर अधिक केंद्रित रहा

---

1. चन्द्रसेन विराट सहयोगी, सम्पादक, मुजावर, तत्रैव, पृ. 32
2. जहीर कुरेशी, सहयोगी मुजावर, तत्रैव, पृ. 42
3. डॉ. अनन्त राम मिश्र 'अनन्त', सहयोगी मुजावर, तत्रैव, पृ. 129
4. रामकुमार कृषक, सहयोगी मुजावर, तत्रैव, पृ. 50
5. नीतीश्वर शर्मा 'नीरज', सहयोगी मुजावर, तत्रैव, पृ. 162

है। दो, ग़ज़ल के संदर्भ में भी, उन्होंने अपना ध्यान उसके बाह्य रूप (यानी क़ाफ़िया, रदीफ़, बह्र, आदि) को अधिक दिया है जिस कारण ग़ज़ल के मिज़ाज की अहमियत 'उनके हुनर से मानों नज़रअंदाज़' (लोप) होकर रह गयी है। तीन, अपनी जीवन यात्रा में हिन्दी ग़ज़ल' भाषा के विभिन्न आयामों को पार करती हुई....दरबारों, कोठों और ख़ानकाहों में' नहीं चढ़ी जिन से उर्दू ग़ज़ल गुज़री।[1] अतः हिन्दी ग़ज़ल वैसी पुष्पित नहीं हुई जैसी उर्दू ग़ज़ल। फलस्वरूप, हिन्दी ग़ज़ल में उर्दू ग़ज़ल जैसा ग़ज़ल सौंदर्य और मिज़ाज देखने को नहीं मिलता।

यहाँ ये बात ग़ौरतलब है कि उर्दू ग़ज़ल का मिज़ाज उर्दू ग़ज़ल या उर्दू भाषा की विशेषता (speciality) और अनन्य (exclusive) देन नहीं बल्कि शायर की शायरी, उसके शब्दों का चयन, भाषा कौशल्य, भावों की नवीनता और अकल्पित (unexpected) तथा मधुर (sweet) आश्चर्य (surprise) का पैदा करने का कमाल है। ग़ालिब ने एक शाश्वत (eternal) सत्य कहा था जब उसने ग़ज़ल के मिज़ाज़ को शायर का 'अंदाजेबयाँ' की संज्ञा दी। सच भी है, विषय नहीं बदलता, बदलता है उसे कहने, उसकी अभिव्यक्ति का ढंग, यानी उसका अंदाजे–बयाँ, जो उसमें चमत्कार पैदा कर देता है।

3. फ़र्क़ तथा कुछ समानताएँ

जबकि उर्दू ग़ज़ल और हिन्दी ग़ज़ल के बीच में फ़र्क़ काफ़ी बुनियादी हैं, उनके बीच की समानताएँ अनन्य (exclusive) नहीं है। वे उनके बीच के बुनियादी फ़र्क़ों के साथ–साथ सहवर्त (coexist) करती हैं। इनमें से निम्नलिखित तीन समानताएँ प्रमुख हैं।

(i) भाषा–समकालीन ग़ज़ल, चाहे वह देवनागरी लिपि में लिखी जा रही है या उर्दू लिपि में, की भाषा प्रायः आमफ़हम भाषा है। यद्यपि उर्दू की ग़ज़लों में तत्सम अरबी–फ़ारसी के शब्दों का प्रयोग अब भी देखने को मिलता है, उनका प्रयोग एवं आपतन (incidence) कम होता जा रहा है, और अब सामान्य (common) न रह कर अपवाद (exception) होता जा रहा है। कुल मिलाकर उर्दू ग़ज़ल और हिन्दी ग़ज़ल में भाषा का अंतर कम होता जा रहा है और उनमें भाषा की समानताएँ बढ़ती जा रही हैं।

(ii) संगीतात्मकता–उर्दू की बह्र में बद्ध हो या हिन्दी के छंद में, संगीतात्मकता तो ग़ज़ल के स्वभाव में है और वह उसके अन्तस में बसती है। ग़ज़ल जन्मी ही संगीत की महफ़िलों में थी और उन्हीं में उसने परवरिश

1. विवेक, उपर्युक्त, पृ. 216

ग़ज़ल के गेय न होने के कारण उसमें उर्दू ग़ज़ल जैसी संगीतात्मकता और नाद–सौंदर्य देखने को नहीं मिलता । अतः संगीतात्मकता का होना जहाँ उर्दू पाई और उसका लालन–पालन हुआ। अतः ग़ज़ल और संगीत में चोली–दामन का रिश्ता रहा है। उर्दू ग़ज़ल पेश करने के लिए तरन्नुम लाज़िमी है। हिन्दी ग़ज़ल और हिन्दी ग़ज़ल में समानता का संदेश देती है तो वहाँ उनके गायकी के फ़र्क़ की ओर भी ध्यान आकर्षित करती है।

(iii) भाषा शिल्प और व्याकरण–उर्दू ग़ज़ल और हिन्दी ग़ज़ल का एक प्रमुख अंतर एवं समानता भाषा शिल्प की है। जबकि उर्दू ग़ज़ल केवल बह्रों में निबद्ध होती है, हिन्दी ग़ज़ल में बह्रों के अतिरिक्त, छंद स्तर पर, मात्रिक एवं वर्णिक वृत्तों का भी प्रयोग हो रहा है।[1] बह्रों में निबद्ध हिन्दी ग़ज़ल का शिल्प–विधान उर्दू ग़ज़लों के समांतर (equavalent) ही है लेकिन उर्दू बह्रों का निर्वाह करते हुए भी हिन्दी की अधिकांश ग़ज़ले मात्रिक हैं।

एक काव्य विधा के रूप में उर्दू ग़ज़ल की गणना हिन्दी के वर्णिक छंदों की गणना से मिलती–जुलती है जहाँ दीर्घ स्वरों को भी ह्रस्व पढ़ लिया जाता है। उर्दू ग़ज़ल में ह्रस्व–दीर्घ पढ़ने की संभावना उसके अरकानों और बह्रों में है।

तुक की दृष्टि से हिन्दी ग़ज़ल रदीफ़–क़ाफ़िये में भी 'मात्राओं और अक्षर ध्वनियों के बजाय समूचे शब्द–तुकांतों का निर्वाह करती है।'[2] यथा, हाल में, ताल में, जंगल है, मंगल है, आदि। दूसरी तरफ़, उर्दू ग़ज़ल में ऐसा कोई बंधन नहीं है। उसमें रदीफ़–क़ाफ़िये ध्वनि समानता के आधार पर भी ग्राह्य (acceptable) हैं जैसे शंका, ज़बा निशा, युवा, तेरा, आदि।

4. संक्षेप

उर्दू ग़ज़ल और हिंदी ग़ज़ल में बुनियादी फ़र्क़ भी हैं तो कुछ समानताएँ भी। ये फ़र्क़ और समानताएँ किसी हद तक उर्दू ग़ज़ल और हिन्दी ग़ज़ल के जीवन–यात्राओं के भिन्न प्रक्षेप–पथ (trajectory) के कारण हैं। उर्दू ग़ज़ल अपने लंबे साढ़े–चार–सौ वर्ष के लालन–पालन, दरबारी और दीगर (अन्य) संरक्षण (patronage), प्रोत्साहन (encouragement) और समर्थन (support) एवं एक–के–बाद–एक उर्दू के महान ग़ज़लकारों का उर्दू ग़ज़ल–मंच पर आगमन, के कारण खूब फली–फूली, पुष्पित (blossom) हुई। तुलना में हिन्दी ग़ज़ल की जीवन–यात्रा, उर्दू ग़ज़ल की जीवन–यात्रा से, लगभग 350 वर्ष बाद शुरू

1. अनन्त, सहयोगी, सम्पादक, मुजावर, उपर्युक्त, पृ. 129
2. रामकुमार कृषक, सहयोगी मुजावर, तत्रैव, पृ. 51

हुई और निर्जीव सी रही। हिन्दी के सिद्ध कवियों ने अपना ध्यान ग़ज़ल की बजाय अन्य काव्यधाराओं को दिया। फलस्वरूप हिन्दी ग़ज़ल और उर्दू ग़ज़ल में विभिन्नताओं का उद्भव हुआ। यथा, जहाँ एक पारंपारिक है तो दूसरी विचार–प्रधान। एक में आवेग है तो दूसरी में भाव की गहराई। एक की भाव–भंगिमा स्वतःस्फूर्त है तो दूसरी की बनावटी, किताबी। एक के शेरों में विषयों की विविधता है तो दूसरी में केंद्रीयता। एक गेय है तो दूसरी में उसका नितांत अभाव। एक में नाद–सौंदर्य है तो दूसरी समतल और नीरस (flat)! परंतु समकालीन उर्दू ग़ज़ल और हिन्दी ग़ज़ल में उपरोक्त सभी फ़र्क़ क्षीण पड़ते दिखाई देते हैं और समानताएँ अधिक स्पष्ट होती। इतना ही नहीं, शायरों का उर्दू ग़ज़ल की देवनागरी लिपि में लिखने (और छापने से) दोनों के बीच का लिपि का अंतर का भेद भी अब असंगत और अप्रासंगिक सा हो गया है।

अध्याय–5

अरूज़ : उर्दू छंद शास्त्र

उर्दू छंदशास्त्र को फ़ारसी भाषा में 'अरूज़' की संज्ञा दी गयी है। इस प्रवेशिका के सीमित संदर्भ (limited context) में अरूज़ के अंतर्गत इस अध्याय में ग़ज़ल का स्वरूप और संरचना; लघु–गुरु का विधान (concept) तथा उनके चिह्न (signs), अरूज़ की इस्लाह (शब्दावली), यानी रुकन, अरकान और बह्रें, और अरूज़ के नियमों पर विचार–विमर्श (discussion) किया गया है।

1. ग़ज़ल का स्वरूप और संरचना

उर्दू ग़ज़ल एक गणात्मक, बह्र–युक्त (छंदबद्ध) काव्य विधा है जिसमें कल्पना की उड़ान, विचार की गहराई और शब्दों का लोचन सहज सहवर्त (freely co- exist) करते और देखने को मिलते हैं। इसका स्वरूप और संरचना (सूक्ष्म तत्त्वों की बनावट) निम्नलिखित है।

(i) शेर, मिसरा और ग़ज़ल–प्रायः ग़ज़ल के चरण (stanza) को 'शेर' कहते हैं।[1] शेर शब्दों का विधिवत लयबद्ध संकलन (एकत्रीकरण) है जो ग़ज़ल की 'आधारित इकाई' भी है। यानी, शेरों के संग्रह से ग़ज़ल का विधान (निर्माण) होता है। एक शेर में बराबर की दो पंक्तियाँ होती हैं। ग़ज़ल की शब्दावली में प्रत्येक पंक्ति को 'मिसरा' कहते हैं। शेर के पहले मिसरे को 'उला' और दूसरे को 'सानी' कहते हैं।

1. यह ज़रूरी नहीं कि प्रत्येक शेर किसी ग़ज़ल का कोई चरण ही हो। शेर का अस्तित्व (existence) ग़ज़ल से स्वतंत्र (independent) भी हो सकता है, यानी अकेला एक शेर (जो किसी ग़ज़ल का हिस्सा (भाग) नहीं है) भी रचा जा सकता है जैसे ग़ालिब का निम्न शेर–

    उग रहा है दर–ओ–दीवार से सब्ज़ः 'ग़ालिब'
    हम बयाबाँ में हैं और घर में बहार आई है।*

* *ज़ाफ़री, उपर्युक्त, पृ. 117*

(ii) मतला, मक़्ता और तख़ल्लुस–ग़ज़ल के प्रथम (पहले) शेर को 'मतला' तथा आखिरी (अंतिम) को 'मक़्ता' कहते हैं। मतला और मक़्ता का, प्रथम और अंतिम शेर होने के अतिरिक्त, और भी विशेषताएँ है। मतला का पहला मिसरा ग़ज़ल की बह्र का 'परिचायक' (जताने वाला) होता है, यानी उससे, जिस बह्र में ग़ज़ल क़ही गयी है, उस बह्र की पहचान होती है। मतले के दोनों मिसरे सानुप्रास, यानी तुकांत, क़ाफ़ियाबंद होते हैं। तुकांत की दृष्टि से एक ग़ज़ल में दो या अधिक मतले, या ग़ज़ल के सभी शेर, तुकांत हो सकते हैं। जब किसी ग़ज़ल में एक से अधिक मतले होते हैं तो इन्हें 'हुस्ने–मतला' कहते हैं।

उर्दू ग़ज़ल के मक़्ते में शायर अपना तख़ल्लुस, यानी उपनाम का प्रयोग करता है। हिन्दी ग़ज़ल में उपनाम के प्रयोग का चलन न के बराबर है। उर्दू शायरी में मीर के मक़्ते काफ़ी प्रसिद्ध हैं। पेश हैं मक्तों के कुछ उदाहरण।

'मीर' के दीनो मज़हब को अब पूछते क्या हो उनने तो
क़श्का खींचा, दैर में बैठा, कब का तर्क इस्लाम किया।[1]

–'मीर' तक़ी मीर

इश्क पर ज़ोर नहीं, है ये वो आतिश, 'ग़ालिब'
कि लगाए न लगे और बुझाये न बने।[2]

–ग़ालिब

ऐ 'ज़ौक' जा न होशो–ख़िरद की सलाह पर
दे इश्क जो सलाह, वही है बजा सलाह।[3]

–ज़ौक़

(iii) तुक, क़ाफ़िया और रदीफ़–जब चरण का अंत एक ही ध्वनि, यानी समान स्वर वाले वर्ण से होता है, उसे 'तुक' कहते हैं। मतला में दोनों मिसरों की तुक 'हम–क़ाफ़िया हम–रदीफ़'[4], यानी समान, होती है जबकि ग़ज़ल के बाक़ी (शेष) शेरों में हर शेर के केवल दूसरे मिसरे में तुक का समान होना अनिवार्य है।[5]

---

1. श्री कृष्णदास, उपर्युक्त, पृ. 21
2. ज़ाफ़री, उपर्युक्त, पृ. 141
3. प्रकाश पंडित, उपर्युक्त, पृ. 59
4. दिनेश शुक्ल, सहयोगी, सम्पादक : मुजावर, उपर्युक्त, पृ. 84
5. ग़ज़ल के अतिरिक्त दोहे, चौपाई, सवैया आदि छंद भी तुकांत होते हैं।

(क) क़ाफ़िया–क़ाफ़िया शेर का वह शब्द है जिसका और शेरों से तुक मिलता है और इस तरह ग़ज़ल को तुक प्रधान करता है। क़ाफ़िये का ग़ज़ल के प्रथम शेर (मतला) के दोनों मिसरों में, और शेष शेरों के केवल दूसरे मिसरे में, होना अनिवार्य है। ग़ौरतलब है कि क़ाफ़िया ग़ज़ल के प्रत्येक शेर में नियमानुसार बदलता रहता है।

जहाँ क़ाफ़िया शेर का अंतिम शब्द नहीं होता, तब यद्यपि अंतिम शब्द वही रहता है, क़ाफिया, बदलता रहता है, यथा हाली के निम्नलिखित दो शेरों में 'घर', 'दर' , 'तर' क़ाफ़िया हैं और वह क़ाफ़िया हर शेर में बदल रहा है जबकि दोनों शेरों के अंतिम शब्द, 'सूरत' वही रहता है; बदलता नहीं।

उस के जाते ही ये क्या हो गई घर की सूरत,
न वो दीवार की सूरत है न दर की सूरत।
किस से पैमान–ए–वफ़ा बांध रही हो बुलबुल?
कल न पहचान सकेगी गुल–ए–तर की सूरत?[1]

–हाली

परन्तु जब शेर का अंतिम शब्द ही क़ाफ़िया हो, जैसा कि निम्नलिखित शेर में 'किनारा' और 'सहारा' हैं, तब क़ाफ़िया तो नियमानुसार बदलता है किंतु शेर का अंतिम अक्षर, जैसे 'रा' 'किनारा' और 'सहारा' में, वही रहता है; बदलता नहीं।

देख ए उम्मीद! कीजे हमसे न तू किनारा
तेरा ही रह गया है ले दे के इक सहारा।[2]

–हाली

उर्दू के ग़ज़लकारों को क़ाफ़िये के संदर्भ में एक विशेष छूट दी जाने लगी है। यदि उसने (ग़ज़लकार) ने ग़ज़ल के मतले में 'जलता' का क़ाफ़िया ऐसा बाँधा है तो वह अंत तक केवल 'आ' की पैखी करेगा और 'तनहा', 'कोहरा', 'पैसा', आदि क़ाफ़ियों (तुकों) का प्रयोग कर सकता है, किंतु यदि उसने प्रारंभिक शेर (मतले) में 'जलना' का क़ाफ़िया 'गलना' बाँध दिया है तो तब उसे अंत तक इसी की पाबंदी करनी होगी, और उसे 'छलना', 'ढलना', 'फलना' आदि, का ही प्रयोग करना होगा। दूसरी छूट ग़ज़लकार को यह दी गयी है कि बिना 'रदीफ़' की ग़ज़ल भी कह सकता है, जिसमें 'केवल क़ाफ़िया (तुक) की पांबदी करनी होगी।'[3] (क़ाफ़िया से संबंधित टिप्पणी इस अध्याय के अतिरिक्त, अध्याय चार, और अध्याय छः, में भी दी गयी हैं।)

---

1. चाँद, उपर्युक्त, पृ. XX 2. तत्रैव, पृ. 6 3. दिनेश शुक्ल, सहयोगी, मुजावर, तत्रैव, पृ. 89

(ख) रदीफ़–शेरों के अंत में क़ाफ़िये के बाद आने–वाले शब्द–समूह को 'रदीफ़' (यानी तुकांत : एक ही अंत वाले) कहते हैं। यह शब्द–समूह, यानी रदीफ़, मतले के दोनों मिसरों, और ग़ज़ल के शेष प्रत्येक शेर के दूसरे मिसरों, में दोहराए जाते हैं, यानी उनकी आवृति होती है। लेकिन ग़ज़ल में रदीफ़ का होना अनिवार्य (लाज़िमी) नहीं है। बग़ैर रदीफ़ की भी ग़ज़लें कही (रची) जा रही हैं। जिन ग़ज़लों में रदीफ़ नहीं होता, केवल क़ाफ़िया ही होता है, उन्हे 'ग़ैर–मुरदफ़' ग़ज़लें कहते हैं। लेकिन ग़ज़ल के हर शेर में क़ाफिया का होना अनिवार्य है। अतः, स्मरणीय रहे, ग़ज़ल में रदीफ़ की उपेक्षा (तुलना) में क़ाफ़िये का महत्त्व अधिक है।

क़ाफ़िया और रदीफ़, बह्र के अनुशासन में, मिलकर ग़ज़ल में संगीतात्मकता और एकात्मकता, यानी लय और नाद, का प्रभाव उत्पन्न करते हैं और इस प्रक्रिया में ग़ज़ल का सौंदर्य निखारने में सहायक होते हैं।

जैसा कि ऊपर कहा गया है, जबकि क़ाफ़िया प्रायः बदलता रहता है, रदीफ़ वही रहता है।[1] क़ाफ़िये और रदीफ़ का यह भेद ग़ालिब की निम्नलिखित ग़ज़ल, और उस पर टिप्पणी से और साफ़ हो जाता है।

कोई उम्मीद बर नहीं आती,
कोई सूरत नज़र नहीं आती।
मौत का एक दिन मुअइयन है,
नींद क्यों रात भर नहीं आती।
आगे आती थी हाल–ए–दिल प हँसी,
अब किसी बात पर नहीं आती।
हम वहाँ हैं, जहाँ से हम को भी
कुछ हमारी ख़बर नहीं आती।
काबे किस मुँह से जाओगे ग़ालिब,
शर्म तुम को मगर नहीं आती।[2]

–ग़ालिब

ऊपर दी हुई ग़ज़ल में–

(क) 'बर', 'नज़र', 'भर', 'पर', 'ख़बर' तथा 'मगर' काफिया हैं जो एक–तुक में हैं;

---

1. ग़ज़ल के एक ही छंद रदीफ़–क़ाफ़िये के मेल को 'ज़मीम' कहते हैं। तरही मुशायरों में तो एक ही ज़मीम में अलग,अलग शायर अपनी, अपनी ग़ज़लें पेश करते हैं। ग़ज़ल का उसी रदीफ़–क़ाफ़िया और बहर (छंद) में लिखने को 'ज़मीमों' में लिखना कहते है। तत्रैव, पृ. 83
2. जाफरी, उपर्युक्त, पृ. 120–121

(ख) 'नहीं आती' रदीफ़ है जो मतला के दोनों और शेष प्रत्येक शेर के दूसरे मिसरे में है;

(ग) ग़ज़ल का प्रथम शेर 'मतला' है जिसके दोनों मिसरे तुकांत हैं तथा दोनों में क़ाफ़िया एवं रदीफ़ हैं; और

(घ) ग़ज़ल का अंतिम शेर 'मक़्ता' है जिस में शायर का तख़ल्लुस, यानी उपनाम है।

(iv) बग़ैर रदीफ़ की ग़ज़लें—ग़ज़ले बग़ैर रदीफ़ के भी रची जाती है और वह अपने आप में पूर्ण भी होती है; परंतु उन में भी काफ़िया और रदीफ का निर्वाह अनिवार्य है, जैसे कि मज़रूह सुलतानपुरी की निम्नलिखित ग़ज़ल में।

आ निकल के मैदाँ से दो–रुखी के ख़ाने से
काम चल नहीं सकता अब किसी बहाने से।
सुनते हम तो क्या सुनते इक बुजुर्ग की बातें
सुबह को इलाक़ा क्या शाम के फ़साने से।
वो लगा के सीने से फ़ल्सफ़ा तसव्वुफ़ का
शेख़ जी हसीनों में फिरते हैं दिवाने से।
खुदकुशी ही रास आई देख बदनसीबों को
खुद से भी गुरेज़ां है भाग कर ज़माने से।
अब जुनूं पे वो साअत आ पड़ी कि ऐ 'मज़रूह'
आज ज़ख्मे –सर बेहतर दिल पे चोट खाने से।[1]

—मज़रूह सुल्तानपुरी

इस ग़ज़ल में (क) 'खाने से', 'बहाने से', 'फ़साने से' 'दिवाने से'जमाने से' और 'खाने से' क़ाफ़िया हैं जो एक तुक में है; और (ख) 'से' रदीफ़ का काम करता है जो मतला के दोनों और बाक़ी हर शेर के दूसरे मिसरे के अंत में है।

(v) ग़ज़ल में शेरों की संख्या—एक ग़ज़ल में प्राय; पाँच शेर होते है। परंतु पाँच से कम या अधिक (जैसे सात, नौ, ग्यारह, आदि) शेरों की भी ग़ज़लें कही (रची) जाती हैं। हिन्दी ग़ज़ल में तीन भी शेर देखने को मिलते हैं।

1. शेख़, उपर्युक्त, पृ. 80

2. लघु–गुरु और उनके चिह्न (signs)

एक–मात्रिक वर्ण (अक्षर) को लघु और दो–मात्रिक को गुरु कहते है।[1] जबकि हिन्दी छंदशास्त्र में लघु और गुरु वर्णो के लिये क्रमशः 'ल' और 'गु' के संक्षेप (abbreviations) और '1' (खड़ी /रेखा लकीर, पाई) और 's' (टेढ़ी रेखा/ लकीर) के चिह्नों (signs) का प्रयोग किया जाता है, अरूज़ (उर्दू छंद शास्त्र) में लधु और गुरु वर्णो के चिह्नों के मामले (संदर्भ) में भिन्नता देखने को मिलती है। कुछ लेखकों ने लधु और गुरु वर्णो के लिए क्रमशः 'u' और '–' चिह्नों का[2] प्रयोग किया है। तो कुछ ने '1' (एक) और '2' (दो) के चिह्नों का प्रयोग किया है।[3] क्योंकि लधु एक-मात्रिक और गुरु वर्ण दो-मात्रिक होते हैं और उर्दू लेखकों का उनके लिए '1' और '2' के चिह्नों का प्रयोग इस तथ्य के अनुकूल है और वह हिन्दी छंदशास्त्र के चिह्नों से भी तालमेल रखता है, अतः इस प्रवेशिका में, बहरों के संदर्भ में लधु और गुरु के लिए, हमने भी क्रमशः '1' और '2' के चिह्नों का ही प्रयोग करना बेहतर समझा है।

3. अरूज़ की इस्लाह (शब्दावली) और उसकी भूमिका

अरूज़ की भी अपनी एक विशेष इस्लाह, यानी शब्दावली, और अपने स्वरूप, प्रत्यय (concepts) आदि हैं जो इस प्रवेशिका के सीमित संदर्भ में निम्नलिखित हैं।

(i) रुकन और अरकान–'रुकन' का अर्थ है 'गण',[4] यानी वह शब्द–समूह जिनसे 'अरकान' बनते हैं जो उर्दू के 'मात्रारूप अक्षर' है। दूसरे शब्दों में

---

1. एक मूल स्वर के उच्चारण में जितना समय लगता है, उसे हिन्दी व्याकरण के अनुसार 'मात्रा' कहते हैं। अ, इ, उ, मूल स्वर हैं। (याद रहे, लघु वर्ण को 'ह्रस्व वर्ण' भी कहते हैं।) ह्रस्व स्वर, यानी अ, इ, उ, ऋ, और इनसे युक्त व्यंजन (क्, ख्, ग्, ...ह्) लघु वर्ण हैं और उनकी गणना लधु मात्रा के रूप में होती हैं (यथा क, खि, गु, आदि)। दीर्घ स्वर, यानी आ, ई, ऊ, ए, ऐ, ओ, औ, तथा उनसे युक्त व्यंजन (का, की, कू, खे, गै, चो, मौ, आदि) गुरु वर्ण हैं और उनकी गणना गुरु मात्रा के रूप में होती है।
2. शेख़, उपयुर्क्त, पृ. 18
3. गोबिन्दपुरी, उपर्युक्त, पृ. 87–9
4. हिन्दी छंद शास्त्र में तीन वर्णों (स्वर सहित व्यंजनों) का एक गण' होता है, जैसे–
   सब गुरुजन को बुरौ बतावें हैं
   11 1S1 1S 1S 1SS S में चार गण (III, SII, SIS, ISS,) और एक शब्द (S) हैं। हिन्दी छंद शास्त्र में गण आठ होते हैं– भगण (SII), जगण (I SI), सगण (II S), यगण (ISS), रगण (SIS) तगण (S SI), मगण (S S S)और नगण (III)।

अरकान के हर हिस्से को रुकन कहते हैं। हिन्दी छंद शास्त्र के तीन वर्णों के समूह की बजाय, अरूज़ में रुकन प्रायः चार वर्ण के होते हैं। एक से अधिक रुकनों को समूह को, जो किसी विशेष तरतीब में हों, अरकान कहते हैं।[1] इस तरह अरकान रुकनों का बहुवचन ही हैं। वस्तुतः (infact), अरकान वह गण–बद्ध टुकड़े हैं जिनमें शेर कहा (रचा) जाता है, यथा–

आज फिर	/जलने लगी	/दिल की सभी	/ये क्यारियाँ
2 1 2	2 2 1 2	2 2 1 2	2 2 1 2
फाइलुन	मुस्तफइलुन	मुस्तफइलन	मुस्तफइलुन
अश्क जो	/बरसे त वो	/भी बन गये	/चिंगारियाँ
2 1 2	2 2 1 2	2 2 1 2	2 2 1 2

उपर्युक्त शेर 'आज फिर', 'जलने लगी', 'दिल की सभी' 'ये क्यारियाँ,' आदि 'टुकड़ों', यानी अरकानों, में यथा– फाइलुन (2 1 2) मुस्तफइलुन (2 2 1 2) मुस्तफइलुन (2 2 1 2) मुस्तफइलुन (2 2 1 2), रचा गया है। शेर इन्हीं 'टकड़ों', यानी अरकानों में कहे जाते हैं।[2]

ख्वाव अकबराबादी के अनुसार, अरबी भाषा के मूल रूप में केवल निम्नलिखित आठ रुकन[3] (अरकान) (यानी विशेष तरतीब से लिखे गये विभिन्न शब्द समूह) हैं।[4] इन शब्द–समूहों (यानी अरकानों) के नियमानुसार पुनरावृति (फिर से घूम कर आने) से बहरें बनती हैं।

तालिका नं. 1 : अरूज़ के रुकन (अरकान)

स्वरूप	वजन (लघु–गुरु का क्रम)	स्वरूप	वजन (लघु–गुरु का क्रम)
1. फऊलुन	1 2 2	5. मुतुफाइलुन	1 1 2 1 2
2. फाइलुन	2 1 2	6. फाइलातुन	2 1 2 2
3. मुफाईलुन	1 2 2 2	7. मुफाइलतुन	1 2 1 1 2
4. मुस्तफइलुन	2 2 1 2	8. मफऊलातु	2 2 2 1

1. मौलवी नज़मुल ग़नी खाँ के शब्दों में 'ग़ज़ल का वज़न करने के लिए चंद तरह के शब्द निर्धारित किये गये हैं जिन्हें 'अर्कान' कहते हैं और इन्हीं अरकानों से जुड़कर, बह्रे बनती हैं।... हिन्दी में जिसे 'वर्ण' कहते हैं, उसे 'वज़न' कहा गया है।' बह्रव्ल फसाहत, लेखक मौलवी नज़मुल गनी खां, पु0 127, उद्धरण शेख़, उपर्युक्त, पृ. 17
2. डॉ. रमा सिंह, सहयोगी, मुजावर, उपर्युक्त पृ. 139
3. अरकान रुकन का बहुवचन है
4. ग़ज़ल के छंद और नियम, ख़्वाब अकबराबादी, पृ. 26

ज्ञान प्रकाश 'विवेक' के अनुसार अरकानों की संख्या आठ की बजाय नौ है।[1] शेख़ अरकानों की संख्या आठ ही बताते हैं परंतु अनके अरकानों की पहचान विवेक के अरकानों से भिन्न प्रतीत होती है।[2] ज़ाहिर है कि अरकानों और उनकी संख्या एवं पहचान के बारे में लेखकों मे कुछ मतभेद, और शायद भ्रम (confusion) की स्थिति दिखायी देती है।

(ii) बह्र–बह्र शेर का वह आकार–रूपी शिल्प है जिसे हिन्दी छंदशास्त्र में 'छंद' और अंग्रेज़ी मे 'मीटर' कहते हैं। हिन्दी के विपरीत, उर्दू–फ़ारसी साहित्य में मात्रिक छंदों का सर्वथा अभाव है। उनकी जगह निश्चित वज़न (मात्राओं) वाले लय खंड प्रचलित हैं जिन्हें उर्दू–फारसी में 'बह्र' कहते है।[3] बह्र अरूज़ के नियमानुसार निर्मित हैं और उनकी मुख्य केंदबिंदु हैं। अरकानों के निश्चित क्रम से बह्रों की स्थापना होती है। यानी, बह्र अरकानों में रची जाती है। उर्दू ग़ज़ल बह्र और क़ाफ़िया के अनुशासन से सूत्रित (बँधी) होती हैं और उसका हर शेर एक ही बह्र में रचा जाता है। अरूज़ के अनुसार ग़ज़ल का किसी–न–किसी बह्र में युक्त होना अनिवार्य है।[4] जबकि हिन्दी छंदशास्त्र के छंद विषय–विशेषता (subject specificity) रखते हैं, ग़ज़ल (रुबाई के अलावा) किसी भी बह्र में रची जा सकती है, यानी ग़ज़ल रचने (कहने) के लिए कोई विशेष बह्र निर्धारित नहीं होती।

(क) संख्या और भेद–अरूज़ में कुल मिलाकर उन्नीस स्थायी (मूल) बह्रे हैं। इन में से सात मुफ़रद, यानी सालिम (शुद्ध, इकहरी), और बारह मुरक्कब यानी मिश्रित, हैं। जबकि मुफ़रद बह्रे एक ही रुकन की बार–बार आवृति से बनती है, मुरक्कब बह्रें एक से अधिक रुकनों (यानी, अरकानों) से मिलकर बनती हैं और इसीलिए वे 'मिश्रित' कहलाती हैं। ग़ज़लकारों ने स्थायी बह्रों से अनेक अतिरिक्त बह्रों का निर्माण किया है परंतु प्रचलित बह्रों की संख्या केवल बारह मानी गयी हैं। इनमें से भी समकालीन उर्दू ग़ज़ल मुश्किल से प्रमुख पाँच–सात बह्रों में ही कही जा रही हैं।

(ख) भाषा विशेषता–बह्रों के प्रयोग और प्रचलन में कुछ भाषा की विशेषता देखने को मिलती है। अतः कुछ बह्रों का प्रयोग उर्दू में, कुछ का अरबी में, तो कुछ का फ़ारसी में विशेष है। उर्दू भाषा में हज़ज़, रज़ज़ और

---

1. विवेक, उपर्युक्त, पृ. 84
2. शेख, उपर्युक्त, पृ. 18
3. अस्थाना, उपर्युक्त, पृ. 61
4. इस के विपरीत नज़्म/ कविता निज रूप में बह्र (वज़न) पर निर्भर नहीं करती। तत्रैव, पृ. 15

रमल सालिम (शुद्ध) बह्‌रों का प्रयोग; फ़ारसी में जदीद और क़रीब; तथा अरबी में तबील, मदीद ख़सीत, कामिल और वाफ़िर, बह्‌रों का प्रयोग आम है, जबकि मिश्रित तथा तबील मदीद, बसीत और मुक्तजिब बह्‌रों का प्रयोग सभी (उर्दू, फारसी, एवं अरबी) भाषाओं में मिलता है।[1] उर्दू की प्रसिद्ध एवं गेयकी ग़ज़लें विशेषतः सालिम बह्‌रों में ही लिखी गयी हैं।

(ग) संगीतात्मकता और लयात्मकता–संगीतात्मकता और लयात्मकता बह्‌र के ख़ास गुण हैं। बह्‌र में जितनी संगीतात्मकता होगी, उतनी ही वह अच्छी होगी और इसलिए प्रचलित होगी। यही कारण है कि वही बह्‌रे अधिक प्रचालित हैं जिन की संगीतात्मकता अधिक है। क़ाफ़िया और रदीफ़ के अनुशासन से बह्‌र ग़ज़ल को गेय संगीतात्मकता का गुण देती है जिससे उसमें गेय–सौंदर्य उत्पन्न होता है और ग़ज़ल तरल बन जाती है। गेय–सौंदर्य ग़ज़ल को, संस्कृत साहित्य के छंदों के गेय–सौंदर्य की तरह, कंठस्थ होने में सहायक होता है। (शायद यही कारण है कि भारत का प्राचीन साहित्य–श्रुति, स्मृति और पुराण–सभी छंदबद्ध हैं।) ग़ज़ल को लयात्मकता देने के अतिरिक्त, बह्‌र उसके वज़न–संतुलन–को भी परखती है।[2]

(घ) हिन्दी में प्रचलित बह्‌रें–उर्दू की स्थायी बहरों में से तीन मुदर्रिक (शुद्ध) और एक मुर्रक्कम (मिश्रित) बह्‌रें हिन्दी छंदशास्त्र में भी पाई जाती है। यह चार बह्‌रें निम्नलिखित हैं (i) बह्‌रे रमल, जिसे हिन्दी में हरिगीतिका छंद कहते हैं; (ii) बह्‌रें मुतदारिक, जिसे हिन्दी में त्रिभंग छंद कहते हैं, (iii) बह्‌रे मुतक़ारिब, जिसे हिन्दी में भुजंग छंद कहते हैं; और (iv) बह्‌रे सरीअ (मिश्रित बह्‌र) जिसे हिन्दी में चौपाई छंद कहते हैं। हिन्दी के कुछ काव्य शास्त्रियों का मानना है कि संस्कृत के काव्य–सूत्र–यमाता राजभान सलगा–पर उर्दू की सभी बह्‌रें गिनी जा सकती हैं।[3]

4. अरूज़ के नियम

ग़ज़ल रचने के लिए ग़ज़लकार को अरूज़ के ग़ज़ल संबंधी नियमों को जानना, समझना और उनका पूरी तरह से पालन (adhere) करना आवश्यक है,; वस्तुतः (infact), अनिवार्य (essential) है। यह नियम निम्नलिखित हैं।

---

1. तत्रैव, पृ. 18–25
2. 'वज़न' पर चर्चा इसी अध्याय के अगले अंश (section) में की गयी है
3. डॉ. प्रसाद निष्काम, सहयोगी, मुजावर, उपर्युक्त, पृ. 154

(i) ग़ज़ल का बह्र युक्त होना—ग़ज़ल एक संगीतात्मक गेय शैली है जिसकी ' कला वस्तुतः गायकी के गणित पर आधारित है ..... और बह्र ग़ज़ल को गायकी का आधार मुहैया (provide) करती है।'[1] यही कारण है कि यह एक विश्वव्यापक धारणा है कि बग़ैर बह्र—युक्त न ग़ज़ल कही (लिखी) जा सकती है और न ही ऐसी किसी रचना को ग़ज़ल की संज्ञा ही दी जा सकती है।[2]

उपरोक्त विश्वव्यापक धारणा के दो पहलू हैं। एक, किसी काव्य—रचना को जांचने के लिए, कि वह ग़ज़ल है या नहीं, यानी वह गायकी के गणित पर खरी हैं या नहीं, एक मापदंड चाहिए और बह्र वह मापदंड मुहैया करती हैं। दो, कि बह्र के पैमाने पर ख़री उतरने वाली काव्य रचना को ही ग़ज़ल कहा जा सकता है, इसके पीछे एक पूर्वधारणा (assumption) है कि केवल बह्र—युक्त ग़ज़ल में ही गेय—संगीतात्मकता हो सकती है ;यानी बह्र ही गायकी का आधार हो सकती है। ज़ाहिर है, इस पूर्वधारणा का आधार हर परिस्थिति (situation)में युक्ति—युक्त (ठोस) नहीं है। इस में अबाध (unrestricted) अंतिमता (finality) नहीं कही जा सकती । ऐसी सोच मानव बुद्धि, कल्पना एवं प्रतिभा (genius) को चुनौती समान एवं यथार्थ (reality) के परे है। यदि ऐसा होता तो उर्दू—फ़ारसी की उन्नीस बह्रों के अतिरिक्त नयी बह्रों के निर्माण (construction) की राह में कोई गुंजाइश (possibility) न होती। लेकिन सत्य यह है कि नयी बह्रें रची गयीं, रची जा रही हैं और भविष्य में भी रची जाएँगी।

निष्कर्षतः यह कहा जा सकता है कि बह्र गेयकी एक 'पूर्व—निर्धारित व्यवस्था' है जिसका पालन करना लाज़िमी (essential) है लेकिन महा—प्रतिभाशाली (great genius) साहित्यकार इस सामान्यीकरण (generalisation) के दायरे में नहीं आते क्योंकि वे नयी बह्रें निर्माण करने की प्रतिभा रखते हैं। हम इस तथ्य को यूँ भी कह सकते हैं कि बह्र एक स्वीकृत (acknowledged), प्रमाणित (proved, stamped) ग़ज़ल कहने का सूत्र (formulae) है, यानी 'किसी पंक्ति की व्याकरणीय शुद्धता जाँचने के लिए बनाई गयी व्यवस्था' है।

अतः अरूज़ के नियमानुसार, रुबाई के अलावा, ग़ज़ल का बह्र युक्त

---

1. अग्रवाल और जनमेजय, उपर्युक्त, पृ. 17
2. तत्रैव,

होना अनिवार्य ही है। साथ–साथ यह ग़ौरतलब है कि, यद्यपि ग़ज़ल का बह्र–युक्त होना लाज़िमी है, एक बुनियादी आवश्यकता है, ग़ज़ल किसी भी बह्र में बँधी हो सकती है।[1] उदाहरणार्थ निम्न शेर को देखिये जो मूलतः तीन भिन्न बह्रों में रचा गया है।–

(क) बहरे रमल मुसम्मन सालिम

फाइलातुन फाइलातुन फाइलातुन फाइलातुन
2 1 2 2 2 1 2 2 2 1 2 2 2 1 2 2
रौशनी ही जब नहीं तुमने कि रातों को मिरी दी
पूछते क्यों हो, सितारों, वे कहाँ मैंने गुज़ारी।

(ख) बह्रें रजज़ मुसम्मन सालिम

मुस्तफइलुन मुस्तफइलुन मुस्तफइलुन मुस्तफइलुन
2 2 1 2 2 2 1 2 2 2 1 2 2 2 1 2
जब दी नहीं तुमने कि रातों को मिरी थी रौशनी
क्यों पूछते ही फिर, कहाँ मैने गुज़ारी ये सभी।

(ग) बह्रे हज़ज मुसम्मन सालिम

मुफाईलुन मुफाईलुन मुफाईलुन मुफाईलुन
1 2 2 2 1 2 2 2 1 2 2 2 1 2 2 2
नहीं दी रौशनी जब है कि रातों को मिरी तुमने
न पूछो फिर, सितारों, ये गुज़ारी थी कहाँ मैंने।

कुछ ग़ज़लकारों का मानना है कि बह्र के अतिरिक्त अन्य किसी छंद में ग़ज़ल नहीं कही जा सकती। यदि कही गयी तो 'वह मात्रा में पूरी होती हुई भी असंतुलित हो जाएगी।'[2] ग़ज़ल का महत्त्व उसकी तकनीक के उचित निर्वाह में है।

उर्दू ग़ज़ल निरपवाद–रूप से (invariably) उपर्युक्त नियम का निर्वाह करती है, यानी वह किसी–न–किसी बह्र से युक्त होती है। लेकिन हिन्दी ग़ज़ल में इस नियम के पालन में कोई एक–समानता (uniformity) दिखाई

---

1. इस के विपरीत हिन्दी छंद–शास्त्र में कुछ छंद विषय–विशेष (subject specific) होते हैं जबकि अरूज के अंतर्गत कोई ख़ास (specific) बह्रें निर्धारित नहीं हैं
2. महेश अनघ, सहयोगी, मुजावर, उपर्युक्त, पृ. 11

नहीं देती।[1] इसका मूल कारण संभवतः हिन्दी के ऐसे ग़ज़लकारों का बह्रों से अपरिचित या उनपर पूर्ण अधिकार का न होना है। फलतः, हिन्दी ग़ज़ल, बह्रों के अलावा, हिन्दी छंदों में भी लिखी जा रही हैं।[2] यह स्थिति और भी अस्तव्यस्त एवं अपारदर्शी (opaque) हो जाती है क्योंकि कुछ ऐसी भी बह्रें हैं (जिनका ज़िक्र उपर किया गया है) जो छंदरूप में हिन्दी छंदशास्त्र में भी पाई जाती है और जो हिन्दी के छंदशास्त्र का ही अनुसरण (follow) करती हैं।

हिन्दी ग़ज़लकारों का मानना है कि बह्र ही नहीं ग़ज़ल को लय और संगीतात्मकता प्रधानता प्रदान करती है; यह कार्य वैचारिक (conceptual) स्तर पर हिन्दी के छंद भी करते हैं। और यदि हिन्दी के छंदों में उतनी उत्तम लय और संगीतात्मकता नहीं मिलती जितनी उर्दू की बह्रों में मिलती हैं तो यह भी सच है कि उत्तम लय और संगीतात्मकता उर्दू की भी कुछ ही चुनिंदा बह्रों में मिलती है[3] और अधिकतर उन्हीं बह्रो में लोकप्रिय ग़ज़ले लिखी गयी हैं और ऐसी बह्रें मुश्किल से पाँच–सात ही हैं। अतः उपर्युक्त नियम, कि ग़ज़ल का बह्र में युक्त होना अनिवार्य है, एक विवादित विषय (controversial subject) बन गया है।

(ii) स्वरों की समानता–उर्दू ग़ज़ल में क़ाफ़िया (यानी तुक) की तुलना में स्वरों की समानता पर अधिक बल दिया जाता है जैसे बदन का 'दन' और चमन का 'मन' समान स्वरों में हैं जबकि 'दिन', गिन', आदि भिन्न स्वरों में हैं। इसी प्रकार जबकि 'जलना', 'ढलना', 'मलना' आदि समान क़ाफ़िए (तुक) में हैं इनके साथ 'हिलना' 'उठना' 'फाड़ना', आदि ठीक क़ाफ़िए नहीं बनते। इसी तरह 'बह्रों', किनारों, नज़रों' आदि के स्थान पर न तो 'हवाओं' और न ही 'दिवारों' को बाँधा जा सकता है क्योंकि 'हवाओं' शाब्दिक एकरसता के विपरीत है और 'दिवारों' में शाब्दिक एकरसता होते हुए भी यह 'सितारों' के आकार अथवा वज़न की नहीं है।[4] अतः, ग़ज़ल में ऐसे भिन्न स्वर वाले बेजोड़ क़ाफ़ियों का प्रयोग वर्जित है। स्वरों के असमानता के, उदाहरणार्थ, हाली के दो शेर निम्नलिखित हैं–

1. 'उर्दू तथा फ़ारसी की निर्धारित बह्रों के अतिरिक्त हिन्दी के प्राचीन छंदों–दोहा तथा मंदाक्रांता, आदि, में भी आजकल ग़ज़लें कही जा रही हैं। 'डॉ. गणेशदत्त सारस्वत, सहयोगी, मुजावर, उपरोक्त, पृ. 60। परंतु महेश अनघ का तो मानना है कि कोई भी हिन्दी ग़ज़लकार 'ग़ज़ल की संपूर्णता का निर्वाह नहीं कर सका है।' तत्रैव, पृ. 116
2. हिन्दी मात्रिक छंद और ग़ज़ल की बह्र की विद्या में अंतर है जिसका जानना और ध्यान में रखना आवश्यक है।
3. संगीतात्मकता की खूबी कुछ बह्रों में नहीं होती। इसीलिए उनका प्रचलन भी अधिक नहीं होता। फ़ने–शायरी, लेखक अख़लाक हुसैन देहलवी, पृ. 261
4. 'ग़ज़ल यात्रा और पदचिह्न', निश्तर ख़ानकाही, सम्पादक : अग्रवाल और जनमेजय, पृ. 13

दिल से ख़्याल –ए–दोस्त भुलाया न जाएगा
सीने में दाग़ है कि मिटाया न जाएगा।[1]

–हाली

कहीं इलहाम मनवाना पड़ेगा
कहीं कश्फ़ अपना जतलाना पड़ेगा।[2]

–हाली

उपर्युक्त शेरों में तुक (क़ाफ़िया) तो मिलते हैं लेकिन प्रथम शेर में स्वर की दृष्टि से तुक में असमानता है जिसे 'ग़ज़ल दोष', यानी अरूज़ के उपरोक्त नियम का उल्लंघन (infringement) कहा जा सकता है।

(iii) लघु का गुरु होना–अरूज़ के अंतर्गत लघु स्वर को दीर्घ, यानी एक–एक मात्रिक को दो मात्रिक बनाने की व्यवस्था है।[3] उर्दू ग़ज़ल की यह परंपरा हिन्दी छंदशास्त्र में नहीं पाई जाती। जब (ग़ज़ल के) किसी शेर में दो लघु का उच्चारण एक साथ मिलकर होता है, तब उन दो लघु वर्णों को एक गुरु वर्ण मान लिया जाता है,[4] जैसे–'मन' शब्द में 'म' और 'न' दोनों वर्ण लघु हैं। परंतु क्योंकि 'म' और 'न' का उच्चारण मिलकर होता है, उन्हें, दो अलग–अलग लघु वर्ण न गिन कर, अरूज़ के अंतर्गत, एक गुरु वर्ण गिना जाता है। उदाहरणार्थ ग़ालिब का निम्नलिखित शेर लिजिए–

बनाकर फ़क़ीरों का हम भेस 'ग़ालिब'
तमाशा–ए–अह्‌ले–करम देखते हैं।[5]

–ग़ालिब

उपर्युक्त शेर के पहले मिसरे के शब्दों में 'बनाकर' में 'कर' 'हम' और 'ग़ालिब' में 'लिब', और दूसरे मिसरे में 'अहले' में 'अह' तथा 'करम' में 'रम' का उच्चारण मिलकर होने के कारण, उन्हें, दो–दो लघु वर्ण गिनने की बजाय, एक–एक गुरु वर्ण गिना जाएगा जैसे नीचे दर्शाया गया है।

बनाकर फ़क़ीरों कहमभेस ग़ालिब
1 2 2 1 2 2 1 2 2 1 2 2
तमाशा–ए–अहले–करम देखते हैं।
1 2 2 1 2 2 1 2 2 1 2 2

---

1. चाँद, उपर्युक्त, पृ. 15
2. तत्रैव, पृ. 8
3. शेख़, उपर्युक्त, पृ. 36
4. तत्रैव, पृ. 17
5. ज़ाफरी, उपर्युक्त, पृ. 80

निम्न तालिका में दो लघु के एक गुरु गिने जाने के कुछ उदाहरण प्रस्तुत हैं।

तलिका नं. एक : लघु अक्षरों का गुरु गिना जाना

शब्द	गुरु व्यवस्था	शब्द	गुरु व्यवस्था
1	2	3	4
1. दिल 1 1	दिल 2	8. बेचैनियत 2 2 1 11	बेचैनियत 2 2 1 2
2. कमला 1 1 2	कमला 2 2	9. हमाकत 1 2 1 1	हमाकत 1 2 2
3. मरहम 1 1 1 1	मरहम 2 2	10. जिगर 1 1 1	जिगर 1 2
4. हरगिज 1 1 1 1	हरगिज 2 2	11. मेहनत 2 1 1 1	मेहनत 2 1 2
5. मौसम 2 1 1	मौसम 2 2	12. बेहतर 2 1 1 1	बेहतर 2 1 2
6. सिलसिला 1 1 1 2	सिलसिला 2 1 2	13. आचरण 2 1 1 1	आचरण 2 1 2
7. खुशियाँ 1 1 2	खुशियाँ 2 2	14. पहुँचे 1 1 2	पहुँचे 2 2

(iv) अर्ध अक्षरों के गिनने की विधि–जोड़ाक्षरों में उच्चारण करते समय क्योंकि अर्ध अक्षरों का भार आगे आने वाले (preceding) अक्षर पर पड़ता है, अतः उसे (आगे आने वाले अक्षर को) गुरु मान लिया जाता है[1] और, गिनने की दृष्टि से, अर्ध अक्षर की देखी–अनदेखी कर दी जाती है। उदाहरणार्थ, 'सौंदर्य' में 'र' का भार 'द' पर, 'अच्छा' में 'च्' का भार 'अ', और 'भव्य' में 'व' का भार 'भ' पर पड़ता है, अतः 'सौंदर्य' में 'द' को, 'अच्छा' में 'अ' को, और 'भव्य' में 'भ' को गुरु अक्षर माना जाता है। इसी तरह ग़ालिब के निम्नलिखित शेर के पहले मिसरे में 'इश्क' में 'इ' को, 'निकम्मा' में 'क' को, और दूसरे मिसरे में 'वर्नः' में 'व' को गुरु अक्षर गिना जाता है।

इश्क ने, ग़ालिब, निकम्मा कर दिया
वर्नः हम भी आदमी थे काम के।[2]

–ग़ालिब

1. शेख, पृ. 17
2. ज़ाफरी, उपर्युक्त, पृ. 135

निम्न तालिका में कुछ और अर्ध अक्षरों के आगे आने वाले (preceding)अक्षर के गुरु माने जाने के कुछ उदाहरण दिए गये हैं।

तालिका नं. दो : अर्ध अक्षर के आगे के अक्षर का गुरु होना

शब्द	गुरु व्यवस्था	शब्द	गुरु व्यवस्था
1. नज़्म	नज़् म 2 1	8. मुहब्बत	मु हब् बत 1 2 2
2. हुक्म	हुक् म 2 1	9. सिकन्दर	सि कन् दर 1 2 2
3. इश्क	इश्क 2 1	10. जुल्फ़	जुल फ़ 2 1
4. दिल्ली	दिल् ली 2 2	11. रिश्ता	रिश्ता 2 2
5. जिन्दगी	जिन् द गी 2 1 2	12. मुकद्दर	मु कद् दर 1 2 2
6. इन्तज़ार	इन् त जा र 2 1 2 1	13. मुर्झाए	मुर् झा ए 2 2 1
7. मनुष्य	म नुष् य 1 2 1	14. उन्हें	उन् हें 2 2

(v) मिसरांत बिना मात्रा का एक लघु की छूट–ग़ज़ल के सभी मिसरों के अंत में बिना मात्रा का एक लघु वर्ण आ सकता है जैसे निम्न शेरों के पहले मिसरे के अंत में :

दिल मिरा तूने दुखाया था कभी लेकिन हबीब
2 12 22 122 2 12 221 2 (–)
अब मैं* तेरा दिल दुखाऊँ ये क्हाँ तक ठीक है[1]
2 1 22 2 122 212 2 21 2
बला–ए–जाँ है*, गालिब, उसकी* हर बात
12 2 2 1 22 21 2 2 (–)
इबारत क्या, इशारत क्या, अदा क्या।[2]
122 2 122 2 12 2

1. ख्वाब अकबरावादी, उपर्युक्त, पृ. 22
2. ज़ाफरी, उपर्युक्त, पृ. 36
(*) मात्रा नियमानुसार गिर जाएगी।
(–) मिसरान्त बिना मात्रा का एक लघु वर्ण

(vi) दबे स्वर की मात्रा का न गिना जाना—कभी—कभी शेर के दो मिसरों के संतुलन के लिए, यानी वज़न या मात्राओं को पूरा करने के लिए, ग़ज़लकारों को कुछ स्वर, जैसे इ, ई, आ आदि का प्रयोग करना पड़ता है। ऐसी स्थिति में, ये स्वर दबाकर पढ़ने या बोलने की मजबूरी आ पड़ती है। जब यें स्वर 'दबाये' जाते हैं तो ये मात्रा की गिनती में नहीं आते।[1] उन्हे 'मात्रा का गिर जाना' कहा जाता है, जैसे निम्न शेरों में—

झपक रही है* ज़मानों—मकां की* भी आँखें
1 2 1 2 1 2 2 2 1 2 1 2 2 2
मगर है* काफ़िला आमाद—ए—सफ़र फिर भी।[2]
1 2 1 2 1 2 2 2 1 2 1 2 2 2

—फ़िराक़ गोरखपुरी

नींद उसकी है, दिमाग़* उसका हैं,* रातें उसकी* हैं
2 1 2 2 2 1 2 – 2 2 1 2 2 2 1 2
तेरी* ज़ुल्फ़ें जिस के* बाज़ू पर परीशाँ हो गईं।[3]
2 1 2 2 2 1 2 2 2 1 2 2 2 1 2

—ग़ालिब

(vii) अख़रने वाले अक्षरों का प्रयोग वर्जित—क्योंकि तत्वतः (essentially) ग़ज़ल एक संगीतात्मक और लयात्मक विधा है, इस के शेरों में वह अक्षर जो उसके इन गुणों में बाधा बनते हैं, यानी अख़रते हों, जैसे ट,ठ,ज्ञ,ढ,ण, उनका प्रयोग, विशेषतः क़ाफ़िया तथा रदीफ़ में, नहीं किया जाता और यदि किसी कारण हो तो केवल मिसरे के बीच में ही हो सकता है।

1. निश्तर ख़ानक़ाही, उपर्युक्त, पृ. 14
2. 'राना' गन्नौरी, उपर्युक्त, पृ. 103
3. जाफ़री, उपर्युक्त, पृ. 90
(*) मात्रा नियमानुसार गिर जाएगी।

अध्याय–6

ग़ज़ल विधा

जबकि अरूज़ (उर्दू छंदशास्त्र) के नियम ग़ज़ल के सैद्धांतिक, प्रत्यात्मक (conceptual) पहलू हैं, ग़ज़ल विधा उन नियमों का व्यावहारिक (practical) रूप देने वाला, कार्यान्वित (executional), यानी अमल में लाने, पालन करने, वाला पक्ष है। इस दृष्टि से ग़ज़ल कहने (रचने) की कुछ पूर्वापेक्षाएँ (prerequisites) हैं, कुछ तरीक़े हैं, साधन हैं; और रचित ग़ज़ल के कुछ गुण एवं अवगुण (दोष) हैं। यही सब इस अध्याय के विषय–वस्तु (subject matter) हैं।

1. ग़ज़ल कहने (रचने) की पूर्वापेक्षाएँ

ग़ज़ल कहने के पूर्वापेक्षाओं के अंतर्गत (i) लघु–गुरु का बोध (knowledge), और (ii) स्थान, (iii) शेरों को परखना, (iv) मात्राओं को गिनना, (v) स्थायी 'बह्रों' के स्वरूप को कंठस्थ करना तथा (vi) ग़ज़ल के नियमों के पालन करने का (क) व्यावहारिक पक्ष, और (ख) कुछ सामान्य अपेक्षाओं पर चर्चा की गयी हैं।

(i) लघु–गुरु का बोध–अरूज़ के अनुसार ग़ज़ल का बह्र की बंदिश में होना लाज़िमी है। अतः ग़ज़ल के हर शेर को ग़ज़ल की बह्र की चाल (यानी अरकानों के निश्चित क्रमबद्ध) का अनुसरण (follow) करना होता है; अर्थात् हर शेर की मात्राओं में एक नियमित क्रमबद्धता रहती है। मात्राओं की इस नियमित क्रमबद्धता के लिए यह जानना और पहचानना ज़रूरी है कि शेर का कौन–कौन सा अक्षर लघु या गुरु है, या अरूज़ के नियमानुसार लघु या गुरु माना जाना चाहिए। अक्षरों के लघु–गुरु का बोध प्रायः स्वयं प्रत्यक्ष (self-obvious) होता है। परंतु ऐसा सदा, हर केस (case) में, नहीं होता विशेषतः जब कोई अक्षर मात्रा–युक्त हो और ग़ज़लकार, शेर की बह्र का पालन करने की चेष्टा में, उस अक्षर को टुकड़ों, विभागों में प्रयोग करे, यथा 'हो' को (जैसे 'रहो' में), जो गुरु अक्षर है, 'ह' (एक लघु) और 'ओ' एक

गुरु (यानी एक गुरु की बजाय, एक लघु और एक गुरु, अर्थात् दो अक्षरों) के रूप में प्रयोग करता है या जैसे 'रहो' (एक लघु, एक गुरु) को 'रह' (गुरु), 'ओ' (गुरु), यानी दो गुरु की तरह प्रयोग करे।[1]

(ii) लघु और गुरु का स्थान—जब गुरु का स्थान लघु तथा लघु का स्थान गुरु ले लेगा तो लय परिवर्तित हो जाएगी। इतना ही नहीं, ग़ज़ल के छंद विधान में मात्राओं का पूर्ण योग ही नहीं देखा जाता बल्कि इन छ्ंदों में दीर्घ व ह्रस्व स्वरों का स्थान भी निश्चित होता है, यानी लघु–गुरु (1–2) के रूप में उपस्थित तीन मात्राओं को गुरु–लघु (2–1) नहीं कर सकते।[2]

अर्ध अक्षरों के मामले में भी लधु और गुरु अक्षरों को ठीक–ठीक पहचानने में कठिनाई पेश आती है। और, जैसा ऊपर कहा गया है, अकसर यह समस्या ग़ज़लकार का बह्र की चाल के पालन करने के प्रयत्न की प्रक्रिया से खड़ी होती है। इसका एक ही समाधान है और वह है ग़ज़ल की बह्र को पहचानना, उसकी चाल को जानना तथा कुछ अनुभव। जब तक ग़ज़लकार (और पाठक) को बह्रों की चाल कंठस्थ नहीं होती, यह समस्या यहाँ–वहाँ पेश आती रहेंगी। कई बार, बह्र की चाल का कंठस्थ होना भी काफ़ी नहीं रहता। कम–से–कम स्थायी बह्रों की चाल को कंठस्थ करने के अलावा ग़ज़ल के शेरों में लघु–गुरु अक्षरों को पहचानने के अभ्यास की भी आवश्यकता है।

उपर्युक्त समस्या और भी जटिल हो जाती है जब ग़ज़लकार ग़ज़ल के किसी शेर में बह्र की चाल को बनाए रखने के लिए उचित शब्द का प्रयोग करने में असमर्थ रहता है और ऐसे में किसी अक्षर को लघु या गुरु पढ़ने का कार्य (निर्णय) पाठक (गायक) पर छोड़ देता हैं। ऐसे में, विशेषतः गायक को, किसी अक्षर को जबान दाब के (with lowered emphasis) यानी, गुरु के स्थान पर लघु उच्चारण करने या अक्षर पर अधिक जोर देने (giving added emphasis), यानी लघु के स्थान पर गुरु उच्चारण करने (पढ़ने) से ही ग़ज़ल की बह्र की चाल का निर्वाह, करना पड़ता है, यथा इक़बाल के निम्नलिखित शेर में—

> खुदी को कर बुलन्द इतना कि हर तक़दीर से पहले
> 1 2 2 2   1 2 2 2 1 2   2 2 1 2 2 2
> खुदा बंदे से* खुद पूछे बता तेरी रज़ा क्या है।[3]
> 1 2 2 2 1 2 2 2 1 2 2 2 1 2 2 2
>
> —इक़बाल

1. ख़्वाब अकबरावादी, उपर्युक्त, पृ. 38
2. ह्रस्व स्वर को दीर्घ करने की उर्दू ग़ज़ल में छूट, जहाँ ग़ज़लकार को अपनी ग़ज़ल कहने में सहायक होती है, वहीं वह बह्र की ठीक तकनीक के प्रयोग में एक कठिनाई, समस्या भी खड़ी करती है विशेषतः उन ग़ज़लकारों (और पाठकों) के लिए जिनका ग़ज़ल विधा पर पूरा–पूरा अधिकार अभी नहीं बना।
3. आग़ा, उपर्युक्त, पृ. 257.

* मात्रा नियमानुसार गिर जाएगी।

उपर्युक्त शेर हज़ज बह्र में बद्ध है।[1] उसका स्वरूप और चाल (वज़न) मफ़ाईलुन–मुफ़ाईलुन–मुफ़ाईलुन–मुफ़ाईलुन (1 2 2 2–1 2 2 2–1 2 2 2–1 2 2 2) है। लेकिन बहर की चाल (वज़न) को बनाए रखने के लिए, शेर के दूसरे मिसरे में'से'को 'स' (यानी गुरु अक्षर को जबान दाब के लघु) और 'पुछे' में 'पु' को 'पू' (यानी लघु अक्षर को जोर दे के गुरु) पढ़ा जाएगा। ज़ाहिर है कि अक्षरों का लघु–गुरु स्वरूप को सही–सही परखने (पहचानने) के लिए किताबी इल्म (ज्ञान) ही काफ़ी नहीं है। इस के लिए प्रयोगात्मक (practical) अनुभव यानी अभ्यास एवं किसी उस्ताद (आचार्य) से मार्गदर्शन की भी उतनी ही आवश्यकता है जितनी ग़ज़ल की बह्र को पहचानने (और उसके लिए उसे कंठस्थ करने) की। इसका एक आसान (सरल) एवं कारगर (effective) तरीक़ा (साधन) है उर्दू भाषा के सिद्ध ग़ज़लकारों (जैसे मिर्ज़ा ग़ालिब और फ़िराक़ गोरखपुरी) की ग़ज़लों को लेकर ग़ज़ल की बह्र को पहचानना और उसके प्रत्येक शेर के लघु–गुरु के क्रम को लिखना। क्योंकि एक ग़ज़ल के प्रत्येक शेर का लघु –गुरु क्रम एक ही होगा, हर शेर के अक्षरों का लघु –गुरु स्वरूप को पहनानना सीखने में आसानी रहेगी। यही नहीं, कहाँ और कैसे ग़ज़लकार बह्र की चाल (वज़न) बनाए रखने के लिए लघु को गुरु और गुरु को लघु अक्षर बनाते हैं, उसका भी ज्ञान होगा।(इस विषय पर विस्तृत चर्चा इसी अध्याय के अगले अंश–'शेरों को परखना'–के अंतर्गत की गयी है।

अक्षरों के लघु–गुरु के क्रम को किसी शेर में पहचानने के लिए, ऊपर बताई अभ्यास प्रक्रिया के अलावा, यह भी याद रखना चाहिए कि उर्दू ज़बान में उच्चारण (pronunciation) का एक विशेष महत्त्व है। उदाहरणार्थ निम्न तालिका में कुछ शब्दों का आमफ़हम भाषा और उनका शुद्ध उर्दू भाषा के उच्चारण को, और उस कारण उनके लघु–गुरु के क्रम का भिन्न हो जाना, दर्शाया गया है।

तालिका नं. एक

शब्दों का आमफ़हम भाषा में उच्चारण और लघु–गुरु क्रम	शब्दों का उर्दू भाषा में उच्चारण और लघु–गुरु क्रम
1. देखा	दे ख आ
2 2	2 1 2
2. मालूम	म एल ऊ म
2 2 1	1 2 2 1
3. आये	आ य
2 2	2 1
4. ज़्यादा	जि या दा
2 2	1 2 2
5. मोहताज	मुह ता ज
2 1 2 1	2 2 1

1. बह्रों का विस्तृत वर्णन इस प्रवेशिका के सातवें तथा आठवें अध्याय में किया गया है।

उर्दू ग़ज़ल में अक्षरों का लघु–गुरु क्रम उच्चारण के कारण ही नहीं बल्कि 'शायरी आज़ादी (poetic liberty) के बिना पर भी बदला जा सकता है, जैसे 'तेरे' के स्थान पर 'तिरे'; 'एक' की जगह 'इक'; 'से' की जगह 'सि' के प्रयोग से। अतः अरूज़ के नियमों (जिनके कारण लघु और अर्ध अक्षर गुरु हो जाते हैं) के अलावा, शब्दों के हिज्जे (spellings), उच्चारण, आदि को सदैव ध्यान में रखना चाहिए।

(iii) शेरों को परखना–ग़ज़ल के शेरों को परखने से अभिप्राय है यह जानना कि उन शेरों का 'वज़न' बह्र के मुताबिक (अनुसार) है या नहीं। 'वज़न' का शब्द–कोष अर्थ है किसी वस्तु का 'तौल'; मान मर्यादा का सूचक'। अरूज़ की शब्दावली में शेर को बह्र की तराजू पे तौलने, उसकी कसौटी पर परखने, को 'वज़न' कहा गया है। शेर के वज़न से अभिप्राय है उसके दोनों मिसरों में संतुलन होना, यानी उनके लघु–गुरु का क्रम और वर्णों की संख्या में समानता होना। अतः बह्र शेर को संतुलन ही नहीं देती, उसे परखती भी है। उदाहरणार्थ हाली के निम्नलिखित शेर के दोनों मिसरों में वर्णों एवं मात्राओं की समानता है, यानी दोनों मिसरे हम–वज़न हैं, उनमें संतुलन है और दोनों एक ही (उसी) बह्र में बँधे हैं और रचे गये हैं।

बहुत जी खुश हुआ 'हाली' से मिलकर
1 2 2 2 1 2 2 2 1 2 2
अभी कुछ लोग बाक़ी हैं जहाँ में।[1]
1 2 2 2 1 2 2 2 1 2 2

शेर के दोनों मिसरों का हम–वज़न होना, उन में संतुलन होना ही आवश्यक नहीं, बल्कि जिस ग़ज़ल से वह शेर लिया गया है, उस ग़ज़ल के सभी शेरों का भी हम–वज़न होना अनिवार्य है। यदि ऐसा नहीं होता है तो वह बह्र (वज़न) में टूटन, शेर के संतुलन में कमी, यानी ग़ज़ल में अवगुण–दोष–[2] माना जाता है जैसे निम्नलिखित शेर में जिस का पहला मिसरा फ़ऊलुन x4 के वज़न पर है जबकि उसका दूसरा मिसरा फ़ऊलुन, फ़ऊलुन, फ़ऊलुन, फ़ऊ के वज़न पर है।[3]

---

1. चाँद, उपर्युक्त, पृ. XI
2. ग़ज़ल दोष पर चर्चा इसी अध्याय के भाग तीन के अंतर्गत विस्तार से की गयी है।
3. गोबिंदपुरी, उपर्युक्त, पृ. 103

तेरे* वादे* को हम समझ लें ग़नीमत
1 2 2 1 2 2 1 2 2 1 2 2
क़यामत को* भी ग़र वफ़ा हो गया।
1 2 2 1 2 2 1 2 2 1 2

हिन्दी में 'वज़न' को वर्ण कहा गया है।[1] शेर के वज़न करने, यानी परखने, को 'तकतीअ' (बाँटना) भी कहते हैं।[2] तकतीअ का अर्थ है टुकड़ें करना। ऐसा करने के लिए शेर को टुकड़ों में बाँट लेते हैं और फिर उन टुकड़ों की बह्र के स्वरूप एवं चाल (वज़न) से तुलना करते हैं, जैसा नीचे दिखाया गया है।

रखने/को तुम/रख लो/चाहे/जिसके/सिर पर/ताज़
2 2 2 2 2 2 2 2 2 2 2 2 2 1 मात्राएँ–27
मगर उ/सी का/हुक़म च/लेगा/वही क/रेगा/राज।[3]
1 2 1 2 2 1 2 1 2 2 1 2 1 2 2 2 1 मात्राएँ–27

—महेश अश्क

शेर के दोनों मिसरों, और ग़ज़ल के सभी शेरों, का हम–वज़न होना गारंटी नहीं देता कि वह शेर (या ग़ज़ल) लय और संगीतात्मकता के पैमाने (मानदंड) पर सफल उतरेगा। इसके लिए कितनी ही और शर्तों (conditions) का विद्यमान (present) होना आवश्यक है जैसे कि शब्दों का उत्तम चयन, विषय की नवीनता, शायर का अंदाज़ेबयाँ (कहने का ढंग), शेर का अनूठापन, आदि।

यह जानने के लिए कि जो शेर कहा (रचा) गया है वह ठीक–ठीक बह्र –बद्ध है और उसके दोनों मिसरों में संतुलन है या नहीं, शेर को परखना आना और उसे परखना ज़रूरी है। शुरू–शुरू में शेर को परखने (यानी तकतीअ करने) की प्रक्रिया काफ़ी अनिश्चित (uncertain) रहती है जिसमें गलती होने की संभावना सदा बनी रहती हैं। शेर को परखने के कई तरीक़े (साधन) हैं। इसका एक व्यावहारिक (practical) एवं कारगर (effective) ढंग है परखने का अभ्यास और इस से पैदा हुआ तजुर्बा (अनुभव)। जैसे पहले (ऊपर) बताया गया, यह तरीक़ा किसी सिद्ध उर्दू ग़ज़लकार की उस ग़ज़ल के शेरों पर अभ्यास करना जिसकी बह्र की बंदिश आप को पहले से ही मालूम है। उदाहरणार्थ ग़ालिब की ग़ज़ल के निम्न शेर बह्रे मुतकारिब की फ़ऊलुन (122)–फ़ऊलुन (122)–फ़ऊलुन (122) की चाल में बंधित है।

---

1. शेख़, उपर्युक्त, पृ. 17
2. अख़लाक़ हुसैन देहलवी, उपर्युक्त, पृ. 26
3. विवेक, उपर्युक्त, पृ. 92

* मात्रा नियमानुसार गिर जाएगी।

दिल* आशुफ्तगाँ ख़ाल–ए–कुंज–ए–दहन के
1 2 2 1 2 2 1 2 2 1 2 2 2
सुबैदा में* सैर –ए–'अदम देखते हैं।[1]
1 2 2 1 2 2 1 2 2 1 2 2

–ग़ालिब

अब, जैसा ऊपर बताया गया, ग़ालिब के उपर्युक्त ग़ज़ल के शेर की बंदिश के हिसाब से शेर के प्रत्येक मिसरे के वज़न को ध्यान से सोच–समझ कर लिखें। क्योंकि आप को ग़ज़ल की बह्र (की चाल) मालूम है, अतः उसके मिसरों का वज़न लिखने में मदद मिलेगी। इस क्रिया से ग़ज़ल के शेरों का वज़न लिखना, तकतीअ करना (यानी परखना), और ग़ज़ल की बह्र एवं उसके स्वरूप (चाल) को पहचानना आने लगेगा। यही प्रक्रिया, यानी अभ्यास, ग़ालिब की अन्य, और दूसरे सिद्ध ग़ज़लकारों की ग़ज़लों, के साथ बार–बार करें।[2] इस क्रिया का आप जितना अधिक अभ्यास, (नक़ल नहीं) करेंगे, उतनी ही अधिक निपुणता (expertise) आप को इस कार्य में प्राप्त हो जाएगी और ग़ज़ल कहने (रचने) की राह में आप अग्रसर होंगे। आख़िर, मूल सवाल (बात) तो वही लघु–गुरु के बोध का है।

यह जानने के लिए कि शेरों को परखने की विधि (तरीक़ा) आप को पूरी तरह से आ गयी है या नहीं, आप किसी भी सिद्ध ग़ज़लकार की एक वह ग़ज़ल लें जिसकी बह्र और स्वरूप (चाल) का आप को पहले से पता नहीं है। इस ग़ज़ल के साथ भी उपरोक्त बताई प्रक्रिया को करें, यानी उस ग़ज़ल के हर शेर के मिसरों के तले, अपनी समझ से, उसका वज़न लिखें। ऐसा करने के पश्चात, उस ग़ज़ल के शेरों के मिसरों के वज़नों (अरकानों) में उस ग़ज़ल की बह्र को ढूँढ़ो। बह्र को ढूंढने के बाद, उसका उस बह्र के असली स्वरूप और वज़नों से तुलना करें। इस प्रक्रिया से आप को पता चल जाएगा कि कहाँ और क्यों शेरों की बह्र और वज़न (लघु–गुरु के क्रमबद्ध)

---

1. ज़ाफरी, उपर्युक्त, पृ. 80
2. इस के लिये, उदाहरणार्थ, उर्दू के कुछ सिद्ध ग़ज़लकारों की कुछ प्रचलित ग़ज़लें इस प्रवेशिका के परिशिष्ट नं. छः के अंतर्गत दी गई हैं।

(*) मात्रा नियमानुसार गिर जाएगी।

(-) अंतिम अक्षर बिना मात्रा का अक्षर (यानी केवल 'क') गिना जाएगा। ग़ज़लों के नियमों के अंतर्गत ऐसी व्यवस्था है।

को पहचानने में आप से कोई गलती हुई है और, यदि हुई है, तो क्यों और कहाँ हुई है। इस प्रक्रिया को अनेक ग़ज़लों के साथ करने से, यानी इस अभ्यास से, आपको शेरों का परखना (तकतिअ करना), ठीक–ठीक, पूरी तरह से, आ जाएगा और आप का सफर एक सफ़ल ग़ज़लकार बनने की राह में, उतना ही शीघ्रगामी (fast) होगा। वे ग़ज़लकार जो बह्रों की चाल से परिचित (familiar) हैं, यानी अनुभवी ग़ज़लकार, गुनगुनाकर भी अपनी ग़ज़ल की बह्र को परख लेते हैं। बात वहीं आ जाती है, यानी, अभ्यास, मेहनत और लगन की।

(iv) मात्राओं का गिनना आना–क्योंकि ग़ज़ल बह्र में बँधी होती है और बह्र (और उसके अरकान) लघु–गुरु के निश्चित क्रम में चलती है, शेर की मात्राओं को गिनने में उसकी बह्र बहुत सहायक रहती है। एक शेर के एक मिसरे की सभी मात्राओं का योग (total) उस शेर की कुल (total) मात्राओं की संख्या को सूचित करता है और वही संख्या उस शेर एवं उस ग़ज़ल (जिस से वह शेर लिया गया है) की मात्राओं की संख्या जानी जाती हैं। उदाहरणार्थ ग़ालिब का निम्नलिखित शेर को देखिए–

है ख़बर गर्म उनके आने की
2 1 2 2 1 2 1 2 2 2
आज ही घर में* बोरिया न हुआ।[1]
2 1 2 2 1 2 1 2 2 2
फाइलातुन मुफाइतुन फिइलुन
2 1 2 2 1 2 1 2 2 2

उपरोक्त शेर के प्रत्येक मिसरे में सत्रह–सत्रह मात्राएँ (2+1+2+2 +1+2+1+2 + 2+2=17) हैं। अतः यह शेर (एवं जिस ग़ज़ल से यह लिया गया है वह भी) सत्रह मात्राओं का शेर (ग़ज़ल) कहलाएगा। यह शेर फाइलातुन–मुफाइतुन–फिइलुन–अरकानों में बँधा है जो शेर का लघु–गुरु क्रम और उसकी मात्राओं की संख्या को बताता है। शेर के दोनों मिसरों में बराबर संख्या की मात्राओं का होना और उनका बह्र की मात्राओं और लघु–गुरु के क्रम से मेल खाने से, शेर की मात्राओं का ही नहीं बल्कि उसका सही बंदिश में होने का भी पता चलता है।

---

1. जाफ़री, उपर्युक्त, पृ. 39
(*) मात्रा नियमानुसार गिर जाएगी।

(v) बह्रों के स्वरूप (चाल) को कंठस्थ करना—जैसाकि पहले बताया गया, उर्दू छंदशास्त्र में केवल उन्नीस स्थायी बह्रें हैं जिनमें से सात मुदर्रिक (शुद्ध) और बारह मुर्रक्कब (मिश्रित) बह्रें हैं। शुद्ध बह्रें, प्रत्येक (शुद्ध) बह्र के रुकनों की आवृति से बनी है जबकि मिश्रित बह्रें कई रुकनों से मिलकर बनी हैं। जहाँ तक हो सके हर ग़ज़लकार को यह उन्नीस स्थायी बह्रे (और उनकी चाल) कंठस्थ होनी चाहिए। ऐसा होने से ग़ज़लकार को ग़ज़ल रचने के लिए बह्र के चुनाव में अधिक गुंजाइश (scope) रहती है। कंठस्थ करने के अभाव में, स्थायी बह्रे और उनकी चाल को किसी पॉकेट नोट–बुक में लिख कर रख लेना चाहिए ताकि ग़ज़लकार जब चाहे इन बह्रों को देख (consult) सकें। परंतु हर ग़ज़लकार को कम–से–कम सात शुद्ध बह्रों को (जो उनके रुकनों की आवृति से बनती है और अतः उनको कंठस्थ करना आसान है) को कंठस्थ कर लेना ही चाहिए ताकि जब चाहे और जहाँ चाहे वहीं और तभी वह शेरों की रचना विधिवत नियमानुसार एवं अपनी मनचाही बह्र के ठीक–ठीक लघु–गुरु के क्रम में कर सके।

बह्रों को कंठस्थ करने के दो तरीके हैं। या तो उनके स्वरूप के रूप में (जैसे मफ़ाईलुन– मफ़ाईलुन–मफ़ाईलुन–मफ़ाईलुन), या 'वज़न' के रूप में (जैसे–1 2 2 2–1 2 2 2–1 2 2 2 –1 2 2 2), यानी टेलीफ़ोन के नंबरों की तरह। अपेक्षाकृत (comparatively) बह्रों को टेलिफ़ोन नंबरों की तरह कंठस्थ करना सरल कार्य है।

2. ग़ज़ल कहना (रचना)

अब तक इस प्रवेशिका में ग़ज़ल रचने की पृष्ठभूमि प्रस्तुत की गयी। अब आप उस स्थान पर पहुँच गये हैं जहाँ पर आप ग़ज़ल रचने का प्रयोगात्मक पाठ सीखने और उसे वास्तव में (actually) प्रयोग में लाने के लिए सज्जित (equipped) हैं; तत्पर (तैयार) हैं और आशा है उत्सुक (eager) भी होंगे।

इस से पूर्व कि ग़ज़ल रचने की प्रयोगात्मक कार्य प्रणाली (modus operandi) पर चर्चा की जाय, ग़ज़ल रचने से संबंधित कुछ सामान्य (general) तथा प्रयोगात्मक बातें, जिन पर इस प्रवेशिका में भिन्न–भिन्न स्थानों पर पहले भी बिखरे–तौर पर विचार किया जा चुका है उनको यहाँ पर संक्षेप में (briefly) दोहराना, तथा कुछ अतिरिक्त संबंधित बातें बताना, सहायक एवं उपयोगी होगा। याद रहे, बह्र की बंदिश में ग़ज़ल कहने के लिए उर्दू छंदशास्त्र के नियमों का किताबी इल्म (ज्ञान) होना काफ़ी नहीं है, इसके लिए ग़ज़ल विधा के हर पक्ष (aspect) का जानना, समझना और उन पर अधिकार होना ज़रूरी है।

(i) सामान्य निर्देश–बिंदु (General guidepoints)

(क) ग़ज़ल की आमफ़हम भाषा होना– ग़ज़ल की भाषा जनसाधारण की आमफ़हम भाषा होनी चाहिए जिससे ग़ज़ल पढ़ने और सुनने वाले अपने को उसके साथ हम–जुबां महसूस कर सकें।

(ख) भावों का सच्चा होना–ग़ज़ल के भाव सच्चे और विशुद्ध (genuine) होने चाहिए ताकि उनकी सच्चाई एवं मौलिकता पढ़ने और सुनने वालों के हृदय को छू और उनके भावों से तादात्म्य (identify) कर सकें। ज़ाहिर है, नकली और बनावटी भावों की कृत्रिमता (artificialty) हृदय एवं कानों को चुभती है।

(ग) सांकेतिक अभिव्यक्ति– परंपरा से ग़ज़ल अपनी बात सांकेतिक भाषा में, इशारों से, कहती आयी है। सपाटबयानी, यानी मुँहफट भाषा, ग़ज़ल की मर्यादा से मेल नहीं खाती। दरअसल वह उसके सौंदर्य को क्षीण करती और घटाती है।

(घ) शेरों का आत्मनिर्भर होना–ग़ज़लकार को अपनी पूरी बात एक शेर के दो मिसरों में ही कहनी होती है। संक्षिप्तता (conciseness) शेर का एक अहम तत्त्व है। अतः ग़ज़ल का हर शेर, कबीर की साखियों और हिन्दी काव्य के दोहों की तरह, स्वतःपूर्ण, यानी आत्मनिर्भर (self-contained), होना चाहिए।

(च) भाषा पर अधिकार – (उर्दू) छंदशास्त्र का संगीत से घनिष्ठ संबंध तो है ही, भाषा से भी है। ग़ज़लकार का भाषा पर जितना अधिक अधिकार होगा, उतना ही उसकी ग़ज़लों के शब्दों का चयन बेहतर एवं उत्तम होगा और उसे ग़ज़ल कहने में सुविधा होगी। ग़ज़ल सरल शब्दों में कही जा सकती है; वस्तुतः कही गयी हैं और ऐसी ही ग़ज़लें अधिक लोकप्रिय भी हुई हैं। फिर भी भाषा पर अधिकार, शब्दों के चयन और ग़ज़ल सौदंर्य को निख़ारने में एक अहम पार्ट अदा करता है।

भाषा पर अधिकार सिर्फ़ शब्दावली तक सीमित न रहकर, भाषा की व्याकरण और उसके हर पहलू को स्पर्श करता है जो उससे संबंधित है। भाषा और उसकी व्याकरण के आधारिक (basic) ज्ञान के लिए भाषा के अवभव (अंग alphabets, etc.) वर्तनी (वर्ण–विन्यास) (spellings), शब्दों के हिज्जे (शब्द उन्मादन), आदि की समझ होना भी आवश्यक है। शब्दावली (शब्द भंडार) का अपना महत्त्व है जिसकी देखी–अनदेखी नहीं की जा सकती । ग़ज़लकार का भाषा की शब्दावली पर जितना अधिक अधिकार होगा, उतना ही उसको अपने भावों और कल्पनाओं को शेरों में ढालने में आसानी होगी।

(छ) ग़ज़ल विधा का शुरू से पालन करना – ग़ज़ल कहना सीखने के लिए, इस राह पर शुरू से ही नियमानुसार चलना, यानी ग़ज़ल कहने

की ठीक विधि सही तरीक़ा, आदि पालन करना, आवश्यक है। ऐसा करने से आप इधर–उधर भटकने से बचेंगे, आपको बह्‌र की बंदिश में ग़ज़ल कहने की आदत पड़ेगी, और आप के शेर (एवं ग़ज़ल) विधा संगत होंगे। ग़ज़ल कहने का ज्ञान होना तो संभवतः उतना कठिन कार्य नहीं है किन्तु बह्‌र की बंदिश में ग़ज़ल स्वयं रचने के लिए निरन्तर अभ्यास की आवश्यकता है।

(ii) तकनीकी निर्देश बिंदु (Technical guidepoints)

(क) ग़ज़ल का बह्‌र–युक्त होना–पूरी ग़ज़ल एक ही बह्‌र में कही जानी चाहिए ताकि उस में एक ही लय और नाद व्याप्त (permeate) हों।[1] भिन्न–भिन्न बह्‌रों के होने से ग़ज़ल का संतुलन बिगड़ जाता है।[2]

(ख) बह्‌र का चयन और चयन की कसौटी–क्योंकि शुद्ध बह्‌रें सरल हैं (जिसका प्रमाण उनका प्रचलित होना है) तथा उनको कंठस्थ करना भी कुछ आसान है, अतः शुरू–शुरू में ग़ज़लें इन्ही बह्‌रों (यथा बह्‌रें रमल, हज़ज, रजज़, आदि) में कहनी चाहिए।

(ग) क़ाफ़िया और रदीफ़ का सही प्रयोग–क़ाफ़िया और रदीफ़ का प्रयोग सही होना चाहिए। क़ाफ़िया बदलता रहता है पर उसी तुक में होता है। क़ाफ़िये का बदलते रहना अनिवार्य भी है और शेर का सौंदर्य भी। रदीफ़ वही रहता है। याद रहे कि शेर के रदीफ़ का लघु–गुरु क्रम बह्‌र के चयन में अंह और निर्णायक भूमिका निबाहता है।

(घ) शेर कहने (रचने /गढ़ने) की प्रक्रिया (process)–ऐसा मानना है कि ग़ज़लकार प्रायः शेर का दूसरा मिसरा पहले 'नज़्म' (compose) करते हैं और पहला दूसरे के बाद।[3]

(iii) ग़ज़ल रचने की व्यावहारिक विधि (Practical method)

अब आप ग़ज़ल कहने (रचने) की तैयारी में उस मुक़ाम (स्थान) पर पहुँच गये हैं जहाँ, बग़ैर किसी की सहायता के , आप स्वयं ही, अपने विश्वास पर, नियमानुसार ग़ज़ल कह (रच) सकते हैं। फिर भी, यह उपयोगी होगा

---

1. 'ग़ज़ल का बह्‌र की बंदिश में होना अनिवार्य है यद्यपि हिन्दी में ग़ज़ल को हिन्दी के छंदों में भी कहा जा सकता है और अनेक ग़ज़लकारों ने ऐसा किया भी है।' दिनेश शुक्ल, सहयोगी, सम्पादक : मुजावर, उपर्युक्त, पृ. 87
'हिन्दी के प्राचीन छंदों–दोहा तथा मंदाक्रांता आदि में भी आजकल ग़ज़लें कही जा रही हैं।' डॉ. गणेशदत सारस्वत, सहयोगी, सम्पादक : मुजावर, उपर्युक्त, पृ. 60
2. विवेक, उपर्युक्त, पृ. 78
3. 'शायरों का दस्तूर यह है कि वो पहले दूसरा मिसरा नज़्म करते हैं और फिर पहला।' अल्लामा इख़लाक हुसेन देहलवी, फन–ए–शायरी, उद्धरण विवेक, उपर्युक्त, पृ. 79

कि ग़ज़ल के विविध क़दमों (steps) को एक बार संक्षेप में यहाँ दोहरा दिया जाए। यह क़दम निम्नलिखित हैं :

(क) सरल बह्र का चयन–अपनी शुरू की ग़ज़लें कहने के लिए किसी प्रचलित, यानी सरल, बह्र, जैसे रमल, हज़ज, रजज़ आदि का चयन करें। परंतु जैसे पहले बताया गया, याद रहे कि आप के रचे हुए (या रचे जाने वाले) शेर का लघु–गुरु क्रम बह्र के चयन में निर्णायक पार्ट अदा करता है। उदाहरणार्थ, यदि आप के शेर के पहले मिसरे के अंत में तीन गुरु आते हैं (जैसे 'दम निकला' 2 2 2 में) तो बह्र का चयन उन्हीं बह्रों तक सीमित हो जाएगा जो तीन गुरु में अंत होती हों और ऐसी बस दो ही बह्रें, यानी बह्रे हज़ज और बह्रे मुशाकिल, है जो तीन गुरु (यानी मुफ़ाईलुन 1 2 2 2) रुकन से अंत होती हैं।

(ख) बह्र की चाल को मस्तिष्क में बैठाना– अपनी चुनी हुई बह्र की चाल को अब अपने मस्तिष्क में पूरी तरह बैठा लें या कागज़ पर लिख कर अपने सामने रख लें।

(ग) बह्र की चाल में मिसरा रचना–चयन की हुई बह्र की बंदिश में, यानी उसके लघु–गुरु क्रम में, अपना स्वयं का एक मिसरा (या शेर) कहें (रचें)। इसका एक सरल, कारगर (effective) एवं कार्यसाधक (efficient) विकल्प (alternative) है और वह है किसी सिद्ध ग़ज़लकार की कोई लोकप्रिय यानी सरल, बह्र में आबद्ध (composed) ग़ज़ल के पहले शेर के पहले मिसरे के आधार पर, यानी उसके लघु–गुरु के क्रम पर, उस शेर का दूसरे मिसरे (और हो सके तो उस ग़ज़ल के शेष सभी शेरों) को अपने शब्दों, भावों और कल्पना के सहारे कहना (रचना)। उदाहरणार्थ, ग़ालिब की एक अति प्रसिद्ध ग़ज़ल का निम्न शेर लिजिए–

हज़ारों ख़्वाहिशें ऐसी कि हर ख़्वाहिश पे* दम निकले
1 2 2 2 1 2 2 2   1 2   2 2 1 2   2 2
बहुत निकले मिरे अरमान लेकिन फिर भी* कम निकले।[1]
1 2 2 2 1 2 2 2 1 2 2 2 2 1   2   2 2

1. ज़ाफरी, उपर्युक्त, पृ. 157. इस शेर के पहले मिसरे में 'पे' को ज़बान दाब कर 'प' (यानी लघु), और दूसरे मिसरें में 'भी' को 'भि' (मानो लघु), पढ़ा जाएगा या यूँ कहिए कि ये मात्राएँ नियमानुसार गिर जाएँगी। ग़ालिब की पूरी ग़ज़ल इस प्रवेशिका के परिशिष्ट न. पाँच में दी गयी है।

* मात्रा नियमानुसार गिर जाएगी।

उपर्युक्त शेर का दूसरा मिसरा, और ग़ज़ल के शेष शेर आपकी कल्पना की उड़ान के सहारे, निम्नलिखित भी हो सकते हैं।

'हज़ारों ख़्वाहिशें ऐसी कि हर ख़्वाहिश पे दम निकले'
1 2 2 2 1 2 2 2 1 2 2 2 1 2 2 2
खुदा दी क्यों हमें ये ख़्वाहिशें जो आप मर निकले।
1 2 2 2 1 2 2 2 1 2 2 2 1 2 2 2

बहुत बातें सुनी थी ख़ुल्द की हमने बड़ों से जो
1 2 2 2 1 2 2 2 1 2 2 2 1 2 2 2
किसी की भी नहीं थी याद जब कंधों प हम निकले।
1 2 2 2 1 2 2 2 1 2 2 2 1 2 2 2

खुदा का नाम है न्यारा, खुदा का काम भी न्यारा
1 2 2 2 1 2 2 2 1 2 2 2 1 2 2 2
यहीं बातें बयाँ करते, वहाँ से भक्त–जन निकले।
1 2 2 2 1 2 2 2 1 2 2 2 1 2 2 2

कभी हर काम बन जाता, कभी सब ही बिखर जाते
1 2 2 2 1 2 2 2 1 2 2 2 1 2 2 2
कि चलती ज़िंदगी यूं ही सदा, जब तक न दम निकले
1 2 2 2 1 2 2 2 1 2 2 2 1 2 2 2

कभी तो दर खुदा, तो बज़्म साकी की कभी भटके
1 2 2 2 1 2 2 2 1 2 2 2 1 2 2 2
मिली रज़ भी किसी को है भला जब तक न ज़म निकले।
1 2 2 2 1 2 2 2 1 2 2 2 1 2 2 2

–राज पाराशर

ग़ालिब की ही एक और मशहूर ग़ज़ल का निम्नलिखित मिसरा लिजिए और बहर (यानी उसकी मात्राओं के लघु–गुरु के क्रम) में अपने ही शब्दों में आप कुछ नये शेर कहने का प्रयास कीजिए जैसा कि उदाहरणार्थ निम्न दिखाया गया है।

'दिल–ए–नादाँ, तुझे हुआ क्या है'[1]
2 1 2 2 1 2 1 2 2 2
ये नये से नया गिला क्या है।
2 1 2 2 1 2 1 2 2 2

तुम बने मजनूं हो सदा फिरते
2 1 2 2 1 2 1 2 2 2
क्या तुम्हें है पता वफ़ा क्या है।
2 1 2 2 1 2 1 2 2 2

राज़ दिल का बता दिया उनको
2 1 2 2 1 2 1 2 2 2
पास मेरे, खुदा, बचा क्या है।
2 1 2 2 1 2 1 2 2 2

अब अदा वो निमाज़ करते हैं
2 1 2 2 1 2 1 2 2 2
ये नयी आब– ओ हवा क्या है।
2 1 2 2 1 2 1 2 2 2

आज पैसा हुआ यहाँ सब कुछ
2 1 2 2 1 2 1 2 2 2
फिर इलाही, रहा–सहा क्या है।
2 1 2 2 1 2 1 2 2 2

है हरम पर लिखा दिया 'ठेका'
2 1 2 2 1 2 1 2 2 2
राह मालूम हो कहाँ क्या है।
2 1 2 2 1 2 1 2 2 2

–राज पाराशर

(घ) बह्‌रों की चाल को कंठस्थ करना :– उपर्युक्त उदाहरणार्थ दिए गये शेरों में तो उनकी बह्‌रों का स्वरूप और वज़न आप को बता दिए गये हैं, परंतु एक स्वाभाविक (spontaneous), ग़ज़लकार बनने के लिए आप को कम–से–कम सभी स्थायी बह्‌रों का स्वरूप और वज़न पूरी तरह से कंठस्थ होने चाहिए ताकि ग़ज़ल कहने के पूर्व, जिस किसी भी बह्‌र में आप ग़ज़ल कहना चाहें, उसे आप स्वतः अपने मन की आँखों के सामने देख सकें।

---

1. जाफ़री, उपर्युक्त, पृ. 121

(च) क़ाफ़ियों का हम–क़ाफ़िया होना– बह्र के स्वरूप से बह्र की चाल का बोध तो हो जाता है परंतु ग़ज़ल के शेरो के क़ाफ़िया हम–क़ाफ़िया होते हुए भी कुल–मिलाकर (by and large), अलग–अलग होते हैं। वस्तुतः (infact), ग़ज़ल के हर शेर का क़ाफ़िया हम–क़ाफ़िया न होना एक प्रमुख ग़ज़ल दोष के रूप में देखने को मिलता है।[1] इसलिए, जब आपने अपनी ग़ज़ल के मतले का एक मिसरा रच लिया (यानी जब आपको अपनी ग़ज़ल के क़ाफ़िये की सूरत (लय और नाद) का पता चल गया) यही बेहतर (अच्छा) होगा कि आप अपनी ग़ज़ल में प्रयोग किये जाने वाले सभी क़ाफ़ियों को पहले से ही सोच लें, लिख लें; उनका चयन कर लें। क्योंकि यह ज़रूरी नहीं कि क़ाफ़ियों के लिए जो शब्द आपने पूर्व–अनुमान से सोचे हैं वे ही आपके शेरों के क़ाफ़िये बने, अतः प्रत्येक क़ाफ़िये के लिए कम–से–कम 2–3 क़ाफ़िया शब्द की एकीकरण (identify) चयन, करें और इसके लिए यदि आवश्यक लगे तो हिंदी–उर्दू शब्दकोष या इस प्रवेशिका के परिशिष्ट नं. सात–पूरक शब्द तथा काफियों के उदाहरण–का सहारा लें। याद रहे सभी क़ाफ़िया शब्द हम –क़ाफ़िया होने चाहिये जैसे–(i) ग़फ़लत, हरकत, नफ़रत, बरकत, फुरकत, आदि, (ii) भारत, लानत, चाहत, आफ़त, आदत, लागत, शामत, ताक़त, आदि; (iii) आदम, आलम, मातम, आदि, (iv) सजावट, बनावट, दिखावट, मिलावट, गिरावट, आदि; (v) घूमना, टूटना, भूलना, सूझना, आदि;, आदि।

(छ) दूसरा मिसरा पहले रचना:–ऐसा मानना है कि शायर प्रायः शेर का दूसरा मिसरा पहले 'नज़्म' (compose) करते हैं और पहला उसके बाद में । आप भी इसी प्रथा का अनुसरण (follow) कर सकते हैं।

जैसा ऊपर दर्शाया गया, इस तरह अभ्यास करते–करते जब आप का आत्मविश्वास बढ़ जाएगा, तब आप अपनी मनपसंद बह्रों पर नित नयी ग़ज़लें कहते –कहते एक ग़ज़लकार बनने के सुखद स्वप्न को संपदित (पूर्ण) कर सकेंगे, ऐसा मेरा विश्वास है और यही मेरी आपके लिए दुआ है।

(iv) शेरों में चमत्कार पैदा करना–शेरों में चमत्कार पैदा करना, यानी उनका अपना अलग ही अंदाज़ेबयाँ होना, सोने में सुहागे का काम करता है और ग़ज़ल के मिज़ाज़ को निखारता है, उसमे चार–चाँद लगाता है। इसके लिए कल्पना की उड़ान, विचार की गहराई, भावों की सच्चाई और नवीनता के साथ, ग़ज़ल विधा पर अधिकार होना कुछ ज़रूरी तत्व हैं। तकनीकी दृष्टि से चमत्कार पैदा करने के लिए शेर का दूसरा मिसरा पहले मिसरे के कथन

1. ग़ज़ल दोष पर चर्चा विस्तार से इसी अध्याय के तीसरे भाग में की गयी हैं इसके अतिरिक्त कृपया देखिए 'स्वरों की समानता' पर चर्चा पाँचवें अध्याय के चौथे भाग के अंतर्गत।

का भाग न होकर एक अकल्पित (unexpected),विस्मय (आश्चर्य) भरा कथन (statement), हो, जैसे निम्नलिखित शेर में–

कृष्ण के पाँव में पड़े छाले
राधिका धूप में चली होगी।[1]

–शिव ओम अम्बर

उपर्युक्त शेर का पहला मिसरा कृष्ण के बारे में है जबकि दूसरा मिसरा कृष्ण के बारे में न होकर, राधिका के बारे में हैं। इस स्पष्टतया (apparently), असंबद्ध, (unrelated), स्वतंत्र (independent), कथन के बावजूद भी दोनों मिसरों में एक संबंध, एक तालमेल और एक रिश्ता है। इसी को शेर में चमत्कार पैदा करना कहते हैं जो एक आम, साधारण शेर को अज्ञात (unknown), की धरातल से उठा कर शाश्वत बना देता है। शेरों में चमत्कार के कुछ और उदाहरण प्रस्तुत हैं।

वो आये बज़्म में इतना तो 'मीर' ने देखा
फिर उसके बाद चिरागों में रोशनी न रही।

–मीर तकी 'मीर'

एतिबारे–इश्क की रवाना–ख़राबी देखिये
ग़ैर न की आह और वो ख़फ़ा मुझ से हो गये।

–ग़ालिब

तुम मेरे पास होते हो गोया,
जब कोई दूसरा नहीं होता।[2]

–मोमिन

बिके मुफ़्त यां हम ज़माने के हाथों
पर देखा तो थी ये भी क़ीमत ज़ियादा।[3]

–'हाली' पानीपती

दी मुअज़्ज़िन ने शबे–वस्ल अजां पिछले पहर
हाय! कमबख़्त को किस वक़्त खुदा याद आया।[3]

–दाग़

---

1. अस्थाना, उपर्युक्त, पृ. 290
2. उर्दू और साहित्य, लेखक फ़िराक़ गोरखपुरी पृ. 63
3. चाँद, उपरोक्त, पृ. 49
4. गोबिंदपुरी, उपर्युक्त, पृ. 33

(v) उस्ताद–शागिर्द की परंपरा और इस्लाह–पुस्तकों के माध्यम से अरूज़ के नियम, यानी ग़ज़ल के सिद्धांत एवं ग़ज़ल कहने का तरीक़ा, सीखा जा सकता है परंतु यथार्थ में कहने की राह में नयी–नयी शंकाएँ भी सामने आती रहती हैं जो अक्सर दुर्ग्राह्य (elusive) उलझने–सी होती हैं, जिनका समाधान (solution), जबकि पुस्तकों में ढूँढ़ना तो दुर्लभ होता है लेकिन कोई भी अनुभवी ग़ज़लकार या उस्ताद (आचार्य) इन शंकाओं को आसानी से, एवं तत्काल हल (दूर) कर सकता है। अतः ग़ज़ल कहने के आकांक्षियों (aspirants), को कम–से–कम ग़ज़ल कहना सीखने के काल में, किसी माहिर (अनुभवी) ग़ज़लकार या किसी उस्ताद (आचार्य) के संपर्क में रहना अत्यन्त उपयोगी एवं लाभदायक होगा।

उर्दू काव्य में उस्ताद–शागिर्द की एक लंबी परंपरा रही है। इस के अंतर्गत हर शायर किसी उस्ताद (उर्दू आचार्य) का शागिर्द (शिष्य) होता रहा है। जैसे इक़बाल, अपनी शुरू की शायरी ज़िंदगी में दाग़ के और हाली पानीपति ग़ालिब के शागिर्द थे। उस्ताद बह्‌रों (उर्दू छंदशास्त्र) के ज्ञाता होते थे, जबकि शायर की बह्‌रों पर पकड़ कच्ची–पक्की या नहीं के बराबर होती थी। उस्ताद अपने शागिर्दों की ग़ज़लों को सुनते और उनके 'शीन–क़ाफ़' (angularities) दुरुस्त (ठीक) करते थे। इस क्रिया को 'इस्लाह' कहा जाता है।[1] वह फ़ुरसत का ज़माना था। ज़ाहिर है, अब ऐसा नहीं रहा है।

इधर हिन्दी शायरी में उस्ताद–शागिर्द जैसी कोई परंपरा कभी नहीं रही। वस्तुतः, इस परंपरा का नितांत (absolute) अभाव रहा है। उर्दू शायरी की इस परंपरा की देखी–अनदेखी नहीं की जानी चाहिए। इस तथ्य में कोई संदेह नहीं, और इसमें इतिहास भी हमारा साक्षी है, कि गुरू की देख–रेख में शिष्य ज्ञान–विद्या शीघ्र, पूर्णतः और अधिक कुशलता से प्राप्त कर पाता है। केवल पुस्तकों के सहारे और अभ्यास एवं एकाग्रता (concentration) से ज्ञान प्राप्त तो हो जाता है किंतु कुछ टटोलते से, भटकते–से पूर्ण विश्वास से नहीं। कहीं–न–कहीं , किसी–न–किसी बात में शंका बनी रहती है। शायद यही कारण रहा होगा जो एकलव्य जैसे महान छात्र को भी गुरू की आवश्यकता पड़ी। कबीर के शब्दों में– 'गुरू बिन ज्ञान न उपजे...गुरू बिन मिटे न दोष'। यह एक महान सच्चाई और जीवन का सत्य है। अतः, ग़ज़ल कहने की विधा पर पूर्ण पकड़ के लिए उस्ताद–शागिर्द (गुरू–शिष्य) की परंपरा का बहुत महत्त्व है और इसे प्रोत्साहन (encouragement) देने तथा परिपोषण (nurture) करने की आवश्यकता है, उर्दू और हिन्दी काव्य में ही नहीं वरन् (बल्कि) जीवन के हर क्षेत्र में।

---

1. विवेक, उपर्युक्त, पृ. 86

3. ग़ज़ल दोष

ग़ज़ल के दोषों से अभिप्राय है, ग़ज़ल में उन तत्त्वों की उपस्थिति (presence) जो ग़ज़ल के प्रभाव को क्षीण करते हैं, जैसे ग़ज़ल रचने में व्याकरण एवं अभिव्यक्ति संबंधी त्रुटियाँ, आदि। उर्दू लेखकों, ग़ज़लकारों और उस्तादों (आचार्यों) का ग़ज़ल के प्रति रुचि एवं साधना का पता, उनके ग़ज़ल में दोषों के सूक्ष्म से सूक्ष्म कारणों को पहचानना (identify) ही नहीं बल्कि ऐसे प्रत्येक दोष को एक विशेष संज्ञा (नाम) देने से चलता है। इन सभी ग़ज़ल दोषों को चार वर्गों (categories) में बाँटा और अध्ययन किया जा सकता है यथा (i) बह्र और क़ाफ़िया दोष; (ii) भाव और कल्पना में अलगाव और सपाट बयानी दोष; (iii) वर्जित विषय वर्णन दोष; और (iv) भाषा के विभिन्न दोष।[1]

(i) **बह्र और क़ाफ़िया दोष**–

(1) अरकानों में टूटन–ग़ज़ल का सारा ताना–बाना, 'सारा ढाँचा, सुव्यस्थित गायकी के आधार पर खड़ा है जो गायकी के गणित के हिसाब से चलता है।'[2] जहाँ यह गणित बिगड़ा , यानी ग़ज़ल की बह्र की अरकानों में कहीं 'टूटन' महसूस हुई , तो ग़ज़ल बह्र के पैमाने पर पूरी (ख़री) नहीं मानी जाती। इस टुटन कों ग़ज़ल दोष कहा जाता है।

(2) ग़ज़ल (शेर) में एक से अधिक बह्रों का प्रयोग–उर्दू छंदशास्त्र (यानी अरूज़) के नियमानुसार, एक ग़ज़ल एक ही बह्र में बंधित होनी चाहिए। ग़ज़ल के हर शेर की दोनों पंक्तियों (मिसरो) में 'एक ही वज़न (मात्रा) और आकार के शब्द सुव्यवस्थित ढंग से प्रयोग होना अनिवार्य है।'[3] और यह व्यवस्था ग़ज़ल के अन्तिम शेर तक चलनी चाहिये। इस व्यवस्था का उल्लंघन भी बह्र दोष ही करार दिया जाता है।

(3) सुस्त बंदिश–सुस्त बंदिश से अभिप्राय है कि केवल बंदिश के लिए निरर्थक शब्दों का प्रयोग। ऐसा कभी–कभी शेर के दो मिसरों का संतुलन बनाने के लिए ग़ज़लकार कर देता है। लेकिन ऐसा करना निरंतर (invariably), ग़ज़ल (शेर) के प्रभाव को कम करता है यथा निम्नलिखित शेर के पहले मिसरे में 'ये' शब्द का, केवल शेर के दोनों मिसरों का वज़न (संतुलन) बनाए रखने हेतु, प्रयोग शेर में त्रुटि का संकेत देता है।

---

1. हिन्दी ग़ज़ल में इन चार दोष वर्गों के अतिरिक्त एक और दोष वर्ग, यथा व्याकरण दोष भी मिलता है जिसके अंतर्गत (1) स्वर, व्यंजन, मात्रा और वर्तनी दोष, (2) यति–भंग दोष, (3) अनुनासिक शब्द का अनुस्वार बिना उपयोग, आदि दोष आते हैं।
2. निश्तर ख़ानक़ाही, उपर्युक्त, पृ. 12
3. तत्रैव, पृ. 11

नाम लिखवाते रहे ये, नाम कटवाते रहे
मुश्किलों के हम मदरसे, रोज़ ही जाते रहे।[1]

—दीनेश शुक्ल

निश्तर ख़ानक़ाही के शब्दों में 'ग़ज़ल की बाध्यता यह है कि उसमें ठीक वैसा ही शब्द प्रयोग हो; वज़न या मात्राओं को पूरा करने के लिये न तो किसी शब्द को जरूरत से ज़्यादा खींचकर पढ़ा जाए और न आवश्यकता से अधिक घटा कर उसका प्रयोग हो। इस सामान्य (general) नियम के कुछ अपवाद (exceptions) हैं जैसे कुछ स्वर ऐसे हैं जैसे इ, ई, आ, आदि जिन्हें दबाकर पढ़ने —बोलने की मजबूरी आ पड़ती है। जब ये स्वर दबाए जाते हैं तो गिनती में नहीं आते।[2]

(4) 'इताए—जली' यानी क़ाफ़िया दोष—बह्‌र की तुलना में क़ाफ़िये के दोष का आपतन (incidence) बहुत व्यापक है। अक्सर ग़ज़लकार बह्‌र की चाल का तो निबाह कर लेते हैं लेकिन क़ाफ़िये के 'वज़न और शब्दिक एकरसता' के पैमाने पर 'गिर' जाते हैं; चूक जाते हैं। 'यह त्रुटियाँ व्याकरण और अभिव्यक्ति दोनों के स्तर पर हैं।'[3]

ग़ज़ल में 'क़ाफ़िया' का एक अह्‌म स्थान एवं भूमिका है। अतः क़ाफ़िये का गलत प्रयोग एक प्रमुख (बड़ा) ग़ज़ल दोष माना जाता है, यथा शेर के एक मिसरे में 'हुआ' तो दूसरे में 'रहा' के क़ाफ़िये का प्रयोग।[4] ग़ज़ल में यद्यपि (though), प्रत्येक शेर के क़ाफ़िया के शब्द तो बदलते हैं परंतु उनका स्वरूप वही रहता है यथा बुरा, सुना, खुला, आदि। उदाहरणार्थ निम्न शेर को लीजिए—

हमें तो जाग कर ही काटनी है हिज्र की रातें
तुम्हें तो नींद आती है सितारों, तुम तो सो जाओ।[5]

क्योंकि उपर्युक्त शेर की पहली पंक्ति (मिसरे) में 'हमें तो' शब्द का प्रयोग किया गया है, अतः इस शेर की दूसरी पंक्ति में भी 'हमें' या 'हमें तो' के आकार या वज़न का ही शब्द प्रयोग करना होगा जैसे 'तुम्हें' या 'तुम्हें तो' यदि इन शब्दों की जगह 'तुमको' का प्रयोग होता है (जो तुम्हें के वज़न और आकार का शब्द नहीं है) तो वह शेर बह्‌र से गिरा हुआ कहा जाएगा।

1. विवेक, उपर्युक्त, पृ. 236
2. निश्तर ख़ानक़ाही, उपर्युक्त, पृ. 14
3. तत्रैव, पृ. 13
4. क़ाफ़िये के विषय पर विस्तार से चर्चा के लिए कृपया देखिये इस प्रवेशिका का पाँचवाँ अध्याय का पहला विभाग और चौथे भाग में 'स्वरों' की समानता पर चर्चा।
5. निश्तर ख़ानक़ाही, उपर्युक्त, पृ. 12

निश्तर ख़ानक़ाही ने अरूज़ के इस नियम को ' ग़ज़ल रचना की प्रारंभिक और संकेतात्मक व्याकरण' की संज्ञा दी है।[1]

(ii) भाव और कल्पना में अलगाव और सपाटबयानी दोष–ग़ज़ल, भाव और कल्पना के दो भिन्न तत्त्वों का मिश्रण, एक सुगम (सरल) संतुलन है। जहाँ यह संतुलन बिगड़ जाता है, अर्थात भाव और कल्पना में अलगाव आ जाता है, वहाँ ग़ज़ल के सौंदर्य एवं प्रभाव में भी कमी आ जाती है[2]। और ग़ज़ल का असली (वास्तविक) रूप उभर कर नहीं आता। ग़ज़ल/शेर में भाव और कल्पना का अलगाव एक प्रमुख एवं व्यापक ग़ज़ल दोष है जो कई नामी एवं सिद्ध ग़ज़लकारों की ग़ज़लों में भी देखने को मिलता है, यथा निम्न शेरों में।

हमने उनके सामने पहले तो खंजर रख दिया
फिर कलेजा रख दिया, दिल रख दिया, सर रख दिया।[3]

–दाग़

दोपहर की धूप में मेरे बुलाने के लिये
वो तेरा कोठे प नंगे पाँव आना याद है।[4]

–हसरत

उपरोक्त शेरों में कल्पना की उड़ान की तुलना में भाव एवं सपाटबयानी की प्रवृति अधिक है जो ग़ज़ल की मान–मर्यादा, यानी मूल विशिष्टता (characteristic), से मेल नहीं खाती; वस्तुतः (in fact)उसके विरुद्ध जाती है और इस प्रक्रिया (process) में ग़ज़ल के सौंदर्य को क्षीण करती है। ऐसे शेरों को ग़ज़ल के शेर न मान कर नज़्मियत का शेर कहा गया है।

(iii) वर्जित–विषय वर्णन दोष–यूँ तो आज हर विषय पर ग़ज़ल कही जा रही है लेकिन परंपरा से कुछ विषयों का ज़िक्र करने का तरीक़ा ग़ज़ल की मूल विशिष्टता के अनुसार नहीं माना जाता। इस विषय पर चर्चा दूसरे अध्याय के चौथे भाग में विस्तार से की गयी है। कृपया उसे देखिए।

(iv) भाषा दोष–ग़ज़लों में भाषा संबंधित दोषों का आपतन (incidence) बहुत फैला हुआ है, शायद इसलिए कि इन दोषों के विविध पक्ष हैं। उर्दू लेखकों, ग़ज़लकारों और उस्तादों (आचार्यों) ने ग़ज़ल में भाषा संबंधित दोषों को गौर (ध्यान) से देखा (जाँचा) ही नहीं बल्कि ऐसे प्रत्येक दोष को एक संज्ञा (नाम) भी दी जिससे इन लेखकों की ग़ज़ल में रुचि एवं ग़ज़ल के

---

1. तत्रैव, पृ. 13
2. आगा, उपर्युक्त, पृ. 245
3. तत्रैव, पृ. 246
4. तत्रैव, पृ. 248

प्रति साधना का भी पता चलता है। कुछ ग़ज़ल दोष तो एक दूसरे से इतने क़रीब हैं, मिलते–जुलते है, कि ध्यान से देखने से ही उनकी भिन्नता की बारीक़ी (सूक्ष्मता) नज़र आती है। कुछ प्रमुख भाषा संबंधित दोष निम्नलिखित है।[1]

. **(1) ताकीदे–लफ़्ज़ी**–ग़ज़ल में किसी लफ़्ज़ (शब्द) का अपने स्थान से किसी और स्थान पर चले जाना जिससे शब्दों की क्रमबद्धता और शेर की वास्तविक भाव को समझने में कठिनाई उत्पन्न होती है यथा ज़ौक के इस मिसरे 'कौन जाये ज़ौक़ पर दिल्ली की ग़लियाँ छोड़कर' में 'पर' शब्द अपने उचित स्थान पर नहीं जान पड़ता क्योंकि मिसरे का उच्चारण करते समय (यानी 'पर' को ज़ौक' के साथ–साथ पढ़ने से) 'पर' शब्द का अर्थ 'लेकिन' की बजाय 'वास्ते' (for) भी निकल सकता है। भाषा के इस दोष को 'ताकीदे–लफ़्ज़ी' (और ऐसे से मिलते–जुलते एक अन्य दोष के 'इबहाम') की संज्ञा दी गयी है।

(2) बेलुत्फ़ लफ़्ज़ी रियाअत–किसी लफ़्ज़ का ऐसा प्रयोग जो लुत्फ (आनन्द) देने की बजाय, आनन्द को घटाता हो उसे 'बेलुत्फ़ लफ़्ज़ी रियाअत' दोष बताया गया है। यह दोष प्रायः उन शब्दों के प्रयोग से पैदा होता है जो बहु–अर्थी होते हैं और फलस्वरूप प्रयोग किये हुए ऐसे शब्द का वह अर्थ निकले जो शायर का भाव, उद्‌देश्य (intention) आदि नहीं रहा है।

(3) बेलुत्फ़ तक़रार–'तक़रार' शब्द से आशय है कि किसी शब्द का शेर में पुनः आवृति (दोहराना) और फलतः (as a result) शेर के लुत्फ़ (आनन्द) को क्षीण करता हो। उदाहरणार्थ निम्न शेर देखिये–

सरे–महफ़िल निगाहें मेरी ज़ानिब, बेशुमार उट्ठीं,
निगाहें आपकी जब मेरी जानिब बार–बार उट्ठीं।[2]

(4) बे–लुत्फ़ मुबालगा–यानी वह मुबालगा (बयान, कथन) जो वास्तविक न हो (जैसे 'आकाश का गिर जाना', 'धरती का फट जाना', आदि) और परिणाम स्वरूप शेर मे लुत्फ़ (आनन्द) का अभाव बने।

(5) शिकस्ते–नाखाँ–जब एक मिसरे का कुछ अंश दूसरे मिसरे में चला जाए तो इसे ग़ज़ल दोष समझा जाता है और इसे शिकस्ते–नाखाँ' की संज्ञा दी गयी है।

---

1. गोविन्दपुरी, उपर्युक्त, पृ. 100–105 तथा शेख़, उपर्युक्त, पृ. 33–35.
2. तत्रैव, उपर्युक्त, पृ. 101

(6) शुतुर–गुर्बा–जब किसी शेर में सर्वनाम (pronoun)के लिए एक मिसरे में बहुवचन (जैसे 'आप) और दूसरे में एकवचन (जैसे 'तुम') शब्दों का प्रयोग किया जाए।

(7) तवाफ़ुर–दो शब्दों में एक जैसी ध्वनि वाले अक्षरों का इस तरह पास–पास होना कि उनका उच्चारण करते समय या तो जबान रुके या कठिनाई आये जैसे फ़ैज़ के इस मिसरे में–'चले भी आओ कि गुलशन का कारोबार चले'–'का कारोबार' का उच्चारण 'क–कारोबार' सा होता है।

(8) नंगा बयान–'नंगा बयान' से मतलब है सपाट कथन, सपाटबयानी। ग़ज़ल की भाषा सांकेतिक होने के कारण, सपाट बयानी को एक प्रमुख ग़ज़ल दोष माना गया है। हाली का निम्न शेर सपाटबयानी का उदाहरण है–

जानवर, आदमी, फ़रिश्ता, खुदा
आदमी की हैं सैंकड़ों क़िस्में।[1]

–हाली

(9) पहलूदार बयान–जिस बयान (कथन) के विभिन्न पहलू (पक्ष) हों उसे पहलूदार बयान कहा और ग़ज़ल दोष बताया गया है।

(10) पहलू–ए–ज़म–इस दोष से अभिप्राय है उन बहु–अर्थी शब्दों का प्रयोग जिन से अश्लील अर्थ भी निकलता है।

(11) हश्व–ऐसे बेकार शब्दों का प्रयोग जिनके निकाल देने से शेर का सौंदर्य क्षीण होने की बजाय बढ़े ही।

(12) मुश्किल तश्बीहें–ग़ज़ल में ऐसी तश्बीहें (उपमाओं, आदि) का होना जिनके समझने में कठिनाई का अनुभव हो जैसे ग़ालिब के निम्नलिखित शेर में–

नक़्श फ़रियादी है किसकी शोखी–ए–तहरीर का
काग़ज़ी है पैरहन, हर पैकरे–तस्वीर का।[2]

–ग़ालिब

(13) भद्दी तश्बीह– शेर में भद्दी (जो सुंदर न हो) तश्बीह (उपमा) को दोष गिना गया है।

(14) ग़ैर–ज़रूरी इख़्तसार– शेर में ग़ैर–ज़रूरी (अनावश्यक) इख़्तसार (संक्षिप्तता), जो उसे पहेलीनुमा (riddle-like) बना दे, ग़ज़लदोष माना गया है, जैसे निम्नलिखित शेर में–

---

1. चाँद, उपर्युक्त, पृ. 39
2. गोविन्दपुरी, उपर्युक्त, पृ. 102

मगस को बाग़ में जाने न देना,
कि नाहक़ खून परवाने का होगा।[1]

उपर्युक्त शेर का अर्थ है कि मगस (मधुमक्खी) को बाग़ में न जाने देना क्योंकि यदि वह गयी तो फूलों से शहद चुनेगी और उसको रखने के लिए छाता बनाएगी, जिससे मोम निकलेगा, जिससे मोमबती बनेगी, और जब मोमबती जलेगी तो उसपर परवाने आकर जलेंगे, यानी उनका ख़ून होगा। निस्संदेह शायर की कल्पना की उड़ान बहुत लंबी और पहेलीनुमा है। शेरों में ऐसी अनावश्यक संक्षिप्तता को ग़ज़ल दोष ही कहा गया है।

(15) नामौजूद अलफ़ाज़— नामौजूद (अविद्यमानः missing) अलफ़ाज़ (शब्द) से आशय है शेर में किसी शब्द का छुट जाना और फलतः ग़ज़लदोष का पैदा होना है।

(16) गलत अलफ़ाज़— गलत (incorrect) अलफ़ाज़ (शब्द) दोष का संबंध बह्र की चाल (वज़न) से है जिस कारण किसी शब्द का उच्चारण उसकी बर्तनी (spelling)से भिन्न (मात्रा रहित, आदि) हो जाता है जैसे 'हमने' को, बह्र की चाल को ध्यान में रखते हुए, 'हम न' पढ़ना, आदि।

(17) ग़रबत—यानी, अनुपयुक्त (improper), बेमेल, बेकार शब्दों का प्रयोग।

(18) इंतज़ाल—ग़ज़ल में बाज़ारू, अश्लील, असभ्य शब्दों के क्लिष्ट प्रयोग को 'इंतज़ाल' दोष कहा गया है।

(19) मुहावरे का भौंडा इस्तेमाल— जब मुहावरे (कहावतें) का इस्तेमाल (प्रयोग) केवल प्रयोग हेतु किया जाए तो उसे मुहावरे का भौंड़ा (कुरूप, बेहुदा) इस्तेमाल दोष बताया गया है।

(20) क्लिष्ट एवं तत्सम, अप्रचलित, ग्राम्य, आदि शब्दों का प्रयोग—क्योंकि ऐसे सभी शब्द भाषा की अभिव्यक्ति में बाधा डालते हैं, अतः उनके ग़ज़ल में प्रयोग को ग़ज़ल दोष समझा जाता है।

उपर्युक्त दोषों के अतिरिक्त विवादस्पद्ध शेर का रचना, अनावश्यक भाव योजना, शब्दों को तोड़–मोड़ के प्रयोग करना, शेर में नाटकीयता का होना, आदि भी ग़ज़ल दोष के अंतर्गत ही आते हैं क्योंकि ऐसे प्रयोग ग़ज़ल सौंदर्य को क्षीण (कम) करते हैं।

1. तत्रैव

अध्याय–7

मुफ़रद (शुद्ध) बहरें

यह और इसके बाद में आनेवाला आठवाँ व अंतिम अध्याय, उन पाठक–जनों को अर्पित है जिनकी रुचि शेरों–शायरी तक ही सीमित न रह कर ग़ज़ल विधा में भी है; जो स्वयं ग़ज़ल कहने (रचने) में दिलचस्पी रखते हैं। इस तथ्य को ध्यान में रखते हुए, इन दोनों अध्यायों में अरूज़ (उर्दू छंदशास्त्र) की बह्रों के बारे में विस्तार से चर्चा की गयी है। बह्रों के विविध भेदों के अतिरिक्त, विभिन्न बह्रों के स्वरूप, वज़न, मात्राएँ और उन बह्रों में कहे (रचित) शेरों के बारे में जानकारी दी गयी है,[1] इस आशा से कि यह जानकारी उन पाठकों को अपनी मनपसंद बह्रों में अपने भावों और कल्पना की उड़ान को विधिवत् (नियमानुसार) अभिव्यक्ति (express) करने में सहायक होगी।

1. बह्रों के भेद और ज़िहाफ़

जैसा कि इस प्रवेशिका के पाँचवे अध्याय में बताया गया, स्थायी (मूल) बह्रें कुल उन्नीस और रुकन (अरकान) केवल आठ हैं। किसी मूल बहर में होने वाले परिवर्तन को ज़िहाफ़ कहते हैं। ज़िहाफ़ की प्रक्रिया से मूल उन्नीस बह्रों से अनेक नयी बह्रें बनाई गयी हैं। भेद की दृष्टि से, सभी बह्रों को (i) रुकनों की आवर्त्ती, (ii) रुकनों की संख्या, तथा (iii) ज़िहाफ़ के लगने (या न लगने) के अनुसार बाँटा जा सकता है जैसा निम्न तालिका न. 1 में दिखाया गया है।

1. यहाँ बह्रों की चर्चा उदाहरणार्थ (illustrative) है; यह किसी भी तरह से सर्वांगपूर्ण (exhaustive) नहीं है।

तालिका नं. एक : स्थाई (मूल) बह्रें

- (i) रूकनों की आवर्ति अनुसार भेद
  - (क) मुफ़रद (शुद्ध) बहरे : कुल सात
  - (ख) मुरक्कब (मिश्रित) बहरे : कुल बारह
- (ii) रूकनो की संख्या अनुसार भेद
  - (क) मुरव्वा बहरें : चार अरकान युक्त
  - (ख) मुसद्दस बहरे छः अरकान युक्त
  - (ग) मुसम्मन बहरे : आठ अरकान युक्त
- (iii) जिहाफ अनुसार भेद
  - (क) सालिम बहरे : जिनके अरकानो पर ज़िहाफ नहीं लगते
  - (ख) मुजाहिफ बहरें जिनके अरकान ज़िहाफ युक्त होते हैं

(i) रुकनों की आवर्त्ती अनुसार भेद–रुकनों की आवर्त्ती के अनुसार बह्रों के दो भेद हैं, यानी, (क) मुफ़रद (शुद्ध) बह्रें तथा (ख) मुरक़्क़ब (मिश्रित) बह्रें।

(क) मुफ़रद (शुद्ध) बह्रें–वे बह्रें हैं जो एक ही रुकन की बार–बार आवर्त्ती से बनी हैं। ऐसी बह्रें कुल सात हैं। जिन रुकनों की आवर्ती से ये सात बह्रें बनी है, उनका नाम, स्वरूप और वज़न निम्न तालिका न. 2 में दिया गया है।

तालिका नं. दो : मुफ़रद (शुद्ध) बह्रें

बह्र का नाम	रुकन जिसकी आवर्त्ती से बहर बनी	रुकन का वजन (लघु–गुरु का क्रम)
1. बह्रें हज़ज	मुफ़ाईलुन	1 2 2 2
2. बह्रें रजज़ (रजझ)	मुस्तफ़इलुन	2 2 1 2
3. बह्रें रमल	फ़ाइलातुन	2 1 2 2
4. बह्रें मुतक़ारिब (तक़ारिब)	फ़ऊलुन	1 2 2
5. बह्रें मुतदारिक	फ़ाइलुन	2 1 2
6. बह्रें कामिल	मुतुफ़ाइलुन	1 1 2 1 2
7. बह्रें वाफिर	मुफ़ाइलुतुन	1 2 1 1 2

ग़ौरतलब है कि हर रुकन से, सिवाय मफ़ऊलात (2 2 2 1) के, एक–एक मुफ़रद बह्र बनी है। ये बह्रें एक–दूसरे से बहुत मिलती–जुलती हैं और कुछ तो (जैसे कामिल और रजज़ तथा वाफ़िर और हज़ज) एक–दूसरे के बहुत क़रीब (close) हैं; यथा यदि बह्रें कामिल के दो लघु को एक गुरु पढ़ा जाए तो वह बह्रे रज़ज़ बन जाएगी। इसी तरह यदि बह्रे वाफ़िर के साथ–साथ आने वाले दो लघु को एक गुरु पढ़ा जाए तो वह बह्रे हज़ज बन जाएगी।

(ख) मुरक्कब (मिश्रित) बहरें—ये वो बह्रें हैं जो एक से अधिक रुकनों (अरकानों) से मिलकर बनी हैं। मुरक्कब बह्रें संख्या में कुल बारह हैं।[1] इन बह्रों पर विस्तार से चर्चा इस प्रवेशिका के आठवें अध्याय में की गयी है।

(ii) रुकनों की संख्या अनुसार बह्रों के भेद—रुकनों की संख्या अनुसार बह्रों के तीन भेद हैं, यथा, (क) मुरब्बा बह्रें, (ख) मुसद्दस बह्रें, और (ग) मुसम्मन बह्रें। (याद रहे कि बह्र में अरकानों की संख्या एक शेर के दोनों मिसरों (पंक्तियों) के अरकानों का योग होती है।)

(क) मुरब्बा बह्रें—जिस बह्र के शेरों के प्रत्येक मिसरे में दो अरकान, यानी शेर में चार अरकान, होते हों, उसे मुरब्बा बह्र की संज्ञा दी गयी है। बह्र के शेरों में अरकानों की संख्या सूचित करने के लिए, यानी शेर में चार अरकानों, वाले शेरों की बह्र के नाम के साथ 'मुरब्बा' शब्द लगाया जाता है, जैसे बह्रें मुज़ारे मुरब्बा, यानी चार अरकानों के शेर वाली मुज़ार बह्र।

(ख) मुसद्दस बह्रें—जिस बह्र के शेरों के प्रत्येक मिसरे में तीन (यानी प्रत्येक शेर में छः) अरकान हों, उसे मुसद्दस बह्र कहा जाता है और ऐसी बह्रों के नाम के साथ 'मुसद्दस' शब्द जोड़ दिया जाता है, जैसे बह्रे खफ़ीफ़ मुसद्दस, यानी वह ख़फ़ीफ़ बह्र जिस के शेर के प्रत्येक मिसरे में तीन, तीन अरकान पाए जाते हैं।

(ग) मुसम्मन बह्रें—जिस बह्र के प्रत्येक शेर में आठ, यानी शेर के प्रत्येक मिसरे में चार अरकान हों, उसे मुसम्मन बह्र कहते हैं और उसके नाम के साथ 'मुसम्मन' शब्द जोड़ दिया जाता है जैसे बह्रें हज़ज मुसम्मन। इस तरह प्रत्येक बह्र के मूल नाम के साथ प्रयुक्त मुरब्बा, मुसद्दस या मुसम्मन शब्द से उस बह्र के शेरों में प्रयुक्त अरकानों की संख्या का बोध होता है।

(iii) ज़िहाफ़ के अनुसार भेद—जैसा ऊपर बताया गया, 'ज़िहाफ़' नामक प्रक्रिया से (यानी रुकन में ज़िहाफ़ के लगने से) अरूज़ की मूल उन्नीस बह्रों से अनेक नयी बह्रे बनी हैं। इन, जिहाफ़ से बनी, नयी बह्रों को 'मुज़ाहिफ़' की संज्ञा दी गयी है और ऐसी बह्रों के नाम के साथ 'मुज़ाहिफ़' शब्द जोड़ दिया जाता है। लेकिन जिन रुकनों में ज़िहाफ़ नहीं लगती, ऐसी बह्रों को 'सालिम' की संज्ञा दी गयी है और ऐसी बह्रों के नाम के साथ 'सालिम' शब्द जोड़ दिया जाता है। इस तरह किसी बह्र का ज़िहाफ़ की प्रक्रिया से बनने (यानी बह्र का नयी होने) का बोध उस बह्र के नाम के साथ 'मुज़ाहिफ़' शब्द के जुड़े होने से होता है, जैसे बह्रे मुजारे मुरब्बा अख़रब मुज़ाहिफ़ यानी मूल बह्र का नाम + अरकानों की संख्या + ज़िहाफ़ द्वारा परिवर्तित रुकन का नाम +

1. इन बह्रों के नाम, रुकनों (अरकानों) के नाम, जिन से मिलकर ये बनी हैं और उनके वज़न, इस प्रवेशिका के आठवें अध्याय की तालिका न. 1 में दिए गये हैं।

ज़िहाफ़ द्वारा रुकन के परिवर्तित होने की क्रिया का बोध। या, यूँ कहिये कि अरूज़ में बह्‌रों के नाम अत्यंत स्वयंसिद्ध (Self-evident) हैं। ज़िहाफ़ के कारण रुकनों के परिवर्तित स्वरूप द्वारा शेर/ग़ज़ल की बह्‌र का पता भी चल जाता है।

नयी बह्‌र के नाम के साथ जोड़ने के अलावा, किसी भी मुरब्बा, मुसद्‌दस या मुसम्मन बह्‌र के दुगुने रूप में प्रयोग करने पर भी उस बह्‌र के नाम के साथ 'मुज़ाहिफ़' शब्द जोड़ दिया जाता है, उदाहरणार्थ, बह्‌रे हज़ज मुरब्बा अख़रब को दुगुने रूप में प्रयोग करने पर, जैसे निम्न रूप में दिखाया गया है, उसका परिवर्तित नाम होगाः– बह्‌रे हज़ज मुरब्बा अख़रब मुज़ाहिफ़ और उसका रूप निम्न होगाः–

मफ़ऊलु मुफ़ाईलुन मफ़ऊलु मुफ़ाईलुन

2 2 1 1 2 2 2 2 2 1 1 2 2 2

ज़िहाफ़ 48 प्रकार के होते हैं परंतु उर्दू में केवल इने–गिने ज़िहाफ़ ही प्रचलित हैं। कुछ ज़िहाफ़ और उनके प्रयोग से रुकन का परिवर्तित रूप और परिवर्तित नाम निम्न तालिक (न., तीन) में दिखाए गये हैं।

तालिका नं. 3

उर्दू में प्रचलित ज़िहाफ और उनके लगाने से रुकनों का परिवर्तित स्वरूप, वज़न और नाम[1]

रुकन		प्रयुक्त जिहाफ	परिवर्तित		
नाम (स्वरूप)	वजन		स्वरूप	वजन	नाम
1	2	3	4	5	6
1. मुफ़ाईलुन	1 2 2 2	खर्ब	मफ़ऊलु	2 2 1	तख़रब
		हज़्फ	फ़ऊलुन	1 2 2	महज़ूफ़
		कफ़	मफ़ाईलु	1 2 2 1	मकफ़ूफ़
2. मुस्तफ़इलुन	2 2 1 2	ख़ून	मुफ़ाइलुन	1 2 1 2	मख़्बून
3. फ़ाइलातुन	2 1 2 2	हज़्फ	फ़ाइलुन	2 1 2	महज़ूफ
		कफ़	फ़ाइलातु	2 1 2 1	मकफ़ूफ़
		शक्ल	फ़इलातु	1 1 2 1	मश्कूल
		ख़ून	फइलातुन	1 1 2 2	मख़्बून
4. फ़ऊलुन	1 2 2	क़ब्ज़	फ़ऊलु	1 2 1	मक्बूज
		सलम	फेलन	2 2	अस्लम
5. फ़ाइलुन	2 1 2	क्तअ	फेलुन	2 2	मक्तअ
		हज़ज	फ़े	2	महज़ूज
6. मुतफ़ाइलुन	1 1 2 1 2	इज़्मार	मुस्तफ़इलुन	2 2 1 2	मुज़्मर
7. मुफ़ाइलतुन	1 2 1 1 2	अस्ब	मुफ़ाईलुन	1 2 2 2	मासूब
8. मफ़ऊलातु	2 2 2 1	रफ़ा	मफ़ऊलु	2 2 1	मरफ़ू

1. ख़्वाब अकबराबादी, उपर्युक्त, पृ. 28–29

2. मुफ़रद (शुद्ध) बह्‌रें

यूँ तो मुफ़रद (शुद्ध) बह्‌रें कुल (केवल) सात हैं लेकिन ज़िहाफ़ की प्रक्रिया से हर मुफ़रद बह्‌र से अनेक और बह्‌रें बनाई गयी हैं। इस अंश में मूल सात एवं उनसे बनी नयी, कुछ प्रचलित और अति प्रचलित, बह्‌रों के नाम, स्वरूप, वज़न और उन में कहे गये (रचित) शेरों के उदाहरण, आदि, दिए गये हैं ताकि पाठक–जन, जो शेर और ग़ज़ल कहने में रुचि रखते हैं, अपनी ज़रूरत अनुसार, अपनी मनपसंद की बह्‌र का चयन कर सकें।

(i) बह्‌रें हज़ज–

(क) बह्‌रें हज़ज मुसम्मन सालिम–यह एक अति प्रचलित बह्‌र है। (इस बह्‌र में मुफ़ाईलुन रुकन की शेर के हर मिसरे में चार बार आवर्त्ती होती है।

स्वरूपः– मुफ़ाईलुन मुफ़ाईलुन मुफ़ाईलुन मुफ़ाईलुन

वज़नः– 12 2 2 1 2 2 2 1 2 2 2 1 2 2 2

उदाहरणः–निकलना ख़ुल्द से आदम का* सुनते आये थे, लेकिन

1 2 2 2 1 2 2 2 1 2 2 2 1 2 2 2

बहुत बेआबरू हो कर तिरे कूचे से* हम निकले।[1]

1 2 2 2 1 2 2 2 1 2 2 2 1 2 2 2

–ग़ालिब

बहुत पहले से* उन क़दमों की* आहट जान लेते हैं।

1 2 2 2 1 2 2 2 1 2 2 2 1 2 2 2

तुझे ऐ ज़िंदगी हम दूर से पहचान लेते हैं।[2]

1 2 2 2 1 2 2 2 1 2 2 2 1 2 2 2

– फ़िराक़ गोरखपुरी

ख़ामोशी* इसलिए दीवानगी में हमने* हासिल् की

1 2 2 2 1 2 2 2 1 2 2 2 1 2 2 2

खुदा जाने वो* क्या पूछे, हमारे मुँह से* क्या निकले।[3]

–अब्दुल ग़नी ख़ाँ जावेद

चलो इक बार फिर से अजनबी बन जाएँ हम दोनों[4]

–'साहिर' लुधियानवी

---

1. जाफ़री, उपर्युक्त, पृ. 157
2. 'राना' गन्नौरी, उपर्युक्त, पृ. 61
3. उद्धत शेख़, उपर्युक्त, पृ. 20
4. रव्वाब अकबराबादी, उपर्युक्त, पृ. 30

*मात्रा नियमानुसार गिर जाएगी।

(ख) बह्रे हज़ज मुरब्बा अख़रव मुज़ाइफ़—यह बह्र भी अति प्रचलित है। इसका स्वरूप, वज़न और उदाहरण निम्नलिखित है।

स्वरूपः— मफ़ऊल मफ़ाईलुन मफ़ऊल मफ़ाईलुन
वज़नः— 2 2 1 1 2 2 2 2 2 1 1 2 2 2
उदाहरणः—पहले जु मुहब्बत से इंकार किया होता।
2 2 1 1 2 2 2 2 2 1 1 2 2 2
यूँ हम कु न दुनिया से बेज़ार किया होता।[1]
2 2 1 1 2 2 2 2 2 1 1 2 2 2

'टूटे हुए ख्वाबों ने हम को ये* सिखाया है'[2]
2 2 1 1 2 2 2 2 2 1 1 2 2 2
हर चीज नहीं मिलती, हर बात नहीं बनती।
2 2 1 1 2 2 2 2 2 1 1 2 2 2

—राज पाराशर

(ग) बह्रे हज़ज मुसद्दस सालिम

यह बह्र हिन्दी में भी प्रचलित है।

स्वरूपः— मफ़ाईलुन मफ़ाईलुन मफ़ाईलुन
वज़नः— 1 2 2 2 1 2 2 2 1 2 2 2
उदाहरण— जहाँ बिकते सरे–बाज़ार सपने हों
1 2 2 2 1 2 2 2 1 2 2 2
वही है स्वर्ग, जन्नत, और भारत भी।
1 2 2 2 1 2 2 2 1 2 2 2

—राज पाराशर

किनारा दूसरा इस का नहीं होता
1 2 2 2 1 2 2 2 1 2 2 2
नदी में इश्क की तो डूबना होता ।
1 2 2 2 1 2 2 2 1 2 2 2

—राज पाराशर

(घ) बह्रें हज़ज मुसद्दस अख़्रब अख़्तर

स्वरूपः— मफ़ऊलु मफ़ाईलुन फ़ैलुन/फ़इलुन
वज़नः— 2 2 1 1 2 2 2 2 2 1 1 2
उदाहरणः— वो पास रहें या दूर रहें
2 2 1 1 2 2 2 1 1 2

1. गोबिंदपुरी, उपर्युक्त, पृ. 91
2. ख़्वाब अकबराबादी, उपर्युक्त, पृ. 31

नज़रो में* समाये रहते हैं।[1]
2 2 1   1 2 2 2   2 2

ये साज़ जवानी का, यारो,
2 2 1 1 2 2 2   2 2
लो सीख बजाना इस को तुम।
2 2 1   1 2 2 2   2 2

—राज पाराशर

(ङ) बह्रे हज़ज मुसद्दस महज़ूफ़—यह भी एक अति प्रचलित बह्र है। इस का स्वरूप, वज़न तथा उदाहरण निम्न है।

स्वरूपः— मफाईलुन ,मफाईलुन फऊलुन/मफ़ाईल
वज़नः— 1 2 2 2   1 2 2 2   1 2 2   1 2 2 1
उदाहरणः—हवस को है नशात–ए–कार क्या–क्या
1 2 2 2   1 2 2   2 1   2   2
न हो मरना तो*जीने का मज़ा क्या।[2]

—ग़ालिब

य माना ज़िंदगी है चार दिन की
1 2 2 2 2   1 2 2 2   1 2 2
बहुत होते हैं*यारो चार दिन भी[3]
1 2   2 2 1 2 2 2   1 2 2

—फ़िराक़ गोरखपुरी

मुझे डाला है* सौ बहम–ओ–गुमा में
1 2 2 2   1 2 2 2   1 2 2
बहुत क्यों आज मुझ पर मेहरबाँ हो?[4]
1 2 2 2   1 2   2 2   1   2 2

—हाली पानीपती

कोई* मरहम नहीं मिलता जहां में
1 2 2 2   1 2   2 2   1 2 2

1. तत्रैव
2. ज़ाफरी, उपर्युक्त, पृ. 35
3. 'राना' गन्नोरी, उपर्युक्त, पृ. 107
4. महेन्द्र, प्रताप चाँद, उपर्युक्त, पृ. 46
*मात्रा नियमानुसार गिर जाएगी।

मुझे कहता है* कुछ अपनी जुबां में।[1]

1 2 2 2 1 2 2 2 1 2 2

—हाली पानीपती

(च) बह्‌रे हज़ज मुसम्मन अख्तर मक़्बूज़

स्वरूपः— फ़ाइलुन मुफ़ाइलुन फ़ाइलुन मुफ़ाइलुन

वज़नः— 2 1 2 1 2 1 2 2 1 2 1 2 1 2

उदाहरणः—दिल्लगी ने* दी हवा, थोड़ा*—सा धुआँ उठा

2 1 2 1 2 1 2 2 1 2 1 2 1 2

और आग लग गई, और आग लग गई।[2]

2 1 2 1 2 1 2 2 1 2 1 2 1 2

लाख चाँदनी सही, रात फिर भी* रात है[3]

2 1 2 1 2 1 2 2 1 2 1 2 1 2

आज क्यों खड़ी क़ज़ा सामने रहस्य—सी

2 1 2 1 2 1 2 2 1 2 1 2 1 2

साज़ —ज़िंदगी बजे साथ—साथ मौत के।

2 1 2 1 2 1 2 2 1 2 1 2 1 2

—राज पाराशर

(छ) बह्‌रे हजज मुसम्मन मक़्बूज़—इस बह्‌र में मुफ़ाइलुन (वज़न 1 2 1 2) की चार बार आवर्त्ती होती है।

स्वरूपः— मुफ़ाइलुन मुफ़ाइलुन मुफ़ाइलुन मुफ़ाइलुन

वज़नः— 1 2 1 2 1 2 1 2 1 2 1 2 1 2 1 2

उदाहरणः—पुकारता चला हूँ* मैं गली गली बहार की

1 2 1 2 1 2 1 2 1 2 1 2 1 2 1 2

अजीब दासतां है* ये कहाँ शुरू कहाँ ख़तम।[4]

1 2 1 2 1 2 1 2 1 2 1 2 1 2 1 2

---

1. तत्रैव, पृ. 45
2. ख़्वाब अकबराबादी, उपर्युक्त, पृ. 33
3. गोबिंदपुरी, उपर्युक्त, पृ. 91

   नोटः— मुफाइलुन रुकन (वज़न 1 2 1 2) का तीन बार भी प्रयोग (आवर्ती) हो सकता है।
4. ख़्वाब अकबराबादी, उपर्युक्त, पृ. 32

* मात्रा नियमानुसार गिर जाएगी।

दुआ–सलाम भी नहीं, न राम–राम ही रही

1 2 1 2 1 2 1 2   1 2 1 2 1 2 1 2

चले गये कहाँ नफ़ीस, वे अवाम ही सभी।

1 2 1 2 1 2 1 2 1 2 1 2 1 2 1 2

–राज पाराशर

(ज) बह्‌रे हज़ज मुसम्मन अख़्तर–यह बह्‌र भी अति प्रचलित है।

स्वरूपः– फ़ाइलुन मुफ़ाईलुन फ़ाइलुन मुफ़ाईलुन

वज़्नः– 2 1 2 1 2 2 2 2 1 2 1 2 1 2

उदाहरणः–कहते* हो, न देंगे हम, दिल अगर पड़ा पाया

2 1 2 1 2 2 2 2 1 2 1 2 2 2

दिल कहाँ, कि गुम कीजे, हमने* मुद्दआ पाया।[1]

2 1 2 1 2 2 2 2 1 2 1 2 2 2

–ग़ालिब

'धूप में शज़र चमके, तितलियों के पर चमके'[2]

2 1 2 1 2 2 2 2 1 2 1 2 2 2

ज़िंदगी मुझे कहती आज गीत गा कोई।

2 1 2 1 2 2 2 2 1 2 1 2 2 2

–राज पाराशर

(झ) बह्‌रे हज़ज मुसम्मन अखरज मकफ़ूज़ महज़ूफ़–यह बह्‌र भी अति प्रचलित है।[3]

स्वरूपः– मफऊल मुफ़ाईलु मफ़ाईलु फ़ऊलुन /मफ़ाईल

वज़्नः– 2 2 1 1 2 2 1 1 2 2 1 1 2 2 1 2 2 1

उदाहरणः–दीवाना* बनाना है* तु दीवाना* बना दे

2 2 1 1 2 2 1 1 2 2 1 1 2 2

वरना कहिं *तक़दीर तमाशा न बना दे।[4]

2 2 1 1 2 2 1 1 2 2 1 1 2 2

–हज़रत 'वहज़ाद' लखनवी

---

1. ज़ाफरी, उपर्युक्त, पृ. 22
2. गोविन्दपुरी, उपर्युक्त, पृ. 90
3. यदि इस बह्‌र के अंत के दो वज़न हटा दें, यानी केवल 2 2 1 1 2 2 1 1 2 2 1 1 2 वज़न में रखें तो, यह रुबाई की बह्‌र होगी। रुबाई की बह्‌रें अलग होती हैं–ख्वाब अकबराबादी, उपर्युक्त, पृ. 32
4. गोविन्दपुरी, उपर्युक्त, पृ. 93

* मात्रा नियमानुसार गिर जाएगी।

इलज़ाम वही, इश्क वही, और वही बात
2 2 1 1 2 2 1 1 2 2 1 1 2 2 1
गो लोग अलग, हुस्न अलग, राग वही आज।
2 2 1 1 2 2 1 1 2 2 1 1 2 2 1

—राज पाराशर

(ट) बह्‌रे हज़ज के कुछ अन्य स्वरूप

स्वरूपः— मुफ़ाईलुन मुफ़ाईलुन फ़िइलुन
वज़नः— 1 2 2 2 1 2 2 2 1 1 2
उदाहरणः— दुआ दूँ या भुला दूँ आज उसे
1 2 2 2 1 2 2 2 1 1 2
दिया जिस ने अधूरा प्यार मुझे।
1 2 2 2 1 2 2 2 1 1 2

—राज पाराशर

(2) **स्वरूपः—** मुफ़ाईलुन मुफ़ाईलुन मुफ़ाईलुन फ़िइलुन
वज़नः— 1 2 2 2 1 2 2 2 1 2 2 2 1 1 2
उदाहरणः— नहीं मालूम ग़म का दौर ये कब ख़त्म बने
1 2 2 2 1 2 2 2 1 2 2 2 1 1 2
कहीं लगने न वो ही अब लगे इक दोस्त हमें।
1 2 2 2 1 2 2 2 1 2 2 2 1 1 2

—राज पाराशर

(ii) बह्‌रे रजज़

(क) बह्‌रे रज़ज मुसम्मन सालिम

स्वरूपः— मुस्तफ़इलुन मुस्तफ़इलुन मुस्तफ़इलुन मुस्तफ़इलुन
वज़नः— 2 2 1 2 2 2 1 2 2 2 1 2 2 2 1 2
उदाहरणः— दिन रात फिक्रे—जोर में यूँ रंज उठाना कब तलक
2 2 1 2 2 2 1 2 2 2 1 2 2 2 1 2
मैं भी ज़रा आराम लूं तुम भी ज़रा आराम लो।[1]
2 2 1 2 2 2 1 2 2 2 1 2 2 2 1 2

—मोमिन

1. मोमिन, उद्धृत शेख़, उपर्युक्त, पृ. 20

माशूक की बातें किसी का दिल यहाँ बेशक भरे
2 2 1 2 2 2 1 2 2 2 1 2 2 2 1 2
रोटी ज़रूरी आदमी को पेट भरने के लिये।
2 2 1 2 2 2 1 2 2 2 1 2 2 2 1 2

—राज पाराशर

जब आँख से औझल भया, तड़पन लगा मेरा जिया,
2 2 1 2 2 2 1 2 2 2 1 2 2 2 1 2
हक का इलाही क्या किया, आंसू चले भर जाय कर।
2 2 1 2 2 2 1 2 2 2 1 2 2 2 1 2
तू तो हमारा यार है, तुझ पर हमारा प्यार है
2 2 1 2 2 2 1 2 2 2 1 2 2 2 1 2
तुझ दोस्ती बिसियार है, एक शब मिलो तुम आय कर।[1]
2 2 1 2 2 2 1 2 2 2 1 2 2 2 1 1 2

—अमीर ख़ुसरो

(ख) बह्रे रजज़ मुसम्मन मख्बून मतब्वी

स्वरूपः— मुफ़तइलुन मुफ़ाइलुन मुफ़तइलुन मुफ़ाइलुन
वज़नः— 2 1 1 2 1 2 1 2 2 1 1 2 1 2 1 2
उदाहरणः— जाने* कहाँ गये वो* दिन कहते* थे* जिन की* याद में
2 1 1 2 1 2 1 2 2 1 1 2 1 2 1 2
गेसुए ताबदार को और भी* ताबदार कर।[2]
2 1 1 2 1 2 1 2 2 1 1 2 1 2 1 2

मुझसि* कहा जु यार ने, जाति हं होश किस तरह
2 1 1 2 1 2 1 2 2 1 1 2 1 2 1 2
सुन कि सितम जरीफ़ ने मुझ कु उठा दिया कि 'यूँ'।[3]
2 1 1 2 1 2 1 2 2 1 1 2 1 2 1 2

(ग) बह्रे रजज मुसम्मन मख्बून

स्वरूपः— मुफ़ाइलुन मुफ़ाइलुन मुफ़ाइलुन मुफ़ाइलुन
वज़नः— 1 2 1 2 1 2 1 2 1 2 1 2 1 2 1 2

---

1. शेख़, उपर्युक्त, पृ. 38
2. ख्वाब अकबराबादी, उपर्युक्त, पृ. 35
3. गेबिंदपुरी, उपर्युक्त, पृ. 97

*मात्रा नियमानुसार गिर जाएगी।

उदाहरणः—य थोड़ि थोड़ि मय न दे कलाइ मोड़ मोड़ कर
1 2 1 2 1 2 1 2 1 2 1 2   1 2 1 2
भला हु तेर साकिया, पिला दि खुम निचोड़ कर।[1]
1 2 1 2   1 2 1 2   1 2 1 2   1 2 1 2

—ज़ौक़

हदूद है कहाँ रही मुराद् की कभी यहाँ
1 2 1 2 1 2 1 2 1 2 1 2 1 2 1 2
बना यहाँ कि आप है अदीन आदमी खुदा।
1 2 1 2 1 2 1 2 1 2 1 2 1 2 1 2

—राज पाराशर।

(घ) बह्रे ख़्जज़ मुसद्दस

स्वरूपः—मुस्तफ़इलुन मुस्तफ़इलुन मुस्तफ़इलुन
वज़नः— 2 2 1 2   2 2 1 2   2 2 1 2
उदाहरणः—हम को मिला जो लुतफ़ कू—ए—यार का
2 2 1 2   2 2 1 2   2 2 1 2
कब वो सबा को लुतफ़ है, गुलजार का।[2]
2 2 1 2 2 2 1 2 2 2 1 2

यारो रहा है ये तकाज़ा ज़िंदगी
2 2 1 2 2 2 1 2 2 2 1 2
धोता सदा से हाथ को है हाथ ही।
2 2 1 2 2 2 1 2 2 2 1 2

—राज पाराशर

(ङ) बह्रे रज़ज़ के कुछ अन्य स्वरूप

(1) स्वरूपः—मुस्तफ़इलुन मुस्तफ़इलुन मुस्तफ़इलुन फ़ऊल
वज़नः— 2 2 1 2   2 2 1 2   2 2 1 2   1 2
उदाहरणः—दोनों जहाँ तेरी मुहब्बत में हार के
2 2 1 2 2 2 1 2 2 2 1 2 1 2
वो जा रहा है कोई* शव—ए—ग़म गुज़ार के।[3]
2 2 1 2   2 2 1 2   2 2 1 2   1 2

—फ़ैज़ अहमद 'फ़ैज़'

---

1. तत्रैव, पृ. 95
2. तत्रैव, पृ. 98
3. शेख़, उपर्युक्त, पृ. 84

उम्रे–दराज़ मांग के लाए थे* चार दिन
2 2 1 2 2 2 1 2 2 2 1 2 1 2
दो आरजू में कट गये, दो इंतज़ार में।[1]
2 2 1 2 2 2 1 2 2 2 1 2 1 2

—ज़फ़र

(2) **स्वरूपः**—मुस्तफ़इलुन मुस्तफ़इलुन मुस्तफ़इलुन फ़ैलुन
वज़नः— 2 2 1 2 2 2 1 2 2 2 1 2 2 2
उदाहरणः—'दिल में किसी की याद का जलता हुआ दीया'।[2]
2 2 1 2 2 2 1 2 2 2 1 2 2 2
हम आज ले कर चल दिए जानिब उसी के घर।
2 2 1 2 2 2 1 2 2 2 1 2 2 2

—राज पाराशर

है देखने को रह गया क्या इस जहाँ में अब
2 2 1 2 2 2 1 2 2 2 1 2 2 2
हम ने यहाँ देखी खुदा की है खुदाई भी।
2 2 1 2 2 2 1 2 2 2 1 2 2 2

—राज पाराशर

(3) **स्वरूपः**—मुस्तफ़इलुन मुफ़ाइलुन
वज़नः— 2 2 1 2 1 2 1 2
उदाहरणः—यह तो नहीं कि ग़म नहीं
2 2 1 2 1 2 1 2
हाँ, मेरी* आँख नम नहीं।[3]
2 2 1 2 1 2 1 2

— फ़िराक़ गोरखपुरी

(4) **स्वरूपः**—मुस्तफइलुन मुफाइलुन मुस्तफइलुन मुफाइलुन
वज़नः— 2 2 1 2 1 2 1 2 2 2 1 2 1 2 1 2
उदाहरणः—ग़ालिब–ए–ख़स्तः* के बिगैर कौन से* काम बन्द हैं
2 2 1 2 1 2 1 2 2 2 1 2 1 2 1 2 1

---

1. तत्रैव, पृ. 44
2. तत्रैव, पृ. 21
3. 'राना' गन्नोरी, उपर्युक्त, पृ. 63

* मात्रा नियमानुसार गिर जाएगी।

रोइये ज़ार ज़ार क्या, कीजिये हाय हाय क्यों।[1]

2 2 1 2 1 2 1 2 2 2 1 2 1 2 1 2

—ग़ालिब

(iii) बह्‌रे रमल

(क) बह्‌रे रमल मुसम्मन सालिम—यह एक अति प्रचलित बह्‌र है।

स्वरूपः— फ़ाइलातुन फ़ाइलातुन फ़ाइलातुन फ़ाइलातुन

वज़नः— 2 1 2 2 2 1 2 2 2 1 2 2 2 1 2 2

उदाहरण— मेरे* दिल पर हाथ रक्खो, मेरी* बेबसी को* समझो

2 1 2 2 2 1 2 2 2 1 2 2 2 1 2 2

मैं इधर से बन रहा हूँ, मैं उधर से ढह रहा हूँ[2]

2 1 2 2 2 1 2 2 2 1 2 2 2 1 2 2

—दुष्यन्त कुमार

चाँदनी पीकर नशे में झूमना अच्छा नहीं है

21 2 2 2 1 2 2 2 1 2 2 2 1 2 2

तार को की वीथियों मे घूमना अच्छा नहीं है।[3]

2 1 2 2 2 1 2 2 2 1 2 2 2 1 2 2

(ख) बह्‌रे रमल मुसद्दस सालिम—यह बह्‌र विशेषतः हिन्दी की ग़ज़लों में प्रचलित है।

स्वरूपः— फ़ाइलातुन फ़ाइलातुन फ़ाइलातुन

वज़नः— 2 1 2 2 2 1 2 2 2 1 2 2

उदाहरणः—मत कहो आकाश में कुहरा घना है,

2 1 2 2 2 1 2 2 2 1 2 2

यह किसी की व्यक्तिगत आलोचना है।[4]

2 1 2 2 2 1 2 2 2 1 2 2

वक़्त जाने का यहाँ से आ गया जब

2 1 2 2 2 1 2 2 2 1 2 2

ज़िदंगी की फिर वही आवाज़ आयी।

—राज पाराशर

---

1. ज़ाफ़री, उपर्युक्त, पृ. 94
2. शेरजंग गर्ग, उपर्युक्त, पृ. 46
3. ख़्वाब अकबराबादी, उपर्युक्त, पृ. 35
4. गोबिंदपुरी, उपर्युक्त, पृ. 89

* मात्रा नियमानुसार गिर जाएगी।

(ग) बह्‌रे रमल मुसद्‌दस महजूफ—यह बह्‌र भी अति प्रचलित है।

स्वरूपः— फ़ाइलातुन फ़ाइलातुन फ़ाइलुन

वज़नः— 2 1 2 2 2 1 2 2 2 1 2

उदाहरण— आप के पहलू में* आकर रो दिए[1]

2 1 2 2 2 1 2 2 2 1 2

कौन समझेगा किसी की आँख से

2 1 2 2 2 1 2 2 2 1 2 2

अश्‌रू बनकर ढल रही है ज़िंदगी।[2]

2 1 2 2 2 1 2 2 2 1 2

हम न कहते थे कि 'हाली' चुप रहो।

2 1 2 2 2 1 2 2 2 1 2

रास्त गोई में है* रुसवाई बहुत।[3]

2 1 2 2 2 1 2 2 2 2 1 2

—हाली पानीपती

(घ) बह्‌रे रमल मुसद्‌दस मख़्बून—यह एक अति प्रचलित बह्‌र है।

स्वरूपः— फ़ाइलातुन फ़इलातुन फ़ैलुन/फ़इलुन

वज़नः— 2 1 2 2 1 1 2 2 2 2 1 1 2

उदाहरणः—यार से छेड़ चली जाये, असद

2 1 2 2 1 1 2 2 2 2

गर नहीं वस्ल, तो* हसरत ही सही।[4]

2 1 2 2 1 1 2 2 2 2

—ग़ालिब

कतअ कीजे न तअल्लुक हम से

2 1 2 2 1 1 2 2 2 2

कुछ नहीं है, तो* अदावत ही सही।[5]

2 1 2 2 1 1 2 2 2 2

—ग़ालिब

1. ख़्वाब अकबराबादी, उपर्युक्त, पृ. 36
2. तत्रैव
3. महेंद्र प्रताप 'चाँद', उपर्युक्त, पृ. 18
4. ज़ाफरी, उपर्युक्त, पृ. 113
5. तत्रैव, पृ. 112

* मात्रा नियमानुसार गिर जाएगी।

(च) बह्‌रे रमल मुसम्मन महज़ूफ —यह बह्‌र भी अति प्रचलित है।

स्वरूपः— फ़ाइलातुन फ़ाइलातुन फ़ाइलातुन फ़ेइलुन / फ़ाइलात

वज़नः— 2 1 2 2 2 1 2 2 2 1 2 2 2 1 2 2 1 2 1

उदाहरणः—हर सड़क पर, हर गली में, हर नगर, हर गाँव में

2 1 2 2 2 1 2 2 2 1 2 2 2 1 2

हाथ लहराते हुए हर लाश चलनी चाहिए।[1]

2 1 2 2 2 1 2 2 2 1 2 2 2 1 2

—दुष्यन्त कुमार

यों ही* गर रोता रहा, ग़ालिब, तो* अय अह्‌ल—ए—जहाँ

2 1 2 2 2 1 2 2 2 1 2 2 2 2 1 2

देखना इन बस्तियों को तुम कि वीराँ हो गई।[2]

2 1 2 2 2 1 2 2 2 1 2 2 2 1 2

—ग़ालिब

चुपके,* चुपके रात दिन आँसू बहाना याद है

2 1 2 2 2 1 2 2 2 1 2 2 2 1 2

हम को अपनी आशिकी का वो ज़माना याद है।[3]

2 1 2 2 2 1 2 2 2 1 2 2 2 1 2

—हसरत मोहानी

सीप में बनते हुए मोती का* दोहन कर गए

2 1 2 2 2 1 2 2 1 2 2 2 1 2

चंद आँसू क्या बहे, आँखो को* निर्धन कर गए।[4]

2 1 2 2 2 1 2 2 2 1 2 2 2 1 2

—निश्तर ख़ानक़ाही

(छ) बह्‌रे रमल मुसम्मन मख़्बून महज़ूफ़—यह बह्‌र भी अति प्रचलित है।

---

1. शेरजंग गर्ग, उपर्युक्त, पृ. 42
2. ज़ाफ़री, उपर्युक्त, पृ. 90
3. हसरत, उद्धरण शेख़, उपर्युक्त, पृ. 24
4. अग्रवाल व जनमेजय, उपर्युक्त, पृ. 105

*मात्रा नियमानुसार गिर जाएगी।

स्वरूपः— फ़ाइलातुन फ़इलातुन फ़इलातुन फ़ैलुन / फ़इलून
वज़नः— 2 1 2 2 1 1 2 2 1 1 2 2 2 2 1 1 2
उदाहरणः—दिल में* फिर गिरिये* ने* इक शोर उठाया, ग़ालिब
2 1 2 2 1 1 2 2 1 1 2 2 2 2
आह जो क़तरा* न निकला था, * सो* तूफ़ाँ निकला।[1]
2 1 2 2 1 1 2 2 1 1 2 2 2 2

—ग़ालिब

जी गये हम प रहे मुर्दों* से* बदतर, 'हाली'
2 1 2 2 1 1 2 2 1 1 2 2 2 2
देखली हमने* तबीबों की* मसीहाई भी।[2]
2 1 2 2 1 1 2 2 1 1 2 2 2 2

—हाली पानीपती

(ज) बह्रे रमल मुसम्मन मख़्बून मश्कूल

स्वरूपः— फ़इलातु फ़ाइलातुन फ़इलातु फ़ाइलातुन
वज़नः— 1 1 2 2 2 1 2 2 1 1 2 1 2 1 2 2
उदाहरणः—तिरे* वादे* पर जिये हम, तो* यह जान झूट जाना
1 1 2 1 2 1 2 2 1 1 2 1 2 1 2 2
कि खुशी से* मर न जाते अगर एतिबार होता।[3]
1 1 2 1 2 1 2 2 1 1 2 1 2 1 2 2

—ग़ालिब

'ये* बहार का ज़माना, ये* हँसी गुलों के* साये'[4]
1 1 2 1 2 1 2 2 1 1 2 1 2 1 2 2
कि रही असर दिखा आज दुआ विशेष कोई।
1 1 2 1 2 1 2 2 1 1 2 1 2 1 2 2

—राज पाराशर

---

1. ज़ाफ़री, उपर्युक्त, पृ. 24
2. 'चाँद, उपर्युक्त, पृ. 54
3. ज़ाफ़री, उपर्युक्त, पृ. 33
4. रब्बाब अकबराबादी, उपर्युक्त, पृ. 37

*मात्रा नियमानुसार गिर जाएगी।

(झ) बह्‌रे रमल मुसम्मन मक्‌लूअ महज़ूफ़

स्वरूप:— फ़ाइलातुन फ़ाइलातुन फ़ाइलातुन फ़े/फ़ाए

वज़न:— 2 1 2 2 2 1 2 2 2 1 2 2 2/2 1

उदाहरण:— मैं तुम्हें छूकर ज़रा—सा छेड़ देता हूँ

2 1 2 2 2 1 2 2 2 1 2 2 2

और गीली पांखुरी से ओस झरती है।[1]

2 1 2 2 2 1 2 2 2 1 2 2 2

बस यही अपराध मैं हर बार करता हूँ

2 1 2 2 2 1 2 2 2 1 2 2 2

आदमी हूँ आदमी से प्यार करता हूँ।[2]

2 1 2 2 2 1 2 2 2 1 2 2 2

(ट) बह्‌रे रमल के कुछ अन्य स्वरूप

स्वरूप:— फ़ाइलातुन फ़ाइलातुन फ़ाइलातुन फ़ैलुन / फ़िइलुन

वज़न:— 2 1 2 2 2 1 2 2 2 1 2 2 2 2 1 1 2

उदाहरण:— वो तो* भूले थे हमें हम भी उन्हें भूल गये

2 1 2 2 2 1 2 2 2 1 2 2 1 2

ऐसा* बदला है, न बदलेगा ज़माना हरगिज़।[3]

2 1 2 2 2 1 2 2 1 2 2 2 2

—हाली पानीपती

(iv) बह्‌रे मुतकारिब/तकारिब

(क) बह्‌रे मुतकारिब सुसम्मन सालिम—यह एक अति प्रचलित बहर है। इसका स्वरूप फ़ऊलुन (1 2 2) रुकन की आवृत्ति से होता है।

स्वरूप:— फ़ऊलुन फ़ऊलुन फ़ऊलुन फ़ऊलुन

वज़न:— 1 2 2 1 2 2 1 2 2 1 2 2

उदाहरण:— फ़रिश्ते से* बेहतर है* इंसान बनना

1 2 2 1 2 2 1 2 2 1 2 2

मगर इस में* पड़ती है* मेहनत ज़ियादा।[4]

1 2 2 1 2 2 1 2 2 1 2 2

—हाली पानीपती

---

1. गोबिंदपुरी, उपर्युक्त, पृ. 90
2. ख़्वाब अकबरावादी, उपर्युक्त, पृ. 37
3. चाँद, उपर्युक्त, पृ. 28
4. तत्रैव, उपर्युक्त, पृ. 49

*मात्रा नियमानुसार गिर जाएगी।

जहाँ तेरा नक़्श–ए–कदम देखते हैं
1 2 2 1 2 2 1 2 2 1 2 2
खियाँबाँ, खियाँबाँ इरम देखते हैं।[1]
1 2 2 1 2 2 1 2 2 1 2 2

—ग़ालिब

यक़ीं है कि हम जिसको* समझे हैं* मरना
1 2 2 1 2 2 1 2 2 1 2 2
यही हो तो* हो जिंदगानी की* सूरत।[2]
1 2 2 1 2 2 1 2 2 1 2 2

—हाली पानीपती

(ख) बह्‌रे मुतकारिब महजूफ मुसम्मन—यह भी एक अति प्रचलित बह्‌र है। इसका स्वरूप फ़ऊलुन (1 2 2) की आवृत्ति से होता है। फ़ऊलुन का स्वरूप (1) कब्ज ज़िहाफ़ से फऊलु (1 2 1) तथा (2) सलम ज़िहाफ़ से फ़ेलुन (2 2), हो जाता है

स्वरूपः— फ़ऊलुन फ़ऊलुन फ़ऊलुन फ़अल/ फ़ऊल
वज़नः— 1 2 2 1 2 2 1 2 2 1 2 1 2 1
उदाहरणः—क़लक़ और दिल में सिवा हो गया।
1 2 2 1 2 2 1 2 2 1 2
दिलासा तुम्हारा बला हो गया।[3]
1 2 2 1 2 2 1 2 2 1 2

—हाली पानीपती

वो*उम्मीद क्या जिसकी* हो इन्तहा
1 2 2 1 2 2 1 2 1 1 2
वो* वादा नहीं जो वफ़ा हो गया।[4]
1 2 2 1 2 2 1 2 2 1 2

—हाली पानीपती

1. ज़ाफ़री, उपर्युक्त, पृ. 80
2. 'चाँद', उपर्युक्त, पृ. 20
3. तत्रैव', पृ. 16
4. तत्रैव

*मात्रा नियमानुसार गिर जाएगी।

खुदा तक ये* बुत भी हैं* पँहुचे हुए
1 2 2 1 2 2 1 2 2 1 2
कि जो कुछ जुबां से कहा, हो गया।[1]
1 2 2 1 2 2 1 2 2 1 2

(ग) बहरे मुतकारिब मुसम्मन अस्लम–यह बह्र भी बहुत प्रचलित है और यह हिन्दी के मात्रिक छंदों की तरह प्रयुक्त होती है तथा सब ही बहरों से अधिक लचीली है। इसमें कऊलुन (122) रुकन सलम ज़िहाफ से प्रयुक्त होकर फेलुन (22) का स्वरूप ले लेता है और बह्र के नाम के साथ 'अस्लम' शब्द जोड़ दिया जाता है। इस बह्र में फ़ैलुन वज़न (2 2) का इच्छानुसार दो गुना, चार, पांच, छः, सात, आठ... बार प्रयोग हो सकता है। इतना ही नहीं फ़ैलुन का वज़न (2 2) बह्र में किसी भी स्थान पर 1 2 1, 1 1 2, 2 2 1 भी ले सकते हैं। इस बह्र के कुछ उदाहरण निम्नलिखित हैं।

स्वरूपः– फैलुन फैलुन फैलुन फैलुन
वज़नः– 2 2 2 2 2 2 2 2
उदाहरणः–धड़कन दिल की ये कहती है
2 2 2 2 2 2 2 2
दुनिया मेरे ही जैसी है।[2]
2 2 2 2 2 2 2 2

ऐ ज़ज़्बे–दिल गर मैं चाहूँ
2 2 2 2 2 2 2 2
हर चीज़ मुक़ाबिल आ जाये,
2 2 2 2 2 2 2 2
मंजिल के* लिये दो गाम चलूँ
2 2 1 1 2 2 1 2 1 2 2
और सामने मंजिल आ जाये।[3]
2 1 2 2 2 2 2 2 2

औरत ने* जनम दिया* मरदों को, मर्दों ने* उसे बाज़ार दिया
2 2 1 1 2 1 1 2 2 2 2 2 1 1 2 2 2 1 1 2
जब जी चाहा मसला, कुचला, जब जी चाहा दुत्कार दिया।[4]
2 2 2 2 2 2 2 2 2 2 2 2 2 2 2 2

1. गोविन्दपुरी, उपर्युक्त, पृ. 88
2. ख़्वाब अकबराबादी, उपर्युक्त, पृ. 40
3. गोविन्दपुरी, उपर्युक्त, पृ. 90
4. 'ख़्वाब अकबराबादी, उपर्युक्त, पृ. 40

*मात्रा नियमानुसार गिर जाएगी

नोटः—उपरोक्त शेर की दोनों पंक्तियों में मात्राओं का क्रम भिन्न है। लेकिन इस बह्र में यह ज़ाइज़ (उचित) है।

(घ) बह्रे मुतकारिब मुसम्मन अस्लम मक़्बूज—यह एक अति प्रचलित बह्र है। इस बह्र के वज़न को भी प्रायः दोगुना करके प्रयोग करते हैं। इस प्रकार के दोनों तरह के प्रयोगों के उदाहरण निम्नलिखित हैं।

स्वरूपः— फ़ऊलु फ़ैलुन फ़ऊलु फ़ैलुन

वज़नः— 1 2 1 2 2 1 2 1 2 2

उदाहरणः—'हजार बातें कहे ज़माना'[1]

1 2 1 2 2 1 2 1 2 2

न हारता दिल कभी दिवाना।

1 2 1 2 2 1 2 1 2 2

—राज पाराशर

स्वरूपः— फ़ऊलु फ़ऊलू फ़ऊलु फ़ैलुन फ़ऊलु फ़ैलुन फ़ऊलु फ़ैलून

वज़नः— 1 2 1 2 2 1 2 1 2 2 1 2 1 2 2 1 2 1 2 2

उदाहरणः—ख़ुदा बचा तू परी—रुख़ों को, जमाने* भर की बुरी नज़र से

1 2 1 2 2 1 2 1 2 2 1 2 1 2 2 1 2 1 2 2

तिरा ही* बख़्शा है* हुस्न फिर क्यों, निकलना* मुश्किल है* इनका* घर से[2]

1 2 1 2 2 1 2 1 2 2 1 2 1 2 2 1 2 1 2 2

न आ सके वो कभी, न हम जा सके कभी, कट उमर गयी यूँ

1 2 1 2 2 1 2 1 2 2 1 2 1 2 2 1 2 1 2 2

यदा कदा ज़िंदगी खिलाती अजीब से पेंच है कई यूँ।

1 2 1 2 2 1 2 1 2 2 1 2 1 2 2 1 2 1 2 2

—राज पाराशर

---

1. तत्रैव, पृ. 39
2. तत्रैव

*मात्रा नियमानुसार गिर जाएगी।

नोटः—. बह्रे मुतक़ारिब का स्वरूप फ़ऊलुन (1 2 2) रुकन की आवृत्ति से होता है, परंतु इस रुकन का स्वरूप (1) क़ब्ज़' ज़िहाफ़ से फ़ऊल (1 2 1) बन जाता है और यह दिखाने के लिए बह्र के नाम के साथ मक़्बूज शब्द जोड़ दिया जाता है; 'सलम' ज़िहाफ़ से फ़ैलुन (2 2) बन जाता है और इसका बोध कराने के लिए बह्र के नाम के साथ 'अस्लम' शब्द जोड़ दिया जाता है।

(5) बह्‌रे मुतदारिक

(क) बह्‌रे मुतदारिक सालिम मुसद्दस—यह बह्‌र फ़ाइलुन (2 1 2) रुकन की आवृत्ति से बनी है। फाइलुन रुकन(1) कतअ ज़िहाफ़ से फेलुन (2 2) तथा (2) हज़ज ज़िहाफ से फे (2) बन जाता है। कुछ उदाहरण प्रस्तुत हैं।

स्वरूपः— फ़ाइलुन फ़ाइलुन फ़ाइलुन
वज़्नः— 2 1 2 2 1 2 2 1 2
उदाहरणः— ऐ मिरे दिल कहीं और चल।[1]
2 1 2 2 1 2 2 1 2

रात है प्यार की, वस्ल की
2 1 2 2 1 2 2 1 2
पर भरोसा नहीं भाग्य पर
2 1 2 2 1 2 2 1 2

—राज पाराशर

(ख) बह्‌रे मुतदारिक सालिम मुसम्मन—यह बह्‌र अति प्रचलित है। इस बह्‌र पर कहे दो शेर प्रस्तुत हैं।

स्वरूपः— फ़ाइलुन फ़ाइलुन फ़ाइलुन फ़ाइलुन
वज़नः— 2 1 2 2 1 2 2 1 2 2 1 2
उदाहरणः— 'बेखुदी में सनम उठ गये जो कदम'[2]
2 1 2 2 1 2 2 1 2 2 1 2
ज़िंदगी के क़दम थे बड़े वो अहम्।
2 1 2 2 1 2 2 1 2 2 1 2

—राज पाराशर

कर चले अलविदा जानो*— तन साथियो
2 1 2 2 1 2 2 1 2 2 1 2
अब तुम्हारे हवाले वतन साथियो।[3]
2 1 2 2 1 2 2 1 2 2 1 2

(ग) बह्‌रे मुतदारिक मुसम्मन महजूज़

स्वरूपः— फ़ाइलुन फ़ाइलुन फ़ाइलुन फ़े
वज़नः— 2 1 2 2 1 2 2 1 2 2

---

1. तत्रैव
2. तत्रैव
3. अस्थाना, उपर्युक्त, पृ. 62

* मात्रा नियमानुसार गिर जाएगी

उदाहरणः—खुद हँसे और जग को हँसा एँ
2 1 2 2 1 2 2 1 2 2
अपनी* खुशियाँ चलो बाँट आएँ।[1]
2 1 2 2 1 2 2 1 2 2

खुशबुओं से महकता चमन है।
2 1 2 2 1 2 2 1 2 2
कितना* प्यारा हमारा वतन है।[2]
2 1 2 2 1 2 2 1 2 2

(घ) बह्रे मुतदारिक के कुछ अन्य स्वरूप

स्वरूपः— फ़ेलुन फ़ेलुन फ़ेलुन फ़ेलुन फ़ेलुन फ़ेलुन फ़ेलुन फ़ा/फ़िए
वज़नः— 2 2 2 2 2 2 2 2 2 2 2 2 2 2 2
उदाहरणः—मेले में भटके होते तो कोई घर पहुँचा जाता
2 2 2 2 2 2 2 2 2 2 2 2 2 2
हम घर में भटके हैं, कैसे ठोर—ठिकाने आएँगे।[3]
2 2 2 2 2 2 2 2 2 2 2 2 2 2

—दुष्यन्त कुमार

पत्ता—पत्ता, बूटा—बूटा हाल हमारा जाने हैं
2 2 2 2 2 2 2 2 2 2 2 2 2 2
जाने न जाने गुल ही न जाने, बाग़ तो सारा जाने हैं।[4]
2 2 1 2 2 2 2 1 2 2 2 1 2 2 2 2 2 2

—'मीर' तक़ी मीर

स्वरूपः— फ़ेलुन फ़ेलुन फ़ेलुन फ़ाइ
वज़नः— 2 2 2 2 2 2 2 1
उदाहरणः—आये हैं समझाने लोग
2 2 2 2 2 2 2 1
हैं कितने दीवाने लोग।[5]
2 2 2 2 2 2 1 —महेन्द्र सिंह बेदी

1. ख्वाब अकबराबादी, उपर्युक्त, पृ. 40
2. तत्रैव
3. अग्रवाल व जनमेजय, उपर्युक्त, पृ. 94
4. 'मीर' तकी मीर, उद्धरण शेख़, उपर्युक्त, पृ. 25—काबिले—गौर है कि एक ही शेर के दो मिसरों में मात्राओं की संख्या एवं क्रम भिन्न हैं।
5. महेन्द्र सिंह बेदी, उद्धरण शेख़, तत्रैव

*मात्रा नियमानुसार गिर जायेगी।

स्वरूपः— फ़ाइलुन फ़ाइलुन फ़ाइलुन फ़ाइलुन फ़िइलुन
वज़नः— 2 1 2 2 1 2 2 1 2 2 1 2 2 2
उदाहरणः—आह को चाहिये इक उम्र असर होने तक
2 1 2 2 1 2 2 1 2 2 1 2 2 2
कौन जीता है तिरी ज़ुल्फ़ के सर होने तक।[1]
2 1 2 2 1 2 2 1 2 2 1 2 2 2

—ग़ालिब

स्वरूपः— फ़ेलुन फ़ेलुन फ़ेलुन फा
वज़नः— 2 2 2 2 2 2 2
उदाहरणः— रूठा रूठा मन रहता
2 2 2 2 2 2 2
गिरवी जैसे बनिये का।
2 2 2 2 2 2 2

—राज पाराशर

(6) बह्रे कामिल

बह्रे कामिल मुसम्मन सालिम

स्वरूपः—मुतफ़ाइलुन मुतफ़ाइलुन मुतफ़ाइलुन मुतफ़ाइलुन
वज़नः—1 1 2 1 2 1 1 2 1 2 1 1 2 1 2 1 1 2 1 2
उदाहरणः—यूँ* ही* बेसबब न फिरा करो, *कोई* शाम घर भी* रहा करो
1 1 2 1 2 1 1 2 1 2 1 1 2 1 2 1 1 2 1 2
वो* ग़ज़ल की* सच्ची* किताब है, उसे* चुपके*—चुपके* पढ़ा करो*।[2]
1 1 2 1 2 1 1 2 1 2 1 1 2 1 2 1 1 2 1 2

—बशीर बद्र

न किसी की* आँख का* नूर हूँ, न किसी के* दिल का* क़रार हूँ
1 1 2 1 2 1 1 2 1 2 1 1 2 1 2 1 1 2 1 2
जो* किसी के* काम न आ सके, मैं* वो* एक मुश्ते*—गुबार हूँ।[3]
1 1 2 1 2 1 1 2 1 2 1 1 2 1 2 1 1 2 1 2

1. जाफ़री, उपर्युक्त, पृ. 70
2. नित्यानन्द तुषार, उपर्युक्त, पृ. 77
3. गोबिंदपुरी, उपर्युक्त, पृ. 96

नोटः—शुरू के दो लघु को गुरु पढ़ने से यही शेर बह्रे कामिल की बजाय, बह्रे रजज़ के बन जाते हैं।

*मात्रा नियमानुसार गिर जाएगी।

(7) बह्रे वाफिर

बह्रे वाफिर मुसम्मन सालिम—यह बह्र तेज़ गति से चलती है, यानी इस में आबद्ध ग़ज़ल जल्दी—जल्दी पढ़ी जाती है। इस का स्वरूप, वज़न और उदाहरण निम्न हैं।

स्वरूपः— मुफ़ाइलतुन मुफ़ाइलतुन मुफ़ाइलतुन मुफ़ाइलतुन

वज़नः— 1 2 1 1 2 1 2 1 1 2 1 2 1 1 2 1 2 1 1 2

उदाहरणः—डरा के* कहा भला, बे*भला ख़फा जो* ज़रा हुआ वो* सनम

1 2 1 1 2 1 2 1 1 2 1 2 1 1 2 1 2 1 1 2

मेरा* भी* ज़रा गिला न रहा,* हँसा जो* गया मुझे ये* सितम।[1]

1 2 1 1 2 1 2 1 1 2 1 2 1 1 2 1 2 1 1 2

—मौलवी नजमुल ग़नी ख़ाँ

नसीब बनी नदीब बनी, क़ुबूल किया, क़रार किया

1 2 1 1 2 1 2 1 1 2 1 2 1 1 2 1 2 1 1 2

गुमान हुआ, जलाल, गिरा, हसीन नहीं जमाल रहा।

1 2 1 1 2 1 2 1 1 2 1 2 1 1 2 1 2 1 1 2

—राज पाराशर

---

1. शेख़, उपर्युक्त, पृ. 20

*मात्रा नियमानुसार गिर जाएगी।

अध्याय–8

मुरक्कब (मिश्रित) बह्रें

अरूज़ में कुल उन्नीस स्थायी, यानी मूल बह्रें हैं। यूँ तो इन बह्रों को तीन भेदों मे बाँटा जा सकता है जैसा कि इस प्रवेशिका के सातवें अध्याय में किया भी गया, लेकिन, रुकनों की आवर्ती के निकष (criterion) पर, ये बह्रें मुख्यतः दो प्रकार की हैं, यथा (i) मुफ़रद (शुद्ध) बह्रें और (ii) मुरक्कब (मिश्रित) बह्रें। मुफ़रद बह्रें केवल सात हैं और ये सब एक–एक रुकन की पुनः–पुनः आवर्त्ती से बनी हैं। इन की चर्चा विस्तार से इस प्रवेशिका के सातवें अध्याय में की जा चुकी है। शेष बारह मूल बह्रों को मुरक्कब (यानी मिश्रित) बह्र की संज्ञा दी गयी है। ये बह्रें एक से अधिक उन्हीं सात रुकनों से मिलकर बनी है जिन से मुफ़रद बह्रें बनी है। निम्न तालिका (न. एक) में मुरक्कब बह्रों के नाम, उन रुकनों के नाम जिन से मिलकर ये बनी है और उन रुकनों के वज़न का ब्यौरा दिया गया है।

तालिका नं. 1. मुरक्कब बह्रें

बह्र का नाम	रुकन (अरकान) जिन से मिलकर बनी	अरकानों का वज़न (लघु–गुरु का क्रम)
1. जदीद	फ़ाइलातुन– फ़ाइलातुन– मुस्तफ़इलुन	2122–2122–2212
2. करीब	मुफ़ाईलुन–मुफ़ाईलुन–फ़ाइलातुन	1222–1222–2122
3. तबील	फ़ऊलुन–मुफ़ाईलुन	122–1222
4. मदीद	फ़ाइलातुन–फ़ाइलुन	2122–212
5. ख़फ़ीफ़	फ़ाइलातुन–मुस्तफ़इलुन–फ़ाइलातुन	2122–2212–2122
6. बसीत (ख़सीत)	मुस्तफ़इलुन–फ़ाइलुन	2212–212

7. मुक्तज़िब	मफ़ऊलात—मुस्तफ़इलुन	2221—2212
8. मुन्सरेह (मुनसीरह)	मुस्तफ़इलुन—मफ़ऊलात	2212—2221
9. मुज़ास (मुज़्तस)	मुस्तफ़इलुन—फ़ाइलातुन	2212—2122
10. मुज़ारे (मुजारअ)	मुफ़ाईलुन—फ़ाइलातुन	1222—2122
11. सरीअ (सरीअः)	मुस्तफ़इलुन—मुस्तफ़इलुन—मफ़ऊलात	2212—2212—2221
12. मुशाकिल	फ़ाइलातुन—मुफ़ाईलुन—मुफ़ाईलुन	2122—1222—1222

उपर्युक्त मुरक्कब बह्रों के (क)स्वरूप, (ख) वज़न, और (ग) उन बह्रों में कहे गये (रचित) कुछ चुने हुए शेरों के उदाहरण आने वाले पैराग्राफ़ों में दिए गये है।

1. मुरक्कब बह्रों के स्वरूप, वज़न तथा उदाहरण

1. बह्रे जदीद

स्वरूपः— फ़ाइलातुन फ़ाइलातुन मुस्तफ़इलुन
वज़नः— 2 1 2 2 2 1 2 2 2 2 1 2
उदाहरणः— बोल राधा बोल, तूने ये क्या किया।[1]
21 2 2 2 1 2 2 2 2 1 2

ले गया बेमुरव्वत आरामें—दिल
2 1 2 2 2 1 2 2 2 2 1 2
कुछ नहीं बाक़ी रहा अब जुज़ नामें—दिल।[2]
2 1 2 2 2 1 2 2 2 2 1 2

2. बह्रें करीब

स्वरूपः— मुफ़ाईलुन मुफ़ाईलुन फ़ाइलातुन
वज़नः— 1 2 2 2 1 2 2 2 2 1 2 2
उदाहरणः— *तेरे ग़म में प्यारे निकल गया दिल
1 2 2 2 1 2 2 2 2 1 2 2
शरारे से फुरक्त के जल गया दिल।[3]
1 2 2 2 1 2 2 2 2 1 2 2

1. ख़्वाब अकबराबादी, उपर्युक्त, पृ. 44
2. शेख़, उपर्युक्त, पृ. 22
3. तत्रैव

*मात्रा नियमानुसार गिर जाएगी।

कभी मैं आदमी, यारो, बेफ़िकर था
1 2 2 2 1 2 2 2 2 1 2 2
बुढ़ापे ने अलग मंज़र हैं दिखाये।
1 2 2 2 1 2 2 2 2 1 2 2

—राज पाराशर

3. बह्रे तबील—यह अपने समय की सब से लंबी बह्र मानी गई है।

स्वरूपः— फ़ऊलुन मफ़ाईलुन फ़ऊलुन मफ़ाईलुन
वज़नः— 1 2 2 1 2 2 2 1 2 2 1 2 2 2
उदाहरणः— तुम्हारी जुदाई में लबों पर दम* आया हैं
1 2 2 1 2 2 2 1 2 2 1 2 2 2
को*ई तंग जी से यूँ मसीहा कब* आया है।[1]
1 2 2 1 2 2 2 1 2 2 1 2 2 2

—सफ़ी अमरोही

तिरी याद में जीना न मरना हमें आया
1 2 2 1 2 2 2 1 2 2 1 2 2 2
खुदा के सहारे ही कटी ज़िंदगी सारी।
1 2 2 1 2 2 2 1 2 2 1 2 2 2

—राज पाराशर

4. बह्रें मदीद (मुदीद)

बह्रे मदीद मुरब्बा महजूफ़

स्वरूपः— फ़ाइलातुन फ़ाइलुन फ़ाइलातुन फ़ाइलुन
वज़नः— 2 1 2 2 2 1 2 2 1 2 2 2 1 2
उदाहरणः— प्यार की गंगा बहे, देश में एका रहे।[2]
2 1 2 2 2 1 2 2 1 2 2 2 1 2

हिज्र में ये हाल है जीरत* की सूरत नहीं
2 1 2 2 2 1 2 2 1 2 2 2 1 2
आओ* जानी है हमें ताक़ते—फुरक़त नहीं।[3]
2 1 2 2 2 1 2 2 1 2 2 2 1 2

—सफ़ी

1. तत्रैव, पृ. 18
2. ख्वाब अकबरावादी, उपर्युक्त, पृ. 44
3. शेख़, उपर्युक्त, पृ. 19

*मात्रा नियमानुसार गिर जाएगी।

स्वर्ग हो, या ईद ही, तीज या त्योहार ही
2 1 2 2 2 1 2 2 1 2 2 2 1 2
आदमी को जुस्तजू आदमी ही है रही।

—राज पाराशर

5. बह्रे ख़फ़ीफ़ (ख़फ़ीक़/ख़सीत)

(i) बह्रे ख़फ़ीफ़ मुसद्दस

स्वरूपः— फ़ाइलातुन मुस्तफ़इलुन फ़ाइलातुन
वज़नः— 2 1 2 2 2 2 1 2 2 1 2 2
उदाहरणः— फासले घटते जा रहे हैं ज़मीं पे
2 1 2 2 2 2 1 2 2 1 2 2
बढ़ रही है दूरी दिलों में सभी के।
2 1 2 2 2 2 1 2 2 1 2 2

—राज पाराशर

(ii) बह्रे ख़फ़ीफ़ मुसद्दस मरब्बून महजूफ़—यह एक अति प्रचलित, और प्रवाह की दृष्टि से उत्तम बह्र है। इसमें (क) मुस्तफ़इलुन (2212) रुकन का ख़ूब्न ज़िहाफ़ के प्रयोग से परिवर्तित रूप मुफ़ाइलुन (1 2 1 2) बन जाता है और फ़ाइलुन (2 1 2) रुकन का हज़फ ज़िहाफ़ के प्रयोग से परिवर्तित रूप फ़ैलुन (2 2) हो जाता है।

स्वरूपः— फ़ाइलातुन मुफ़ाइलुन फ़ैलुन / फ़इलुन
वज़नः— 2 1 2 2 1 2 1 2 2 2 / 1 1 2
उदाहरणः— जम'अ करते हो* क्यों रक़ीबों को
2 1 2 2 1 2 1 2 2 2
इक तमाशा हुआ, गिला न हुआ।[1]
2 1 2 2 1 2 1 2 1 1 2

—ग़ालिब

कर के* बीमार दी दवा तूने
2 1 2 2 1 2 1 2 2 2
जान से पहले* दिल लिया तूने।[2]
2 1 2 2 1 2 1 2 2 2

—हाली पानीपती

---

1. ज़ाफरी, उपर्युक्त, पृ. 39
2. 'चाँद', उपर्युक्त, पृ. 73

*मात्रा नियमानुसार गिर जाएगी

दीदनी है शिक़स्तगी दिल की
2 1 2 2 1 2 1 2 2 2
क्या इमारत ग़मों ने* ढाई है।[1]
2 1 2 2 1 2 1 2 2 2

—'मीर' तक़ी मीर

यूँ भी* नज़दीकियाँ निखरती हैं
2 1 2 2 1 2 1 2 2 2
फ़ासले दरमियान में रखिये।[2]
2 1 2 2 1 2 1 2 2 2

—हरजीत सिंह

(iii) बह्‍रे ख़फ़ीफ़ के कुछ अन्य स्वरूप

स्वरूपः— फ़ाइलातुन मुफ़ाइलुन
वज़नः— 2 1 2 2 1 2 1 2
उदाहरणः— वो निगाहें सलीब हैं।
2 1 2 2 1 2 1 2
हम बहुत बदनसीब हैं।[3]

2 1 2 2 1 2 1 2
बात की बात पे न जा
2 1 2 2 1 2 1 2
तू सुनी बात पे न जा।
2 1 2 2 1 2 1 2

जो ज़बाँ ने नहीं कही
2 1 2 2 1 2 1 2
अनकही बात पे न जा।
2 1 2 2 1 2 1 2

—राज पाराशर

1. आग़ा, उपर्युक्त, पृ. 201
2. अग्रवाल व जनमेजय, उपर्युक्त, पृ. 144
3. गोबिंदपुरी, उपर्युक्त, पृ. 91

*मात्रा नियमानुसार गिर जाएगी

6. बह्रे बसीत (खसीत)

(i) बह्रे बसीत–इस बह्र की आरंभिक मात्राएँ खींच कर पढ़ी जाती है।

स्वरूपः– मुस्तफ़इलुन फाइलुन मुस्तफ़इलुन फ़ाइलुन

वज़नः– 2 2 1 2 2 1 2 2 2 1 2 2 1 2

उदाहरणः– नाहक बला में पड़ा क्यों दिल तुझे क्या हुआ।[1]

2 2 1 2 2 1 2 2 2 1 2 2 1 2

जाने–ज़िगर, जाने* मन, तुम को है* मेरी क़सम[2]

2 2 1 2 2 1 2 2 2 1 2 2 1 2

हमको सदा ही रहा उन से गिला ये बहुत

2 2 1 2 2 1 2 2 2 1 2 2 1 2

बातें वफ़ा की करी लेकिन रहे बेबफ़ा।

2 2 1 2 2 1 2 2 2 1 2 2 1 2

–राज पाराशर

(ii) बह्रे बसीत के कुछ अन्य स्वरूप

स्वरूपः– मुस्तफ़इलुन फ़ाइलुन मुस्तफ़इलुन

वज़नः– 2 2 1 2 2 1 2 2 2 1 2

उदाहरणः– घबरा गया घर में* दिल, उलफ़त हुई।[3]

2 2 1 2 2 1 2 2 2 1 2

–अखलाफ हुसैन देहलवी

हमदम नहीं आज कोई भी रहा

2 2 1 2 2 1 2 2 2 1 2

दुनिया गयी है बदल, या हम बदल।

2 2 1 2 2 1 2 2 2 1 2

–राज पाराशर

1. अस्थाना, उपर्युक्त, पृ. 63
2. 'ख़्वाब' अकबराबादी, उपर्युक्त, पृ. 44
3. शेख़, उपर्युक्त, पृ. 19

*मात्रा नियमानुसार गिर जाएगी

7. **बह्रे मुक्तजिब (मुक्तजब)**

स्वरूपः— मफ़ऊलात मुस्तफ़इलुन मफऊलात मुस्तफ़इलुन

वज़्नः— 2 2 2 1 2 2 1 2 2 2 2 1 2 2 1 2

उदाहरणः— यारे बेवफ़ा से हमें कब उम्मीदे —वस्ल हुई।[1]

2 2 2 2 1 2 2 1 2 2 2 2 1 2 2 1 2

निर्मोही, हसीना बुतां, तो बातें रही हैं सदा

2 2 2 1 2 2 1 2 2 2 2 1 2 2 1 2

कू—ए—यार मसला नहीं, दो रोटी रहा है यहाँ।

2 2 2 1 2 2 1 2 2 2 2 1 2 2 1 2

—राज पाराशर

8. **बह्रे मंसुरेह (मुनसरह/मुनसरिह)**— यह बह्र मुस्तफ़इलुन (2 2 1 2) और मफ़ऊलात (2 2 2 1) अरकान की आवृत्ति से बनी है।

स्वरूपः— मुस्तफ़इलुन मफ़ऊलात मुस्तफ़इलुन मफ़ऊलात

वज़्नः— 2 2 1 2 2 2 2 1 2 2 1 2 2 2 2 1

उदाहरणः— उस घोर अँधेरे में वही रोशनी उतरी आज

2 2 1 2 2 2 2 1 2 2 2 1 2 2 2 2 1

रोशन करी जिस ने थी कभी ज़िंदगी बन हमराज़।

2 2 1 2 2 2 2 1 2 2 1 2 2 2 2 1

—राज पाराशर

9. **बह्रें मुज़ास (मुज़तस/मुज़्तस)**

(i) बह्रे मुजास मुसम्मन

स्वरूपः— मुस्तफ़इलुन फ़ाइलातुन मुस्तफ़इलुन फ़ाइलातुन

वज़्नः— 2 2 1 2 2 1 2 2 2 2 1 2 2 1 2 2

उदाहरणः— तह—ज़िंदगी सिर्फ़ दर्दोग़म ही न हमराह रहते

2 2 1 2 2 1 2 2 2 2 1 2 2 1 2 2

हमदर्द, हमराज़ भी हैं इस क़ाफ़िले साथ चलते।

2 2 1 2 2 1 2 2 2 2 1 2 2 1 2 2

—राज पाराशर

---

1. तत्रैव, पृ. 23

(ii) बह्‌रे मुजास मुसम्मन महजूफ़

यह अति प्रचलित बह्‌र है। ख़्वाब अकबराबादी के शब्दों में 'दर– हक़ीक़त ये बह्‌र दौरे–हाज़िर का आईना है।'[1] इस बह्‌र में मुस्तफ़इलुन रुकन (2 2 1 2) खुब्न ज़िहाफ़ से मुफ़ाइलुन (1 2 1 2) का स्वरूप तथा फ़ाइलातुन रुकन (2 1 2 2) खुब्न ज़िहाफ़ से फ़इलातुन (1122) का स्वरूप, धारण कर लेते हैं।

स्वरूपः– मुफ़ाइलुन फ़इलातुन मुफ़ाइलुन फ़ेलुन /फ़इलुन
वज़नः– 1 2 1 2 1 1 2 2 1 2 1 2 2 2 1 1 2
उदाहरणः– जला है* जिस्म जहाँ, दिल भी* जल गया होगा
1 2 1 2 1 1 2 2 1 2 1 2 2 2
कुरेदते हो* जो* अब राख़, जुस्तजू क्या है।[2]
1 2 1 2 1 1 2 2 1 2 1 2 2 2

'कभी किसी को* मुकम्मल जहाँ नहीं मिलता'[3]
1 2 1 2 1 1 2 2 1 2 1 2 2 2
कभी क़रार, कभी आशना, नहीं मिलता।
1 2 1 2 1 1 2 2 1 2 1 2 2 2

–राज पाराशर

'किसी नज़र को* तिरा इंतजार आज भी* है'[4]
1 2 1 2 1 1 2 2 1 2 1 2 1 1 2
वही सवाल ज़बां पे हबीब* आज भी* है।
1 2 1 2 1 1 2 2 1 2 1 2 1 1 2

–राज पाराशर

10. बह्‌रे मुजारे (मुजारअ/मुझरिअः)

(i) बह्‌रे मुजारे मुसम्मन

स्वरूपः– मुफ़ाईलुन फ़ाइलातुन मुफ़ाईलुन फ़ाइलातुन
वज़नः– 1 2 2 2 2 1 2 2 1 2 2 2 2 1 2 2

---

1. ख़्वाब अकबराबादी, उपर्युक्त, पृ. 43
2. गोविन्दपुरी, उपर्युक्त, पृ. 94
3. ख़्वाब अकबराबादी, तत्रैव, पृ. 43
4. तत्रैव,

*मात्रा नियमानुसार गिर जाएगी।

उदाहरणः– कभी आती याद उनकी, कभी आती भी नहीं है
1 2 2 2 2 1 2 2 1 2 2 2 2 1 2 2
इलाही, क्या याद भी ख़्वाब–सी होती बेवफ़ा है।
1 2 2 2 2 1 2 2 1 2 2 2 2 1 2 2
–राज पाराशर

(ii) बह्‌रे मुजारे अख़रब मुज़ाइफ़ः– यह एक प्रचलित बह्‌र है जिस में मुफाईलुन (1 2 2 2) रुकन खर्ब जिहाफ के प्रयुक्त से मफ़ऊलु (221) के स्वरूप में परिवर्तित हो जाता है जिस से बह्‌रे मुजार का स्वरूप निम्न हो जाता है। (इस बह्‌र में 'मफऊल' का वज़न (221) ही रहना चाहिए; 1121 वज़न गलत होगा)

स्वरूपः– मफ़ऊलु फ़ाइलातुन मफ़ऊलु फ़ाइलातुन
वज़नः– 2 2 1 2 1 2 2 2 2 1 2 1 2 2
उदाहरणः– हम ने ज़फ़ा न सीखी, उन को वफ़ा न आयी।[1]
2 2 1 2 1 2 2 2 2 1 2 1 2 2

हम उन तलक न पहुँचे, वो हम तलक न पहुँचे।[2]
2 2 1 2 1 2 2 2 2 1 2 1 2 2

सारे जहाँ से* अच्छा हिंदोस्तां हमारा
2 2 1 2 1 2 2 2 2 1 2 2 1 2 2
हम बुल–बुले हैं* उसकी वह गुल्सताँ हमारा।
2 2 1 2 1 2 2 2 2 1 2 2 1 2 2
–इक़बाल

(iii) बह्‌रे मुजारे मुसम्मन अरवरब मक़फूफ महजूफ / मकसूर–यह एक अति प्रचलित बह्‌र है। इस में मुफ़ाईलुन (1 2 2 2) रुकन (क) खर्ब ज़िहाफ के प्रयुक्त से मफऊलु (2 2 1) और (ख) कफ़ ज़िहाफ के प्रयुक्त से मफ़ाईलु (1 2 2 1); तथा फ़ाइलातुन (2 1 2 2) रुकन (क) हज़्फ़ जिहाफ़ के प्रयुक्त से फ़ाइलुन (2 1 2) और (ख) क़फ़ ज़िहाफ़ के प्रयुक्त से फ़ाइलातु (2121) के स्वरूप में परिवर्तित हो जाते हैं।

---

1. ख़्वाब अकबराबादी, उपर्युक्त, पृ. 42
2. अस्थाना, उपर्युक्त, पृ. 62

*मात्रा नियमानुसार गिर जाएगी।

स्वरूपः— मफ़ऊलु फ़ाइलातु मफ़ाईलु फ़ाइलुन
वज़नः— 2 2 1 2 1 2 1 1 2 21 2 1 2
उदाहरणः— दुनिया ने* तेरी* याद से *बेगाना* कर दिया
2 2 1 2 1 2 1 1 2 2 1 2 1 2
तुझ से भी* दिलफ़रेब है *ग़म रोज़गार के।[1]

—फ़ैज़

मिलती है* ज़िंदगी में* मुहब्बत कभी कभी
2 2 1 2 1 2 1 1 2 2 1 2 1 2
होती है* दिलवरों की* इनायत कभी कभी।[2]
2 2 1 2 1 2 1 1 2 2 1 2 1 2

—साहिर लुधियानवी

होता कभी हिसाब यहाँ पर, कभी नहीं
2 2 1 2 1 2 1 1 2 2 1 2 1 2
होता वहाँ समक्ष खुदा के सदा सही।

—राज पाराशर

11. बह्‌रे सरीअ (सरीअः)— यह बह्‌र शीघ्रता से पढ़ी जाती है और कुछ प्रचलित भी है मगर मुज़ाहिफ़ रूप में।

स्वरूपः— मुस्तफ़इलुन मुस्तफ़इलुन मफ़ऊलात
वज़नः— 2 2 1 2 2 2 1 2 2 2 2 1
उदाहरणः— मंजूर भी कुछ ज़िंदगी को आज।
2 2 1 2 2 2 1 2 2 2 2 1
इंकार भी करती रही कुछ वो साथ।
2 2 1 2 2 2 1 2 2 2 2 ।

—राज पाराशर

12 बह्‌रे मुशाकिल

(i) स्वरूपः— फ़ाइलातुन मुफ़ाईलुन मुफ़ाईलुन
वज़नः— 2 1 2 2 1 2 2 2 1 2 2 2
उदाहरणः— इश्क क्या है नहीं मालूम ये, यारो,
2 1 2 2 1 2 2 2 1 2 2 2
गो कटी इश्क में ही ज़िंदगी सारी।
2 1 2 2 1 2 2 2 1 2 2 2

—राज पाराशर

1. आग़ा, उपर्युक्त, पृ. 261
2. रब्बाब अकबराबादी, उपर्युक्त, पृ. 41
* मात्रा नियमानुसार गिर जाएगी।

(ii) स्वरूपः—फ़ाइलात मुफ़ाईल मुफ़ाईल

वज़नः— 2 1 2 1 1 2 2 1 1 2 2 1

उदाहरणः— है सवाल कहीं भूख, कहीं घूस

2 1 2 1 1 2 2 1 1 2 2 1

क्यों हयात पशेमान बनी आज।

2 1 2 1 1 2 2 1 1 2 2 1

—राज पाराशर

नोटः—फ़ाइलातुन (2122) रुकन क़फ़ ज़िहाफ़ से फाइलातु (2121) में, तथा मुफ़ाईलुन (1222) रुकन क़फ जिहाफ से मुफाईलु (1221) में परिवर्तित हो जाते हैं।

2. मुरक्कब (मिश्रित) बह्रों के कुछ अन्य स्वरूप और उदाहरण

(i) स्वरूपः— मफ़ऊल मफ़ाइलुन फ़ऊलुन

वज़नः— 2 2 1 1 2 1 2 1 2 2

उदाहरणः— इतनी ही* तो* बस कसर है* तुम में

2 2 1 1 2 1 2 1 2 2

कहना नहीं* मानते किसी का।[1]

2 2 1 1 2 1 2 1 2 2

जो प्यार मुझे कभी दिया था

2 2 1 1 2 1 2 1 2 2

हर जन्म नया, नया रहेगा।

2 2 1 1 2 1 2 1 2 2 —राज पाराशर

(i) स्वरूपः— मफ़ऊलुन फ़ाइलुन फ़ऊलुन

वज़नः— 2 2 2 2 1 2 1 2 2

उदाहरणः— ये कैसी अब हवा चली है

2 2 2 2 1 2 1 2 2

यादों को जो उड़ा चली है।

2 2 2 2 1 2 1 2 2

सोचा हमने कभी नहीं था

2 2 2 2 1 2 1 2 2

आवारा—सा बना चली हैं।

2 2 2 2 1 2 1 2 2 —राज पाराशर

---

1. गोविन्दपुरी, उपर्युक्त, पृ. 98

* मात्रा नियमानुसार गिर जाएगी।

(iii) **स्वरूपः—** मुफ़्तइलुन फ़ाइलात मुफ़्तइलुन फा / फ़िइ
वज़नः— 2 1 1 2 2 1 2 1 2 1 1 2 2/ 2
उदाहरणः— आ कि मिरी जान को क़रार नहीं है
2 1 1 2 2 1 2 1 2 1 1 2 2
ताक़ते*—बेदादे* इन्तज़ार नहीं हैं।[1]
2 1 1 2 2 1 2 1 2 1 1 2 2

(iv) **स्वरूपः—** मुफ़ाइलुन मुफ़्तइलुन फ़ाइलुन
वज़नः— 2 1 1 2 2 1 1 2 2 1 2
उदाहरणः— मुर्दों* को* ठोकर से* जिलाता है* वो,
2 1 1 2 2 1 1 2 2 1 2
ये है* करामात न रफ़्तार है।[2]
2 1 1 2 2 1 1 2 2 1 2

(v) **स्वरूपः—** फ़िइलुन फ़ऊलुन फ़िइलुन फ़ऊलुन
वज़नः— 2 2 1 2 2 2 2 1 2 2
उदाहरणः— अब्रो—हवा है चमके है* बिजली,
2 2 1 2 2 2 2 1 2 2
मत रूठ, साकी, ला जामे* —मय ला।[3]
2 2 1 2 2 2 2 1 2 2

क्या ढूँढ़ता ख़्वाबों में सदा तू
2 2 1 2 2 2 2 1 2 2
बेजान कब हैं हमराह होते।
2 2 1 2 2 2 2 1 2 2 —राज पाराशर

(vi) **स्वरूपः—** मुफ़्तइलुन मुफ़ाइलुन मुफ़्तइलुन मुफ़ाइलुन
वज़नः— 2 1 1 2 1 2 1 2 2 1 1 2 1 2 1 2
उदाहरणः— मुझ से* कहा जो* यार ने जाते* हैं* होश किस तरह
2 1 1 2 1 2 1 2 2 1 1 2 1 2 1 2
देख के* मेरी* बेखुदी, चलने लगी हवा के 'यूँ'।[4]
2 1 1 2 1 2 1 2 2 1 1 2 1 2 1 2

---

1. तत्रैव, पृ. 99
2. तत्रैव, पृ. 97
3. तत्रैव, पृ. 98
4. तत्रैव, पृ. 97

*मात्रा नियमानुसार गिर जाएगी।

(vii) **स्वरूपः—** मुफ़तइलातुन मुफ़तइलातुन मुफ़तइलातुन मुफ़तइलातुन

वज़्नः— 2 1 1 2 2 2 1 1 2 2 2 1 1 2 2 2 1 1 2 2

उदाहरणः— हुक्म पे* हाज़िर, नज़्म पे* नाज़िर, तेरे* जुलूसे—जश्न की* ख़ातिर

2 1 1 2 2 2 1 1 2 2 2 2 1 1 2 2 1 1 2 2

फ़ौजे़*—सिकंदर, लश्करे*— दारा, तख़्ते*—फरींदूँ मसनदे—कसरा।[1]

2 1 1 2 2 2 1 1 2 2 2 1 1 2 2 2 1 1 2 2

(viii) **स्वरूपः—** मुफ़ाइलातुन मुफ़ाइलातुन मुफ़ाइलातुन मुफ़ाइलातुन

वज़्नः— 1 2 1 2 2 1 2 1 2 2 1 2 1 2 2 1 2 1 2 2

उदाहरणः— कहाँ का* आना, कहाँ का* जाना, वो* जानता ही नहीं ये* रस्में,

1 2 1 2 2 1 2 1 2 2 1 2 1 2 2 1 2 1 2 2

वहाँ है* वादे की* भी ये सूरत, कभी तो* करना, कभी न करना।[2]

1 2 1 2 2 1 2 1 2 2 1 2 1 2 2 1 2 1 2 2

---

1. तत्रैव, पृ. 95
2. तत्रैव

*मात्रा नियमानुसार गिर जाएगी।

परिशिष्ट

ग़ज़ल रचने की राह में कई बातें ऐसी हैं जो आप को जहाँ तक हो सके कंठस्थ होनी चाहिए या फिर उनके संबंध में सब जानकारी आप को एक स्थान पर तुरन्त प्राप्त होनी चाहिये क्योंकि ग़ज़ल/शेर रचने (कहने) में इस जानकारी इन की आवश्यकता हर समय, हर क़दम, पर पड़ती है। इस तथ्य को ध्यान में रखते हुए यह जानकारी, इन परिशिष्टों के माध्यम से, यहाँ पर एक ही जगह दी गयी है यद्यपि यह इस प्रवेशिका के मूल में भी संबद्ध अंशों में उपलब्ध है।

परिशिष्ट : एक : अरूज़ के रुकन

स्वरूप	वज़न (लघु–गुरु का क्रम)	स्वरूप	वज़न (लघु– गुरु का कम)
1. फ़ऊलुन	1 2 2	5. मुतुफ़ाइलुन	1 1 2 1 2
2. फ़ाइलुन	2 1 2	6. फ़ाइलातुन	2 1 2 2
3. मुफ़ाईलुन	1 2 2 2	7. मुफ़ाइलतुन	1 2 1 1 2
4. मुस्तफ़इलुन	2 2 1 2	8. मफ़ऊलात	2 2 2 1

परिशिष्ट : दो : मुफ़रद (शुद्ध) बह्रें

बह्र का नाम	रूकन जिसकी आवर्ती से बहर बनी	रूकन का वज़न (लघु–गुरु का क्रम)
1. बह्रे हज़ज	मुफ़ाईलुन	1 2 2 2
2. बह्रे रजज़ (रजझ)	मुस्तफइलुन	2 2 1 2
3. बह्रे रमल	फ़ाइलातुन	2 1 2 2
4. बह्रे मुतकारिब (तक़ारिब)	फ़ऊलुन	1 2 2
5. बह्रे मुतदारिक	फ़ाइलुन	2 1 2
6. बह्रे कामिल	मुतुफ़ाइलुन	1 1 2 1 2
7. बह्रे वाफ़िर	मुफ़ाइलतुन	1 2 1 1 2

नोट : गौरतलब है कि हर रुकन से, सिवाय मफ़ऊलात (2221) के, एक मुफ़रद (शुद्ध) बह्र बनी है।

परिशिष्ट : तीन

उर्दू के प्रचलित ज़िहाफ़ और उन के लगाने से रुकनों का परिवर्तित रूप, वज़न और नाम

रुकन		प्रयुक्त ज़िहाफ़	परिवर्तित		
नाम (स्वरूप)	वज़न		स्वरूप	वज़न	नाम
1	2	3	4	5	6
1. मुफ़ाईलुन	1 2 2 2	ख़र्ब हज़्फ़ कफ़	मफ़ऊलु फ़ऊलुन मफ़ाईलु	2 2 1 1 2 2 1 2 2 1	अख़रब महज़ूफ़ मकफ़ूफ़
2. मुस्तफ़इलुन	2 2 1 2	ख़ून्न	मुफ़ाइलुन	1 2 1 2	मख़्बून
3. फ़ाइलातुन	2 1 2 2	हज़्फ़ कफ़ शक्ल ख़ून्न	फ़ाइलुन फ़ाइलातु फ़इलातु फ़इलातुन	2 1 2 2 1 2 1 1 1 2 1 1 1 2 2	महज़ूफ़ मक़्फ़ूफ़ मश्कूल मख़्बून
4. फ़ऊलुन	1 2 2	कब्ज सलम	फ़ऊलु फ़ेलुन	1 2 1 2 2	मक़्बूज़ अस्लम
5. फ़ाइलुन	2 1 2	कतअ हज़ज	फ़ेलुन फ़े	2 2 2	मक़्तूअ महज़ूज़
6. मुतफ़ाइलुन	2 2 1 2	इज़मार	मुस्तफ़इलुन	2 2 1 2	मुज़्मर
7. मुफ़ाइलतुन	1 2 1 1 2	अस्ब	मुफ़ाईलुन	1 2 2 2	मासूब
8. मफ़ऊलात	2 2 2 1	रफ़ा	मफ़ऊलु	2 2 1	मरफ़ू

आधार : ख़्वाब अकबराबादी, ग़ज़ल के छंद और नियम पृ. 28–29

परिशिष्ट : चार

मुरक्कब (मिश्रित) बहरे

बहर का नाम	रूकन (अरकान) जिनसे मिलकर बहर बनी	अरकानो का वज़न (लघु–गुरू का क्रम)
1	2	3
1. जदीद	फाइलातुन–फाइलातुन–मुस्तफइलुन	2122–2122–2212
2. करीब	मुफाईल–मुफाईलुन–फाइलातुन	1222–1222–2122
3. तबील	फऊलुन–मुफाईलुन	122–1222
4. मदीद	फाइलातुन–फाइलुन	2122–212
5. खफ़ीफ	फाइलातुन–मुस्तफइलुन–फाइलातुन	2122–2212–2122
6. बसीत (खसीत)	मुस्तफइलुन–फाइलुन	2212–212
7. मुंक्तज़िब	मफऊलात–मुस्तफइलुन	2221–2212
8. मुन्सरेह (मुनसीरह)	मस्तफइलुन–मफऊलात	2212–2221
9. मुजास (मुज्तस)	मुस्तफइलुन–फाइलातुन	2212–2122
10. मुजारे (मुजारअ)	मुफाईलुन–फाइलातुन	1222–2122
11. सरीअ् (सरीअः)	मुस्तफइलुन–मुस्तफइलुन–मफऊलात	2212–2212–2221
12. मुशाकिल	फाइलातुन–मुफाईलुन–मुफाईलुन	2122–1222–1222

1. ख्वाब अकबराबादी, उपर्युक्त, पृ. 27

परिशिष्ट : पाँच

कुछ चुनिंदा बह्‌रों के नाम, स्वरूप और वज़्न

यह परिशिष्ट उन पाठक–जनों को ध्यान में रखते हुए यहाँ दिया गया है जो ग़ज़ल विधा से अब कुछ सुपरिचित हो गये हैं और ग़ज़ल कहने के लिए किसी उपयुक्त बह्‌र के चयन करने की प्रक्रिया में हैं। उदाहरणार्थ, मान लो आप ने अपने प्रस्तावित शेर का एक मिसरा (बह्‌र को बग़ैर जाने) तत्काल रच लिया और वह है–

आज यह दिल रास्ता भूल गया
2 1 2 2 2 2 2 1 1 2

आप देखेंगे कि 2 1 2 2 वज़्न (लघु–गुरु का क्रम) फ़ाइलातुन अरकान का है और, यह तो आप को मालूम है कि फ़ाइलातुन अरकान की आवर्त्ति से ही रमल बह्‌र चलती है। और अब, यदि आप 'रास्ता भूल गया' शब्दों को थोड़ा हेर–फेर से उनकी जगह 2 1 2 2 वज़्न के शब्द रखदें (जैसे 'राह भूला है') तो आप का मिसरा विधिवत् रमल बह्‌र में बंधित मिसरा बन जाएगा–

आज यह दिल राह भूला है[1]
2 1 2 2 2 1 2 2 2

---

1. आप इस मिसरे के बल पर अब एक पूरा शेर भी रच सकते हैं। जैसे इस प्रवेशिका के मूल में बताया गया कि प्रायः सभी ग़ज़लकार अपने शेर का दूसरा मिसरा पहले 'नज़्म' करते हैं, तो मान लो 'आज यह दिल राह भूला है 'आप के प्रस्तावित शेर का भी दूसरा ही मिसरा है। इस दूसरे मिसरे के संदर्भ में आप के शेर का पहला मिसरा 'ज़िंदगी से तंग आकर क्यों' 2 1 2 2 2 1 2 2 2 हो सकता है। इस हालत मे आपका शेर होगा
तंग आकर जिंदगी से क्यों
2 1 2 2 2 1 2 2 2
आज यह दिल राह भूला है
2 1 2 2 2 1 2 2 2 –राज पाराशर

कुछ इस तरह से, और कुछ अभ्यास एवं इस परिशिष्ट की सहायता से, आप अपने शेरों (ग़ज़लों) के लिए प्रस्तावित (Proposed) बह्‌रों की पहचान कर सकते हैं। बस यही इस परिशिष्ट को यहाँ देने का उद्‌देश्य है।

किसी मिसरे में उसके अरकानों की मात्राओं की संख्या भी, किसी सीमा तक, आप को अपनी बह्‌र के चयन में सहायक हो सकती है। उदाहरणार्थ यदि आप का प्रस्तावित मिसरा लंबा है, यानी वह अनेक अरकानों से ही किसी बह्‌र में बाँधा जा सकता है तो ज़ाहिर है आप की बह्‌र भी एक लंबी बह्‌र होगी।

तालिका क्र. एक
मुफ़रद (शुद्ध) बहरों के नाम, स्वरूप एवं वज़न

बहर का नाम	बहर का स्वरूप और वज़न (लघु–गुरु का क्रम)	मात्रा की संख्या
1	2	3
1. बहरे हज़ज		
(i) बहरे हज़ज़ सालिम	मुफाईलुन–मुफाईलुन–मुफाईलुन–मुफाईलुन 1 2 2 2 1 2 2 2 1 2 2 2 1 2 2 2	28
(ii) बहरे हज़ज अखरज मुजाइफ (अति प्रचलित)	मुफऊलु–मुफाईलुन–मफऊलु–मुफाईलुन 2 2 1 1 2 2 2 2 2 2 1 1 2 2 2	24
(iii) बहरे हज़ज मुसद्दस सालिम (हिन्दी में प्रचलित)	मुफाईलुन–मुफाईलुन–मुफाईलन 1 2 2 2 1 2 2 2 1 2 2 2	21
(iv) बहरे हज़ज मुसद्दस अखरब अख़्तर	मफ़ऊलु–मुफाईलुन–फैलुन/फइलुन 2 2 1 1 2 2 2 2 2/1 1 2	16
(v) बहरे हज़ज मुसद्दस महजूफ (अति प्रचलित)	मुफाईलुन–मुफाईलुन–फऊलुन/मुफाईल 1 2 2 2 1 2 2 2 1 2 2/1 2 2 1	19–20
(vi) बहरे हज़ज मुसम्मन अख़्तर मकबूल	फाइलुन–मुफाइलुन–फाइलुन–मुफाइलुन 2 1 2 1 2 1 2 2 1 2 1 2 1 2	22
(vii) बहरें हज़ज मुसम्मन मक़बूल	मुफाइलुन–मुफाइलुन–मुफाइलुन–मुफाइलुन 1 2 1 2 1 2 1 2 1 2 1 2 1 2 1 2	24
(viii) बहरे हज़ज मुसम्मन अख़्तर (अति प्रचलित)	फाइलुन–मुफाईलुन–फाइलुन–मुफाइलुन 2 1 2 1 2 2 2 2 1 2 1 2 2 2	24
(ix) बहरे हज़ज मुसम्मन अखरज मकफूफ मुजूफ	मफऊल–मुफाईलु–मुफाईलु–फऊलुन/मुफाईल 2 2 1 1 2 2 1 1 2 2 1 1 2 2/1 2 21	22
(x) कुछ अन्य स्वरूप (क)	मुफाईलुन–मुफाईलुन फिइलुन/फैलुन 1 2 2 2 1 2 2 2 1 1 2/2 2	18
(ख)	मुफाईलुन–मुफाईलुन–मुफाईलुन–फिइलुन 1 2 2 2 1 2 2 2 1 2 2 2 1 1 2	25
(ग)	मुफाईलुन–मुफाईलुन–फऊलुन 1 2 2 2 1 2 2 2 1 2 2	19
(घ)	मफऊल–फऊलुन 2 2 1 1 2 2	10

(च)	मुफाइलुन–मुफाईलुन–मुफाइलुन–मुफाईलुन 1 2 1 2 1 2 2 2 1 2 1 2 1 2 2 2	26
(छ)	फाइलुन–मुफाइलुन 2 1 2 1 2 1 2	12
2. बहरे रजज़		
(i) बहरे रजज़ सालिम	मुस्तफइलुन–मुस्तइलुन–मुस्तफइलुन–मुस्तफइलुन 2 2 1 2 2 2 1 2 2 2 1 2 2 2 1 2	28
(ii) बहरे रजज़ मरब्बून मतब्वी मुसम्मन (कठिन)	मफतइलुन–मफाइलुन–मफतइलुन–मुफाइलुन 2 1 1 2 1 2 1 2 2 1 1 2 1 2 1 2	24
(iii) बहरे रजज़ मुसम्मन मरब्बून	मुफाइलुन–मुफाइलुन–मुफाइलुन–मुफाइलुन 1 2 1 2 1 2 1 2 1 2 1 2 1 2 1 2	24
(iv) बहरे रजज़ मुसद्दस सालिम	मुस्तफइलुन–मुस्तफइलुन–मुस्तफइलुन 2 2 1 2 2 2 1 2 2 2 1 2	21
(v) बहरे रजज़ के अतिरिक्त स्वरूप (क)	मुस्तफइलुन–मुफाइलुन 2 2 1 2 1 2 1 2	13
(ख)	मुस्तफइलुन–मुस्तफइलुन–मुस्तफइलुन–फैलुन 2 2 1 2 2 2 1 2 2 2 1 2 2 2	25
(ग)	मुस्तफइलुन–मुस्तफइलुन–मुस्तफइलुन–फअल 2 2 1 2 2 2 1 2 2 2 1 2 1 2	24
(घ)	मुस्तफइलुन–मुफाइलुन–मुस्तफइलुन–मुफाइलुन 2 2 1 2 1 2 1 2 2 2 1 2 1 2 1 2	26
(च)	मुस्तफइलुन–मुफाइलुन–फैलुन/फइलुन 2 2 1 2 1 2 1 2 2 2/1 1 2	17
3. बहरे रमल		
(i) बहरे रमल सालिम (अति प्रचलित)	फाइलातुन–फाइलातुन–फाइलातुन–फाइलातुन 2 1 2 2 2 1 2 2 2 1 2 2 2 1 2 2	28
(ii) बहरे रमल मुसद्दस सालिम (विशेष प्र. हिंदी में)	फाइलातुन–फाइलातुन–फाइलातुन 2 1 2 2 2 1 2 2 2 1 2 2	21
(iii) बहरे रमल मुसद्दस महजूफ (अति प्रचलित)	फाइलातुन–फइलातुन–फाइलुन 2 1 2 2 2 1 2 2 2 1 2	19
(iv) बहरे रमल मुसद्दस मरब्बून (अति प्रचलित)	फाइलातुन–फइलातुन–फैलुन/फइलुन 2 1 2 2 1 1 2 2 2 2/1 1 2	17
(v) बहरे रमल मुसम्मन महजूफ (अति प्रचलित)	फाइलातुन–फाइलातुन–फाइलातुन–फेइलुन/फाइलात 2 1 2 2 2 1 2 2 2 1 2 2 2 1 2/2 1 2 1	26–27

(vi) बहरे रमल मुसम्मन मख़्बून महज़ूफ (अ. प्र.)	फाइलातुन–फइलातुन–फइलातुन–फैलुन / फइलुन 2 1 2 2 1 1 2 2 1 1 2 2 2 2/1 1 2	23
(vii) बहरे रमल मश्कूल मुसम्मन	फाइलातु–फाइलातुन–फइलातु–फाइलातुन 1 1 2 1 2 1 2 2 1 1 2 1 2 1 2 2	24
(viii) बहरे रमल मसुम्मन मकलूअ महज़ूफ	फाइलातुन–फाइलातुन–फाइलातुन–फे / फाए 2 1 2 2 2 1 2 2 2 1 2 2 2/2 1	23–24
(ix) बहरे रमल के अतिरिक्त स्वरूप	फाइलातुन–फाइलातुन–फाइलातुन–फैलुन 2 1 2 2 2 1 2 2 2 1 2 2 2 2	25
4. बहरे मुतकारिब		
(i) बहरे मुतकारिब सालिम (अति प्रचलित, इसके वज़न को प्रायः दो गुना करके प्रयोग करते है)	फऊलुन–फऊलुन–फऊलुन–फऊलुन 1 2 2 1 2 2 1 2 2 1 2 2	20
(ii) बहरे मुतकारिब महज़ूफ मुसम्मन (अति प्रचलित)	फऊलुन–फऊलुन–फऊलुन–फअल / फऊल 1 2 2 1 2 2 1 2 2 1 2/1 2 1	18–19
(iii) बहरे मुतकारिब मुसम्मन असलम (अति प्रचलित)	फैलुन–फैलुन–फैलुन–फैलुन 2 2 2 2 2 2 2 2	16
(iv) बहरे मुतकारिब असलम मकबूज मुसम्मन (अति प्र.)	फऊल–फैलुन–फऊल–फैलुन 1 2 1 2 2 1 2 1 2 2	16–32
(v) बहरे मुतकारिब के कुछ अन्य स्वरूप (क)	फऊल फेलुन फऊल फैलुन फऊल फैलुन फऊल फैलुन 1 2 1 2 2 1 2 1 2 2 1 2 1 2 2 1 2 1 2 2	32
(ख)	फऊलुन–फऊलुन 1 2 2 1 2 2	10
(ग)	फैलुन–फैलुन–फैलुन–फऊलुन–फऊलन 2 2 2 2 2 2 1 2 2 1 2 2	22
(घ)	फैलुन–फैलुन–फैलुन–फा 2 2 2 2 2 2 2	14
(च)	फैलुन–फइलुन–फऊलुन–फैलुन–फैलुन–फइलुन– 2 2 1 2 2 1 2 2 2 2 2 2 1 1 2	33
	फऊलुन–फअल 1 2 2 1 2	
(छ)	फैलुन–फेलुन–फैलुन–फैलुन–फैलुन–फैलुन 2 2 2 2 2 2 2 2 2 2 2 2	24

(ज)	फैलुन–फैलुन–फैलुन–फैलुन–फैलुन–फैलुन–फैलुन–फा 22 22 22 22 22 22 22 2	30
(झ)	फैलुन–फैलुन–फाइलुन, फैलुन–फैलुन–फैलुन–फैलुन 2 2 2 2 2 1 2 2 2 2 2 2 2 2 2 2 2	13–16
(ट)	फैलुन–फैलुन–फाइलुन, फेलुन–फैलुन–फैलुन–फैलुन–फा 2 2 2 2 2 1 2, 2 2 2 2 2 2 2 2 2	13–18
(ठ)	फैलुन–फैलुन–फैलुन–फैलुन–फैलुन–फा 2 2 2 2 2 2 2 2 2 2 2	22
(ड़)	फैलुन–फैलुन–फेलुन फाइ / फऊलुन 2 2 2 2 2 2 2 1/1 2 2	15–17
5. बहरे मुतदारिक		
(i) बहरे मुतदारिक सालिम मुसद्दस	फाइलुन–फाइलुन–फाइलुन 2 1 2 2 1 2 2 1 2	15
(ii) बहरे मुतदारिक सालिम मुसम्मन (अति प्रचलित)	फाइलुन–फाइलुन–फाइलुन–फाइलुन 2 1 2 2 1 2 2 1 2 2 1 2	20
(iii) बहरे मुतदारिक मुसम्मन महजूज	फाइलुन–फाइलुन–फाइलुन–के 2 1 2 2 1 2 2 1 2 2	17
(iv) बहरे मुतदारिक के कुछ अनय स्वरूप (क)	फाइलुन–फाइलुन–फाइलुन–फाइलुन–फिहलुन 2 1 2 2 1 2 2 1 2 2 1 2 2 2	24
(ख)	फाइलुन–फाइलुन–फाइ 2 1 2 2 1 2 2 1	13
6. बहरे कामिल		
(क) बहरे कामिल सालिम	मुतफाइलुन–मुतफाइलुन–मुतफाइलुन–मुतफाइलुन 1 1 2 1 2 1 1 2 1 2 1 1 2 1 2 1 1 2 1 2	28
7. बहरे वाफिर		
(क) बहरे वाफिर सालिम (गति की अधिकता)	मुफाइलतुन–मुफाइलतुन–मुफाइलतुन–मुफाइलतुन 1 2 1 1 2 1 2 1 1 2 1 2 1 1 2 1 2 1 1 2	28

तालिका क्र. दो
मुक़्क़ब (मिश्रित) बहरों के नाम, स्वरूप एवं वज़न

बहर का नाम	बहर का स्वरूप और वज़न (लघु–गुरु का क्रम)	मात्रा की संख्या
1	2	3
1. बहरे जदीद	फाइलातुन–फाइलातुन–मुस्तफइलुन 2 1 2 2 2 1 2 2 2 2 1 2	21
2. बहरे करीब	मुफाईलुन–मुफाईलुन–फाइलातुन 1 2 2 2 1 2 2 2 2 1 2 2	21
3. बहरे तबील	फऊलुन–मुफाईलुन–फऊलुन–मुफाईलुन 1 2 2 1 2 2 2 1 2 2 1 2 2 2	24
4. बहरे मुदीद (मुदीद)	फाइलातुन–फाइलुन–फाइलातुन–फाइलुन 2 1 2 2 2 1 2 2 1 2 2 2 1 2	24
5. बहरे खफ़ीफ		
(i) बहरे खफ़ीफ़ मुसद्दस मरब्बून महज़ूफ (तेज़ प्रवाह अति प्रचलित)	फाइलातुन–मुफाइलुन–फेलुन / फइलुन 2 1 2 2 1 2 1 2 2 2 / 1 1 2	17
(ii)	फाइलातुन–मुस्तफइलुन–फाइलातुन 2 1 2 2 2 2 1 2 2 1 2 2	21
(iii)	फाइलातुन–मुफाइलुन 2 1 2 2 1 2 1 2	13
(iv)	फाइलातुन–फिइलातुन–फिइलुन 2 1 2 2 1 1 2 2 1 1 2	17
6. बहरे बसीत (खतीत)		
(i)	मुस्तफइलुन–फाइलुन–मुस्तफइलुन–फाइलुन 2 2 1 2 2 1 2 2 2 1 2 2 1 2	24
(ii)	मुस्तफइलुन–फाइलुन–मुस्तफइलुन 2 2 1 2 2 1 2 2 2 1 2	19
(iii)	मुस्तफइलुन–फाइलुन 2 2 1 2 2 1 2	12
7. बहरे मुक्तजिब		
(i)	मफऊलातु–मुस्तफइलुन 2 2 2 1 2 2 1 2	14

(ii)	मफऊलातु–मुस्तफइलुन–मफऊलातु–मुस्तफइलुन 2 2 2 1 2 2 1 2 2 2 2 1 2 2 1 21	28
(iii)	मफ़ऊलातु–मुस्तफलुन–मफऊलात–मुफाइलुन 2 2 2 1 2 2 1 2 2 2 2 1 1 2 1 2	27
(iv)	मफ़ऊलात–मुस्तफाइलुन–मफऊलु–मुफाइलुन 2 2 2 1 2 2 1 2 2 2 1 1 2 1 2	25
8. बहरे मुंसरेह		
(i)	मफस्तफइलुन–मफऊलातु 2 2 1 2 2 2 2 1	14
(ii)	मुस्तफइलुन–मफऊलातु–मुस्तफइलुन–मफऊलातु 2 2 1 2 2 2 2 1 2 2 1 2 2 2 2 1	28
9. बहरे मुजास (मुजास)		
(i)	मुस्तफइलुन–फाइलातुन 2 2 1 2 2 1 2 2	14
(ii) बहरे मुजास मुसम्मन	मुस्तफइलुन–फाइलातुन–मुस्तफइलुन–फाइलातुन 2 2 1 2 2 1 2 2 2 2 1 2 2 1 2 2	28
(iiii) बहरे मुजास मुसम्मन मख़्बून महज़ूफ (अति प्रचलित)	मुफाइलुन–फइलातुन–मुफाइलुन–फेलुन / फइलुन 1 2 1 2 1 1 2 2 1 2 1 2 2 2/1 2 2	22
10. बहरे मजारे (मुजाअ)		
(i) बहरे मुजारे	मुफाईलुन–फाइलातुन–मुफाईलुन–फाइलातुन 1 2 2 2 2 1 2 2 1 2 2 2 2 1 2 2	28
(ii) बहरे मुजारे मुसम्मन मुरब्बा अरबरब मजाइफ (अति प्रचलित)	मफऊलु–फाइलातुन–मफऊलु–फाइलातुन 2 2 1 2 1 2 2 2 2 1 2 1 2 2	24
(iii) बहरे मुजारे मुसम्मन अरबरब मकफूफ महजूफ मकसूर	मफऊलु–फाइलातु–मुफाईलु–फाइलुन 2 2 1 2 1 2 1 1 2 2 1 2 1 2	22
11. बहरे सरीअ		
(i) बहरे सरीअ (नोट यह बहरे शीघ्रता से पढ़ी जाती है)	मुस्तफइलुन–मुस्तफइलुन–मफऊलातु 2 2 1 2 2 2 1 2 2 2 2 1	21
12. बहरे मुशाकिल		
(i) बहरे मुशाकिल	फाइलातुन–मुफाईलुन–मफाईलुन 2 1 2 2 1 2 2 2 1 2 2 2	21
(ii)	फाइलातु–मुफाईलु–मुफाईलु 2 1 2 1 1 2 2 1 1 2 2 1	18
(iii)	फाइलातुन–मुफाईलुन–फैलुन 2 1 2 2 1 2 2 2 2 2	18

तालिका क्र. तीन
विविध बहरों का स्वरूप एवं वज़न

क्रामिक नं.	बहर का स्वरूप और वज़न (लघु–गुरु का क्रम)	मात्रा की संख्या
1	2	3
1.	मफऊलु–मुफालुन–फऊलुन 2 2 1 1 2 2 1 2 2	15
2.	मफऊलुन–फाइलुन–फऊलुन 2 2 2 2 1 2 1 2 2	16
3.	मुफतइलुन–फाइलात–मुफतइलुन–फाइलात 2 1 1 2 2 1 2 1 2 1 1 2 2 1 2 1	24
4.	मुफतइलुन–फाइलात–मुफइलुन–फा/फिइ 2 1 1 2 2 1 2 1 2 1 1 2–2/2	20
5.	मुफतइलुन–मुफतइलुन–फाइलुन 2 1 1 2 2 1 1 2 2 1 2	17
6.	मुफतइलुन–मुफाइलुन–मुफतइलुन–मुफाइलुन 2 1 1 2 1 2 1 2 2 1 1 2 1 2 1 2	24
7.	फिइलुन–फऊलुन–फिइलुन–फऊलुन 1 1 2 1 2 2 1 1 2 1 2 2	18
8.	मुफतइलातुन–मुफतइलातुन–मुफतइलातुन–मुफतइलातुन 2 1 1 2 2 2 1 1 2 2 2 1 1 2 2 2 1 1 2 2	32
9.	मुफाइलातुन–मुफाइलातुन–मुफाइलातुन–मुफातइलातुन 1 2 1 2 2 1 2 1 2 2 1 2 1 2 2 1 2 1 2 2	32
10.	मुतुफाइलातुन–मुतुफाइलातुन 1 1 2 1 2 2 1 1 2 1 2 2	18
11.	फिइलुन–फऊलुन–फिइलुन–फऊलुन 2 2 1 2 2 2 2 1 2 2	18
12.	मुस्तफइलुन–मुफाईलुन–मुस्तफइलुन–फैलुन 2 2 1 2 1 2 2 2 2 2 1 2 2 2	25
13.	मुस्तफइलुन–मुफाईलुन–मफऊलात–फैलुन 2 2 1 2 1 2 2 2 2 2 2 1 2 2	25

परिशिष्ट : छः

अरकानों के वज़न (लघु–गुरु क्रम) के अभ्यास हेतु छः ग़ज़लें

इस परिशिष्ट में हमनें उर्दू शायरी के महान, मशहूर (ख़्यात) ग़ज़लकार मिर्ज़ा ग़ालिब की, विभिन्न बह्‌रों में कही, छह चुनिंदा ग़ज़लें उनके अरकानों के वज़न (लघु–गुरु क्रम) के अभ्यास हेतु दी हैं। अभ्यास के लिए, ग़ज़ल के हर मिसरे को काग़ज़ पर लिखिए और उस मिसरे के नीचे उसके अरकानों के वज़न (लघु–गुरु क्रम) लिखिए। आपकी सहायता के लिए हर ग़ज़ल की बह्‌र दी गयी है।[1] मिसरे के तले अरकानों का वज़न, उदाहरणार्थ, निम्न तरीक़े से, लिखा जाएगा। (यह मिसरा बह्‌रे ख़फ़ीफ़ में कहा गया है।)

दिल–ए–नादाँ तुझे हुआ क्या है
2 1 2 2 1 2 1 2 2 2

1. **बह्‌रे हज़ज सालिमः–**
मुफ़ाईलुन–मुफ़ाईलुन–मुफ़ाईलुन–मुफ़ाईलुन
1 2 2 2 1 2 2 2 1 2 2 2 1 2 2 2

– हज़ारों ख़्वाहिशें ऐसी कि हर ख़्वाहिश प दम निकले
बहुत निकले मिरे अर्मान, लेकिन फिर भी कम निकले।

– डरे क्यों मेरा क़ातिल, क्या रहेगा उसकी गर्दन पर
वह ख़ूँ जो चश्म–ए–तर से, उम्र–भर यों दम बदम निकले।

– निकलना ख़ुल्द से आदम का सुनते आये थे, लेकिन
बहुत बेआबरू होकर तिरे कूचे से हम निकले।

– मुहब्बत में नहीं है फ़र्क़ जीने और मरने का

---

1. शुरू–शुरू में किसी भी ग़ज़ल की बह्‌र और उसके अरकानों के लघु–गुरु क्रम को पहचानना एक कठिन कार्य है। इसके लिए, जैसाकि इस प्रवेशिका में बताया गया, सभी अरकानों का लघु–गुरु क्रम और मूल बह्‌रों की चाल का कंठस्थ होना, या उनका एक स्थान पर लिखा होना (जैसाकि परिशिष्ट नं. पाँच में दिया गया है), आवश्यक है।

उसी को देख कर जीते हैं, जिस काफ़िर प दम निकले।
— कहाँ मयख़ाने का दरवाज़ा, ग़ालिब, और कहाँ वाअिज़
पर इतना जानते हैं, कल वह जाता था, कि हम निकले।[1]

—ग़ालिब

2. बह्‌रे रजजः—

मुस्तफ़इलुन मुफ़ाइलुन मुस्तफ़इलुन मुफ़ाइलुन

2 2 1 2   1 2 1 2 2 2 1 2   1 2 1 2

— दिल ही तो है, न सँग—ओ—ख़िश्त, दर्द से भर न आये क्यों
रोयेंगे हम हज़ार बार, कोई हमें सताये क्यों।
— दैर नहीं, हरम नहीं, दर नहीं, आस्ताँ नहीं
बैठे हैं रहगुज़र प हम, कोई हमें उठाये क्यों।
— जब वह जमाल—ए—दिल फ़रोज़, सूरत—ए—मेहर—ए—नीमरोज़
आप ही तो नज़ारः सोज़, पर्दे में मुँह छुपाये क्यों।
— दश्नः—ए— ग़मज़ः जाँ सिताँ, नावक—ए—नाज़ बेपनाह
तेरा ही अक्स—ए—रुख़ सही, सामने तेरे आये क्यों।
— क़ैद—ए—हयात—ओ—बन्द—ए—ग़म, असल में दोनों एक हैं
मौत से पहले आदमी ग़म से नज़ात पाये क्यों।
— ग़ालिब—ए—ख़स्तः के बिग़ैर, कौन से काम बन्द हैं
रोइये ज़ार—जार क्या, कीजिये हाय—हाय क्यों।[2]

—ग़ालिब

3. बह्‌रे रमल मश्कूल मुसम्मनः—

फ़इलातु फ़ाइलातुन फ़इलातु फ़ाइलातुन

1 1 2 1 2 1 2 2 1 1 2 1 2 1 2 2

— यह न थी हमारी क़िस्मत, कि विसाल—ए—यार होता
अगर और जीते रहते, यही इन्तिज़ार होता।
— तिरे बादे पर जिये हम, तो यह जान, झूठ जाना
कि खुशी से मर न जाते, अगर एतिबार होता।
— कोई मेरे दिल से पूछे, तिरे तीर—ए—नीमकश को
यह ख़लिश कहाँ से होती, जो जिगर के पार होता।
— यह कहाँ की दोस्ती है, कि बने हैं दोस्त, नासेह
कोई चारः साज़ होता, कोई ग़मगुसार होता।

---

1. ज़ाफ़री, उपर्युक्त, पृ. 157—158
2. तत्रैव, पृ. 93—94

– कहूँ किस मैं कि क्या है, शब–ए–ग़म बुरी बला है
मुझे क्या बुरा था मरना, अगर एक बार होता।
– हुए मरके हम जो रुस्वा, हुए क्यों न ग़र्क़–ए–दरिया
न कभी जनाज़ा उठता, न कहीं मज़ार होता।
– यह मसाइल–ए–तसव्वुफ़, यह तिरा बयान, ग़ालिब
तुझे हम वली समझते, जो न बादः ख़्वार होता।[1]

–ग़ालिब

नोटः–बह्रे रमल सालिम–फ़ाइलातुन फ़ाइलातुन फ़ाइलातुन फ़ाइलातुन (2 1 2 2 2 1 2 2 2 1 2 2 2 1 2 2)–शक्ल ज़िहाफ़ से फ़इलातु (1 1 2 1) का स्वरूप ले लेता है और बह्रे रमल का नया स्वरूप निम्न हो जाता है–फ़इलातु फ़ाइलातुन फ़इलातु फ़ाइलातुन (1 1 2 1 2 1 2 2 1 1 2 1 2 1 2 2)।

4. बह्रे मुतकारिब सालिम

फ़ऊलुन फ़ऊलुन फ़ऊलुन फ़ऊलुन
1 2 2 1 2 2 1 2 2 1 2 2

– जहाँ तेरा नक़्श –ए– क़दम देखते हैं
खियाबाँ खियाबाँ हरम देखते हैं।
– दिल आशुफ़्तगाँ ख़ाल–ए–कुंज–ए–दहन के
सुवैदा में सैर–ए–अदम देखते हैं।
– तिरे सर्व क़ामत से, इक क़द्द–ए–आदम
क़यामत के फितने को, कम देखते हैं।
– तमाशा कर अय महव–ए–आईनादारी
तुझे किस तमन्ना से हम देखते हैं।
– सुराग –ए–तुफ़–ए–नाल ले, दाग़–ए–दिल से
कि शब रौ का नक़्श –ए–क़दम देखते हैं।
– बना कर फ़क़ीरों का हम भेस, ग़ालिब
तमाशा–ए–अहल–ए–करम देखते हैं।[2]

–ग़ालिब

5. बह्रे मुतदारिक सलिम मुसम्मनः–

फ़ाइलुन फ़ाइलुन फ़ाइलुन फ़ाइलुन फ़िइलुन
2 1 2 2 1 2 2 1 2 2 1 2 1 1 2

1. तत्रैव, पृ. 33–34
2. तत्रैव, पृ. 80

– आह को चाहिये इक उम्र असर होने तक
कौन जीता है तिरी ज़ुल्फ़ के सर होने तक।
– दाम–ए–हर–मौज में है, हल्क़ः–ए–सद काम–ए–निहँग
देखें क्या गुज़रे है क़तरे प, गुहर होने तक।
– आशिकी सब्र तलब और तमन्ना बेताब
दिल का क्या रंग करूँ, ख़ून–ए–ज़िगर होने तक।
– हमने माना, कि तग़ाफुल न करोगे, लेकिन
ख़ाक हो जाएँगे हम तुम को ख़बर होने तक।
– परतव–ए–खुर से है शबनम, को फ़ना की तालीम
मैं भी हूँ, एक इनायत की नज़र होने तक।
– यक नज़र बेश नहीं, फुर्सत–ए– हस्ती ग़ाफ़िल
गर्मि–ए–बज़्म है, इक रक़्स–ए–शरर होने तक।
– ग़म –ए–हस्ती का, असद, किससे हो जुज़ मर्ग इलाज
शमअ हर रँग में जलती है सहर होने तक।[1]

—ग़ालिब

6. बह्‌रे ख़फीफ़ मुसद्दस मरब्बून महजूफ़[2]

फ़ाइलातुन मुफ़ाइलुन फ़ैलुन/फ़इलुन
2 1 2 2 1 2 1 2 2 2/1 1 2

– दर्द मिन्नत कश–ए–दवा न हुआ
मैं न अच्छा हुआ, बुरा न हुआ।
– जम'अ करते हो क्यों रक़ीबों को
इक तमाशा हुआ, गिला न हुआ
– है ख़बर गर्म उनके आने की
आज ही, घर में बोरिया न हुआ।
– क्या वह नमरूद की खुदाई थी
बंदगी में मिरा भला न हुआ।
– जान दी, दी हुई उसी की थी
हक़ तो यह है, कि हक़ अदा न हुआ।
– ज़ख़्म गर दब गया, लहू न थमा
काम ग़र रुक गया, रवा न हुआ।
– कुछ तो पढ़िये, कि लोग कहते हैं
आज ग़ालिब ग़ज़लसरा न हुआ।[3]

—ग़ालिब

1. तत्रैव, पृ. 70 2. बह्‌रे ख़फ़ीफ़ का मूल स्वरूप हैः फ़ाइलातुन मुस्तफ़इलुन फ़ाइलातुन (2 1 2 2) (2 2 1 2) (2 1 2 2) 3. तत्रैव, पृ. 39

बह्रें ख़फ़ीफ़ में मुस्तफइलुन (2 2 1 2) रुकन, ख़ूब्न ज़िहाफ़ के प्रयोग से मुफ़ाइलुन (1 2 1 2) परिवर्तित रूप धारण कर लेता है जबकि फ़ाइलातुन (2 1 2 2)रुकन (i) कतअ ज़िहाफ़ के प्रयुक्त से फ़ैलुन (2 2) तथा (ii) हज़्ज ज़िहाफ़ के प्रयुक्त से फ़ै (2), का रूप धारण कर लेता है। इस तरह ख़फ़ीफ़ बह्र एक नया स्वरूप, यानी फ़ाइलातुन मुफ़ाइलुन फ़ैलुन / फ़इलुन, बदल कर बह्रे ख़फ़ीफ़ मुसद्दस मख़्बून महज़ूफ़ हो जाता है।

परिशिष्ट : सात

पूरक शब्द (FILLER WORDS) तथा क़ाफ़ियों के उदाहरण

जब बह्र की चाल का अनुसरण करते हुए हम कोई शेर, अथवा ग़ज़ल रचते हैं तो कभी कभी किसी विशिष्ट मात्रा–क्रम के शब्द (या शब्दों) को सहज सोच नहीं पाते, लेकिन यदि हमें तब उस मात्रा-‑क्रम के दो–चार अन्य शब्द पढ़ने को मिल जाते हैं तो आवश्यक मात्रा क्रम के अनेकानेक शब्द स्वतः याद आने लगते हैं। हम ने इन्हें 'पूरक शब्द' की संज्ञा दी है क्योकि ये शब्द बह्र की चाल को उपयुक्त प्रकार से बनाए रखने में बहुत सहायक होते हैं। कुछ शब्दों का स्वतः याद न आना, उन ग़ज़लकारों के साथ अधिक होता है जिनका ग़ज़ल की भाषा और शब्दावली पर पूर्ण अधिकार नहीं होता। ऐसे ग़ज़कारों की सुविधा के लिए हमने इस परिशिष्ट में भिन्न–भिन्न मात्रा क्रम के अनेक शब्द उदाहरणार्थ दिए हैं, जैसे लघु–गुरु–गुरु (1 2 2) क्रम के शब्द 'रसोई', हसीना', 'ख़ुदाई', गुरु–लघु–गुरु (2 1 2) क्रम के शब्द 'ज़िंदगी', देखना','बेसुधी,' आदि, इस आशा से कि इन पूरक शब्दों में संबद्ध (relevant) शब्दों को पढ़ते हुए आप को उसी मात्रा–क्रम के उपर्युक्त शब्द सहज ही याद आ जाएँगे, या आपको संभवतः इन्हीं में मिल जाएँगे, और आप असहाय महसूस नहीं करेंगे।

इन पूरक शब्दों को जब हमने एक व्यवस्था क्रम में लिखने का प्रयास किया तो पाया कि ये शब्द, ग़ज़ल रचते समय हमें पूरक शब्दों के रूप में ही नहीं बल्कि ग़ज़ल के क़ाफ़ियों को तलाश, स्मरण (recollect) करने में भी सहायक, वस्तुतः अति उपयोगी, हो सकते हैं। यही कारण है कि हमने इस परिशिष्ट को काफ़ी विस्तृत एवं संपूर्ण बनाया है। अतः आशा है कि ग़ज़लकार इस परिशिष्ट का पूरा, पूरा लाभ उठाएँगे।

1. एक मात्रिक शब्द (।)

- न, व
- कि, दि, द्वि (दो)
- नृ (नर)

2. दो मात्रिक (2) शब्द

(i) – अब, जब, शब, (रात्रि), रब (ईश्वर), लब
- जन, मन, धन, तन, कण, इन, उन, गन, घन, फ़न
- डर, पर, गर, तर, नर, दर (दरवाज़ा), सर, हर
- रट, झट, पट, हट, नट, घट
- पथ, रथ,
- पद, हद, क़द, बद
- हठ, मठ
- मत, ख़त, लत, गत, छत
- ग़म, हम, दम, नम, कम, ख़म
- तल, मल, छल, पल, हल, बल, कल, फल, थल
- भय, जय, मय (शराब)
- यह, वह, कह, रह, सह
- सच, रच, (जैसे रचना), बच (बचना),पँच
- रज, गज़, भज, हज़ (को जाना)
- पग, जग, लग, नग, डग, रग (रग–रग का जानना)
- रस, जस, बस
- यश

(ii) – दिल, मिल, तिल, बिल, हिल
- फिर, सिर, चिर,
- नित, हित, चित,
- दिन, किन, इन, जिन
- शिव
- विष
- इक

(iii) – या, का, ना, पा, खा, था, सा, हाँ, माँ, गा

(iv) – गति, यति, इति, मति, रति
- हरि
- रवि

(v) – कुछ, तुम, बुत

(vi) – यूँ, ज्यूँ, तू, बू (गंध) भू, कूँ (गली), खूं (आदत)

(vii) – भी, जी, पी, घी, श्री, की, ही, छी, स्त्री

(viii) – उस, कुछ, खुद, बुत, बुझ, झुक, रुक, सुख, मुख, तुक, गुल

(ix) – रे, ने, ये, हे, थे, वे, के,

(x) – मैं, हैं, मै (मय), तै (निर्णय), शै (वस्तु)

(xi) – के, को, खो, सो, दो, जो, गो (यद्यपि), क्यों

(xii) – जौ, (अनाज), तौ (मोमबत्ती की), रौ (चाल गति)

(xiii) – भ्रम

(xiv) – मृग, नृप, दृढ़, गृह, दृग, (आँख)

(xv) – क्या

(xvi) – प्रिया, जय

(xvii) – तनु (शरीर,) पगु, (पैर) मनु

(xviii) – वो, गो, ओ, को, धो, रो, खो, जो, हो, को, सो, दो, ओ,

(xix) – जौ, तौ

(xx) – डग, पग

3. तीन मात्रिक शब्द

(क) लघु–गुरु (1 2) क्रम

(i) – अरक, बरक, थरक, फरक

– भटक, झटक, खटक, फटक, मटक,

– दमक, चमक, नमक

– महक, चहक, बहक, चनक, कनक, जनक, सनक, भनक

– सड़क, रड़क, भड़क, कड़क

– फ़लक (आकाश, स्वर्ग), झलक, पलक, उफ़क

– तटक, (नदी)

– अमर, कमर

– कसर, असर, बसर, नसर

– शहर, नहर, पहर, क़हर (संकट), सहर (प्रातःकाल), लहर, ज़हर, दहर (काल,समय) ठहर, बह्र

– हशर (अंजाम), बशर (मनुष्य)

– नगर, अगर, मगर, डगर, (राह)

– कबर, बबर, सबर, खबर, ज़बर (ज़बरदस्त), अबर (छोटा)

– क़दर, सदर (प्रधान),

– गज़र, नज़र, अजर, (क्षय रहित; जो बूढ़ा न हो), अजर (अचल, चिरस्थायी, अटल गतिहीन)
– फ़ख़र, शरर (चिनगारी), सफ़र, इधर
– अहल, महल, चहल, (पहल)
– ग़लत, जगत, भगत, फ़क़त, बचत
– नवल, कमल, चपल, सफल, मसल, बदल, बगल, नसल, क़तल, शक़ल, नक़ल, अज़ल (अनादि काल से)
– अकल दख़ल, खलल (विघ्न), सरल, गरल, (विष), तरल, अबल (निर्बल) अटल, अजल, (जल रहित) मचल, पहल, बदल, बगल, ग़ज़ल, फ़ज़ल, अचल, (अचरः गातिहीन), असल, अमल, महल, चहल
– अजब, ग़ज़ब, अदब कपट, रपट, झपट, मटक, डपट
– रहम, (दया), बहम, चरम, हरम, असम, गरम, करम, नरम, शरम, रसम, कसम, अलम, (दुःख), सनम, हज़म, अदम (यमलोक), ख़तम, कदम
– वजह, जगह, कलह, फ़तह
– चमन, गमन, (प्रस्थान), क़फ़न, वज़न भजन, रमन, नमन,
– रतन, पतन, वतन, जतन, लगन, तपन, अमन, गवन, भवन, कथन, चलन, पवन, हवन, मरण, चरण,
– बदन, नयन, गगन, ज़हन (दिमाग़), दफ़न, दबन, सपन, सदन, ।
– अकड़, पकड़, जकड़, रगड़, उबड़
– अहद, मदद, अदद, (संख्या), रसद, शहद,
– अजय, समय, ह्दय
– हवस (लालसा), नफ़स (सांस), कफ़स (पिंजरा), अवश (बेवस)
– नक़श (चिह्न), सरस, बरस, तरस, चरस,
– परख, चरख़,
– अलग
– हलफ़ (हलफ़नामा)
– महज़ (केवल)

(ii) – जरा, मरा, ख़रा, चरा, भरा, हरा, डरा,
– भला, जला, चला
– सदा, कदा, यदा
– दफ़ा, नफ़ा, ख़फ़ा, ज़फा, शफ़ा, वफा,
– नशा, दशा

– फ़ना (विनाश),
– सज़ा, कज़ा, बज़ा, रज़ा,
– दया, हया, नया,
– दवा, हवा
– सबा (प्रातःकाल की समीर)
– यथा, कथा, तथा
– समा (समय) जमा, कमा, शमा (शम्मा)
– ख़ता, पता, बता
– यहाँ, वहाँ, कहाँ, जहाँ रहा, महा, कहा
– बड़ा, पड़ा, सड़ा, खड़ा
– सखा
– दगा, सगा

(iii) – निडर, ज़िगर, फिक़र, जिधर, किधर
– फिसल, विरह, किरण, मिलन, विघण, निकट, निपट
– विजय, झिझक, झिड़क, हिचक

(iv) – रहित, चकित, उचित
– कशिश, अधिक, कठिन, जटिल
– क्षितिज

(v) – किसी, इसी
– मिली, दिली, खिली, छली
– निरी, फिरी
– भिड़ी

(vi) – बिना, हिना, इना, गिना
– मिला, किला, हिला, दिला, गिला, पिला
– बिका
– बिदा, फिदा
– हिया, पिया, दिया, किया, लिया
– निरा, निशा

(vii) – नदी, सदी
– गली, कली, तली, अली, जली, चली, भली, छली
– तभी, कभी, अभी, सभी
– खरी, तरी, करी, परी, हरी ज़री, डरी, सरी, भरी
– छबी, नबी (पैगम्बर), दबी
– सगी, लगी

— बनी, धनी, कणी, मणी, ऋणी, तनी
— ज़मी, कमी, हमी, नमी
— नई, गई
— सही, कही, नहीं, रही
— खड़ी, झड़ी, पड़ी, कड़ी, लड़ी छड़ी

(viii) — तिये, किये, जिये
— मिले, खिले, हिले, गिले
— निरे, (सिर), फिरे
— बिके

(ix) — विमुख, प्रमुख, मनुज, अशुभ, पुरुष

(x) — हुनर, उमर, उपज, गुहर (मोती)
— तुनक, युवक, चुमक, दुबक, उफ़क (क्षितिज, अर्श)
— मुकट, दुखद, जुगल, सुबह
— उमड़
— धुटन

(xi) — खुदा, जुदा, दुआ, हुआ, धुआं, सुना, रुका, उड़ा
— सुधा, गुमाँ, जुबां, बुताँ, बुरा, बुला, सुला
— रूजा (रोग, पीड़ा), रुला
— बुला, सुला

(xii) — खुशी–सुखी, बुझी, बुरी, सुनी

(xiii) — जुनु (जुनून, उन्माद), अदू, लहू
— शुरू, गुरू

(xiv) — उसे, मरे, डरे, तले, रुके, गये, गले, हमें, नये, कहे, रहे, बसे बने, जगे दबे, खरे

(xv) — अतः (इसलिए), कदः (मयखाना), नमः

(xvi) — अहं, स्वयं, एवं

(ख) — गुरु–लघु (2 1) क्रम

(i) — आम, काम, दाम, बाम, जाम, शाम, राम, ताम, नाम, धाम
— रात, घात, सात, मात, भात, जात–पात, बात, शांत, तात
— जान, मान, दान, कान, खान–पान, आन, गान, बाण, प्राण
— आप, नाप, माप, भाप, पाप, साँप, भाँप, छाप, बाप, ताप,
— जाँच, आँच, काँच, साँच, (सच), पाँच
— साज़, नाज़, राज़, आज, ताज़, काज, लाज, बाज़, साँझ
— पाठ, आठ, काठ, साठ, गाँठ

— पास, आस, ख़ास, दास, हास, मास (महीना), साँस, प्यास
— नाश, काश, ताश (के पत्ते), लाश, हाश
— आग, जाग, भाग, नाग, राग, बाग, दाग़, बाँग (मुर्गे की), मार्ग
— साफ़, माफ़
— राख, लाख
— आब (चमक, पानी), ताब (शक्ति), ख़्वाब, दाब
— भाव, नाव, चाव, पांव, हाव–भाव, घाव, गाँव, छाँव,
— काल, साल, दाल, लाल, बाल, हाल, भाल, राल, चाल, खाल, डाल, ढाल, ताल (तालाब), स्वाल
— लाभ
— ताक (आला), नाक, ख़ाफ़, पाक
— हार, भार, पार, सार, चार, नार, आर, रार, ख़ार, द्वार, बार–बार, कार (कार्य) प्यार–याद, नाद, बाद, शाद (खुशी), चाँद, माँद फाँद (कूद–फाँद)
— राह, चाह, वाह, माह
— साथ, हाथ, माथ (माथा), स्वार्थ
— बाढ़, हाड़, (मांस), जाड़ (दाँत), ताड़, भाड़
— डाँट
— भाग्य, मात्र, पात्र, क्षात्र, शास्त्र,

(ii) — अंत, संत, पंत, दंत
— संग, जंग, भंग, दंग, अंग, रंग, ढंग, तंग, व्यंग
— गंध, अंक, हंस, मंच, मंद, चंद

(iii) — गर्क, अर्क, नर्क (नरक) फ़र्क़, मर्द, ग़र्द, शर्म, गर्व, व्यर्थ, अर्श (फलक, क्षितिज) कर्ज़, मर्ज़, फ़र्ज़, तर्ज़

(iv) — पत्र, यत्र, मंत्र, तंत्र, जंत्र, यंत्र, तत्र

(v) — अक्ल, शक्ल, दख़्ल, वस्ल
— प्रश्न, जश्न
— शम्अ
— बज़्म, चश्म (आँखें)

(vi) — शांति, क्रांति, भ्रांति, व्यक्ति, युक्ति, तृप्ति, मुक्ति, शक्ति
— हानि, राशि, व्याधि, आलि (सखी, भौंरा), रात्रि, आदि
— बुद्धि

(vii) — इश्क, मुश्क

(viii) — शीघ्र, तीव्र, हिज्र, फ़िक्र, सिर्फ

(ix) – ईद, ईख, ईश, ईंट

(x) – भिन्न, खिन्न, चिन्ह, नित्य, मित्र, चित्र, विश्व, सिंह

(xi) – विरह, किरण

(xii) – नूर, हूर, दूर, घूर (घूरना), क्रूर (दुष्ट)

– घूँट, टूट, फूट, लूट, कूट (नीति)

– ख़ून, नून (नमक)

– धूप, रूप, कूप (कूआ)

– फूल, धूल, तूल, मूल, झूल, शूल

– दूत, भूत, पूत, सूत,

– खूब, सूद, चूक, मूक हूक, कूक, कूच, झूठ, भूख

– मूर्ख, सूर्य, पूर्व, मूल्य

– पूछ, मूँछ, पूँछ (दुम)

– कूज (ध्वनि), कूड (मूर्ख), कूद, सूझ–बूझ

(xiii) – मीत, गीत, शीत, जीत, भीत (दीवार), रीत, प्रीत

– तीर, मीर, खीर, लीर, वीर, पीर, नीर चीर, बीर

– लीन, क्षीन, मीन, हीन, तीन, दीन, बीन

– रीझ, भीड़, बीच, नीच, नींद, नींव, टीक, नीम

– भील, मील, चील

– तीव्र

(xiv) – उग्र (भयानक, तीव्र), उम्र, अब्र, चक्र

(xv) – दुःख, मुहँ, युद्ध, दुष्ट, मुश्क, खुल्द (स्वर्ग), हुस्न

– पुण्य, मुख्य

– चुस्त, लुफ़्त, मुफ़्त, सुस्त

– जुल्म, हुक्म

– पुत्र, सुत्र

(xvi) – खूब, दूभ, झूट, घूस, चूस, फूस

(xvii) – वस्तु, मृत्यु, खुश्बु

(xviii) – आयु, वायु

(xix) – देर, हेर, फेर, ढेर

– भेद, खेद, छेद, वेद, तेग (तलवार), वेग

– देश, भेष, शेष पेश, केश

– श्रेष्ठ, ज़ेष्ट

– प्रेम, देह, नेक, एक, तेज

(xx) – ग़ैर, ख़ैर, बैर, पैर, मैर (अपनापन), दैर (मंदिर, मस्जिद)

– धैर्य

– क़ैद, चैन, नैन, चैत (का महीना), हैफ़

(xxi) – मोड़, तोड़, छोड़, होड़, जोड़

– खोट, लोट, नोट, होंट, चोट, ओट

– रोक, थोक, नोक–झोंक, शोक

– रोज़, खोज, भोज

– सोच, नोच

– कोह (पर्वत) छोह (गुस्सा), मोह

– चोर, भोर, जोर (ताकत), मोर, छोर, ओर, शोर, ठोर

– रोग, भोग, लोग, डोर, घोर

– जोश, कोश, दोष, कोस, होश,

– खोद, ख़ौफ़ (डर)

(xxii) – दोस्त, योग्य

(xxiii) – और, गौर, दौर, ठौर (ठिकाना),

– मौन, कौन

– मौत, सौत,

– मौज (लहर),

– शौक़, चौक़

– कौल (वचन) , ख़ौफ़, फ़ौज

(xxiv) – किंतु

4. चार मात्रिक शब्द

(क) गुरु–गुरु (2 2) क्रम

(i) – सरगम, मरहम, महरम (जाननेवाला)

– भरकम, हरदम मलहम, शबनम (ओस)

– जगमग, डगमग

– ज़हमत (कोशिश), रहमत (दया), अज़मत (महानता, महिमा) नफ़रत, ज़ल्लत (अपमान), पर्वत, तुहमत, फुर्कत (विरह, जुदाई) ख़ल्वत (एकान्त), गफ़लत (असावधानी) उल्फ़त (मुहब्बत), जुर्रत, जन्नत (स्वर्ग), बहशत (भय, पागलपन), हरकत, बरकत (कल्याण)

– बदतर (बहुत, बुरा), नटवर, नश्वर, अकसर, अक्षर, अंतर, नम्बर, अंबर, अंदर चक्कर, ईश्वर, सुंदर, मंथर (सुस्त)

– अबतक, कबतक

– करवट, खटपट, झटपट, सिलवट, झंझट

– मज़हब (मज़्हब), मतलब

– दस्तख़ (खटखटाना)
– अड़चन, भगवन, बंधन, कंगन, कंपन, कण–कण,
– दर्पण, अर्पण, वर्णन, दर्शन (दरशन)
– तहमद, अहमद
– मंगल, मलमल, दलदल, खलबल, हलचल, जल–थल
– पतझड़
(ii) – बादल, पायल, घायल
– आग्रह
– राहत, दावत, हालत, ताक़त (बल), आफ़त, आदत, कामत (क़ैद)
– आहट
– शायर, सागर (समुंदर, ज़ाम), गागर, बाहर, चादर, आदर, झाँझर, नाहर (शेर), कायर
– आलम (संसार, दशा), मातम, कायम, बालम
– वापस, आपस, तामस (कुटिल, पापी), तापस (साधु, तपस्वी) आलस
– दामन, तापन (दुःख, गर्मी देने वाला), कारण, रावण, भाषण
– नाहक (व्यर्थ), नाटक, फाटक, जातक, घातक, मानक, बालक
– दावत, हाजत, लानत, चाहत, शामत, बाबत, लागत, भारत
– गुर्बत, मुद्दत, फुरकत, जुररत, गैरत, (लज्जा), नेमत
(iii) – दिलवर, प्रियवर, हितकर, गिरधर
– दिलकश
– निर्मल, निश्छल, निष्फल
– निश्चय
– फ़ितरत (प्रकृति), सिद्दत (ज़्यादती, अत्याचार), क़िस्मत, हिम्मत
(iv) – गरदा, ज़रदा, बंदा
– टंटा, घंटा, बंटा, ठंडा, बंदा, गंदा
– बंधा, धंधा, कंधा, फंदा, नंगा, गंगा, दंगा
– हल्का–फुलका, उजका (पक्षियों को डराने के लिए खेत में गाड़ दिया हुआ जाने वाला पुतला), पक्का, झपका (झोंका)
– फरसा, बरसा, तरसा, जलसा
– अगला, दुबला, पतला, चपला, हमला, मसला, तसला,
– करना, भरना, टलना, मलना, बकना, वरना, धरना, पड़ना, अपना, मलना, कहना, रटना, सहना, तपना, मरना, जपना,

जलना, लगना, हरना, चलना, झरना, अदना, कसना

– मज़्मा (भीड़, गोष्ठी, जमाव)

– सहरा (जंगल), बह्‌रा, ठहरा, ख़तरा, क़तरा,

– भड़वा, पड़वा, शिकवा (उलाहना), रुसवा (बदनाम) लकवा, जमवा

– तनहा

– ममता, डरता, करता–धरता, चलता,–फिरता, लगता कर्ता, रमता, हँसता, बसता,

– वर्षा, नक्शा, मंशा,

– नमदा, परदा, ज़रदा

– सच्चा, बच्चा, कच्चा, चर्चा, खर्चा, ज़ज़्बा

– संध्या

– गंजा, पंजा, छज्जा, लज्जा

– अच्छा, इच्छा

(v) – राजा, बाजा, खाजा, ताज़ा

– वादा, ज़्यादा

– आया, माया, लाया

– आज्ञा

– आता, जाता, पाता, नाता, रास्ता, वास्ता

– दाना, खाना, पाना, माना, जाना, आना

– तारा, हारा, काला, पाला, न्यारा, मदिरा, सारा, भारा

– हाला, माला, काला, पाला, ज्वाला, साला, नाला, आला (श्रेष्ठ)

– यात्रा

(vi) – कविता, सरिता

– मदिरा

– दरिया, दुनिया, ज़रिया

– महिमा, गरिमा

(vii) – चिंता, हिलता

– कितना, फ़ितना (दंगा, फ़साद), मिटना, जितना, गिरना

– मिथ्या

– बिखरा, निख़रा, फ़िक़रा

– किबला (श्रीमान)

– बिगड़ा

(viii) – नीरस

– ईश्वर
– कीर्तन

(ix) – गीला, पीला, नीला, ढीला
– जीना, पीना, मीना, सीना
– सीमा, बीमा, धीमा
– शीशा
– फीका
– जीता, रीता (खाली), फीता, सीता, पीता
– क्रीड़ा, पीड़ा, बीड़ा
– भीगा,
– दुनिया

(x) – महफ़िल, मंजिल, हमदिल
– हरगिज़ (बिल्कुल)
– मंदिर, अस्थिर, किर–किर, फिर–फिर, किच–किच
– मस्जिद
– गर्दिश (चक्कर)
– मजलिस (महफ़िल)
– मुमकिन, लेकिन
– कृत्रिम, टाइम (हमेशा, सदेव), रिमझिम, परिश्रम
– निश्चित, विचिलित, परिचित,

(xi) – वाइज़ (धर्मउपदेशक), हाफिज़ (रक्षक)
– साहिल, हासिल, गाफिल, काबिल, कातिल, ज़ाहिल
– क़ाफ़िर, आख़िर, ज़ाहिर (प्रकट, स्पष्ट
– आतिश (अग्नि)
– ज़ाहिद (विरक्त, संयमी)
– आशिक, माफ़िक़ (योग्य)

(xii) – गलती, धरती, लगती, चलती, पड़ती, किश्ती, बस्ती, सजती, बनती, अस्ती, हँसती, मस्ती
– असली, नकली, पतली, फरज़ी (जाली), बिज़ली, पसली
– शबरी (रात का राही), तस्कीं (संतोष)
– रस्सी
– गंदी, मंदी

(xiii) – शबरी
– चिट्ठी, मिट्टी, खट्टी
– इतनी, पत्नी, रजनी

(xiv) – नारी, भारी, बारी /पारी, ख़ारी, सारी, ज़ारी, हारी, गारी (गाली)
– पानी, दानी, रानी, जानी, (दोस्त), फ़ानी, हानी, वाणी, प्राणी
– माजी (भूत), क़ाजी, राजी, हाजी, बाजी, ताजी
– साक़ी, बाक़ी, खिड़की
– राही, भाई, नाई, ख़ाई, दाई, माई, आयी, काई, छाई
– नावी (मल्लाह, माँझी)
– मांझी, सांझी
– काफ़ी, माफ़ी,
– शादी, वादी (वक्ता)
– रात्री, यात्री
– माली, काली, डाली, जांली, हाली, ताली, नाली, ख़ाली, आली
– ख़्वाबी

(xv) – मीठी,
– फीकी
– पीली, ढीली, नीली,
– धीमी
– जीती, रीती (ख़ाली), बीती, नीती
– शीरी (मीठी)

(xvi) – चुस्ती, सुस्ती, बुकनी (महीन पीसा हुआ चूर्ण), फुर्ती
– सुरभी, कुरसी, तुलसी
– मुरझी

(xvii) – बिल्कुल, व्याकुल, आकुल
– हमतुम, बुलबुल, कुलकुल (कुल–कुल की ध्वनि करना)
– कुलबुल, कुरकुर

(xviii) – आँसू, जादू, दारू, चारू (सुंदर)
– दाऊ (बड़ा भाई), दादू (दादा/बड़ा भाई)
– भालू, चालू, बालू, (रेत), कालू

(xix) – नक़्शे
– चलने, जलने, उड़ने, लड़ने, डरने, मरने, रचने, अपने, नज़रें, नख़रे, सपने, पकने,
– सबके, कबके, पकड़े, जकड़े, अकड़े

(xx) – मिलने, गिरने, जितने, कितने
– बिछडे, बिखरे, निकले
– तलवे, जलवे (नज़ारे)

(xxi) – तारे, सारे, मारे, हारे
– खाने, पाने, गाने, लाने
(xxii) – क़दमों, सदमों
– बरसों, परसों
(xxiii) – गुज़रे, पहुँचे
(xxiv) – जुमला, किबला, दुबला, पतला, तसला, उल्टा–पुल्टा
– सुनना, बुनना, गुजरा, मुजरा, रुसवा (बदनाम),
– नुकता, मुक्ता, चुभता, रुपया
(xxv) – मानो, जानो, पालो, खालो, टालो, डालो
– यारो, यादों
(xxvi) – लाखों, आँखों
(xxvii) – गुलशन, दुश्मन, दुल्हन
– तुहमत (लांछन), रुख़सत (विदा), कुदरत, मुद्दत, जुर्रत, फ़ुर्क़त (विरह), गुरबत, उल्फत, खल्वत
– मुरशत (गुरू)
– उत्तम
– सुन्दर
(xxviii) – उसकी, फिरकी, किसकी, तुरकी, डुबकी, सुबकी, बुरकी (धूल, राख)
(xxix) – रूठा, झूठा
भूसा, धूआँ, सूखा, पूजा, डूबा, छूना, सूना टूटा–फूटा
(xxx) – सूफी, यूँ ही, रूठी, खूँटी, टूटी–फूटी, बूटी, रूसी, रूमी
(xxxi) – पूछूँ, ढूँढूँ
(xxxii) – क़दमों, सदमों
– जिसको, हमको
(xxxiii) – ढूँढ़ों
(xxxiv) – देवर, तेवर, केवल, बेशक, घेवर (मिठाई)
– नेमत (नियमतः दुर्लभ वस्तु)
(xxxv) – बेटा, लेटा, मेरा, फेरा, तेरा, बेला, केला, ऐसा, लेना, देना
(xxxvi) – बेखुद, बेसुध, बेरुख
(xxxvii) – खेती, रेती, देती
(xxxviii) – क्योंकर
– कोमल, ओझल, बोझल, दोज़ख़ (नरक)
(xxxix) – रोता, सोता, होता

– झोंका
– थोड़ा, जोड़ा, तोड़ा
– खोया, रोया, सोया
– झोला, भोला, चोला
– लोटा, मोटा
(xl) – झोली, रोली, भोली, डोली, गोली, टोली, बोली, होली
– गोरी, मोरी
– होनी
– थोड़ी
– कोई, रोई, सोई, बोरी
– रोती, मोती, पोती
(xli) – होते, सोते, रोते, बोते
(xlii) – छोड़ो, दोनों, लोगों, रोको, खो–खो (एक खेल)
(xliii) – कैसा, पैसा, जैसा (कैसे, पैसे, जैसे)
– लैला, नैना, मैना
(xliv) – बैठक
(xlv) – बैरी
(xlvi) – गौहर, यौवन, मोहन, फौरन (तुरंत)
(xlvii) – मौला, रौला (शोर), नौका, मौक़ा, धोका, फोका
– सौदा, हौदा, पौधा

(ख) लघु–गुरु–लघु (1 2 1) क्रम

(i) – जनाब (श्रीमान), कबाब, सराब (मृगतृष्णा, धोखेबाज़ी) जबाब, नबाब, खराब, शराब, तलाब, शबाब (यौवन) सवाब (पूण्या), हयात (ज़िंदगी), नजात (छुटकारा), अज्ञात, अपात (अशुभ), दवात, बरात, जमात, अशांत, अजात (जो जन्मा न हो)
– हताश, तराश, तलाश (खोज)
– मज़ार (क़ब्र), हज़ार, क़रार (चैन, वादा), दरार, फ़रार, सवार, बयार (हवा) अलार (किवाड़) असार (सारहीन, निरर्थक), गँवार, अवार (नदी के इस ओर का किनारा)
– दराज (लंबी), नमाज़, जहाज़,
– सराफ़ (सोना–चाँदी का व्यापारी)
– कलाम (शब्द), हमाम, लगाम, सलाम, तमाम, ललाम (सुंदर, बढ़िया) बदाम, तमाम मक़ाम (मुकाम, स्थान), हराम, अकाम (कामहीन, उदासीन)

— पनाह, गुनाह, अथाह, अचाह, सलाह
— सराय, अकाय (शरीर हीन)
— अभाव, तनाव, बहाव, चढ़ाव, पढ़ाव, डराव, बचाब, हटाव
— तपाक, तलाक, मज़ाक, बराक (युद्ध), अवाक्र (चकित)
— अलाम (आलाप) अनाथ, अगाध
— कपाट, चपाट, सपाट, ललाट (माथा)
— अजाद, फसाद, खराद, सलाद
— मजाल (सामर्थ्य), जलाल (तेज़, प्रताप), जमाल (खूबसूरती) मशाल, सवाल, ख़याल, जबाल, बबाल (संकट) कमाल, हलाल, अकाल
— जबान, हवान, महान, समान, कमान, मक़ान, बयान (सूचना), लगान, चलान, एलान, अज्ञान, अजान

(ii) — रिवाज, रियाज (गाने का रियाज), लिहाज़, लिहाफ़, ज़िराफ़ (पशु)
— फ़िराक़, दिखाव, निशात (आनंद)
— दिमाग़, चिराग
— निगाह, निवाह
— विशाल, मिसाल (उदाहरण), निहाल
— निराश, विकास, लिबास
— निहार, विचार, निगार (सुंदरी), विकार, दिवार, हिसार, (क़िला), निवार
— निशान, दिवान, किसान, मियान, इलान
— हिसाब, किताब, ख़िताब
— इमाम, इनाम, विराम, निज़ाम (प्रबंध)

(iii) — उदास, उपाय
— उकार, (ग्राम, दुर्ग), उतार, उधार, उभार, शुमार (गिनती)

(iv) — बुख़ार, खुमार (नशा), गुभार, पुकार, गुसार (हितैषी), सुनार, फुवार, लुहार, जुआर
— रुमाल, मुराद, खुराक, जुगाड़
— मुक़ाम (स्थान), जुख़ाम
— दुकान, गुमान, कुरान

(v) — समक्ष, तदस्थ (समीप), प्रयत्न

(vi) — तरंग, उमंग, दबंग, तुरंत

(vii) — रहस्य, असत्य, महत्त्व, भविष्य, अवश्य, मनुष्य,

(viii) — प्रयास, प्रकार, प्रकाश, प्रभात, प्रसाद, प्रताप, प्रणाम

(ix) – ज़मीन, नवीन, हसीन, रंगीन, कुलीन (उत्तम), यक़ीन, अदीन (दीन रहित), अमीन (अमानत रखनेवाला), अधीन (मातहत)

– अजीज (प्रिय) तमीज़ (अदब), समीप

– नसीब (भाग्य), रकीब (पास), गरीब, अजीब (अद्भुत), हबीब (मित्र, प्रेमपात्र)

– अमीर, असीर, (बंदी), नसीर (सहायक, मदद करने वाला) फ़कीर, अधीर (धैर्य रहित), कबीर (श्रेष्ठ), शरीर, लकीर, समीर (पवन), वज़ीर, अबीर (सुंगधित बुकनी), ज़मीर (आत्मा;अंतःकरण), सगीर (लघु–छोटा),

– हक़ीम, मुनीम, नसीम, असीम (बेहद जिस की सीमा न हो, भूमि), अज़ीम (महान)

– शरीफ़, अरीफ (पहचानने वाला), रदीफ़ (घोड़े पर पीछे बैठने वाला व्यक्ति),

– अतीत,

– मजीद (पूज्य), फ़रीद (अद्धितीय), शहीद, ख़रीद

– शरीक (साथी), अमीक (गंभीर), अतीक (पुरातन), ख़सीस (कंजूस), अनीस (मित्र), नफ़ीस (उत्तम), असीस, (आर्शीवाद)

– वकील, अतील (प्यासा), अलील (रोगी), दलील (तर्क़), अपील (प्रार्थना), अक़ील (बुद्धि) जलील (जिसका अपमान हुआ हो), अशील, भ्रष्ट, शबीह (चित्र), सजीव, शकील (सुन्दर)

– विलीन, अभिन्न

(x) – कदापि (कभी, हर्गिज़)

(xi) – ययार्थ

(xii) – अछूत, ख़तूत (पत्र), अकूत (बे–हिसाब)

(xiii) – सुरूर (हर्ष, नशा)

– सुकून (सन्नाटा, खोमोशी, शांति, धैर्य, संतोष), जुनून (पागलपन, उन्माद)

(xiv) – हजूम (भीड़), हदूद (सीमा), समूह (भीड़), रमूज़ (इशारा, पहेली,) कुबूल

– फ़जूल, अनूप, अकूल (बिना तटका, सीमा रहित) सलूक (तौर तरीक़ा) अचूक (जो न चूके)

(xv) – नरेश, कलेश, महेश, प्रदेश, रमेश (विष्णु)

– अनेक, फरेब, तरेड़, सदेव, अचेत, सचेत, अधेड़

(xvi) – विशेष

(xvii) – बग़ैर

(xviii) – गुरेज (उपेक्षा, घुणा)

(xix) – अलोक, अछोह (गुस्सा रहित), हनोज़ (अभी तक, अभी), वियोग (दुःख) प्रयोग,

5. पाँच मात्रिक शब्द

(क) (लघु–गुरु–गुरु (1 2 2) क्रम

(i) – भटकता, अटकता, तड़पता, सफलता, बरसता, तरसता, दहकता, उभरता उमड़ता उबलता, सरकता, तज़रबा, (अनुभव; तजुर्बा)

(ii) – शराफ़त, अमानत, जमानत, बगावत, अदावत (शत्रुता), क़यामत (महाप्रलय)

– नज़ाकत, इबादत (उपासना) किफ़ायत, हिफ़ाज़त, इनायत (कृपा), हजामत, हमाकत

– भयानक, अचानक, सजावट, बनावट

– बराबर, अनादर, महावर (तलवों पर लगाए जानेवाला रंग)

(iii) – रिआयत, (रहम), तवाइफ़ (वेश्या) रिहायश (निवास) नियामत, नेमत, हिफ़ाज़त, निछावर, निरादर

– दिखावट, मिलावट, गिरावट, लिखावट, रुकावट

(iv) – ज़नाज़ा, तक़ाजा, लिहाज़ा (अतः)

– मनाना, बहाना, तराना, ख़ज़ाना, बताना, जलाना, ज़माना, डराना, नहाना, वसाना, हँसाना, फ़साना

– पराया, मनाया, बताया, चलाया

– नजारा, हमारा, सहारा,

– महात्मा, प्रमात्मा

– तमाशा, बताशा

(v) – बयाबां

(vi) – अजूबा, निडरता, सिमटता, बिखरता, निपटता, बिलखता

(vii) – कहानी, रवानी (बहाब), जबानी, भवानी, अज्ञानी, दिवानी

– शराबी, कबाबी, नबाबी, जवाबी, कमाई, इलाही

– सगाई, पढाई, चढ़ाई, पराई, भलाई, बनाई, मनाई, लड़ाई, बड़ाई, अनाड़ी

– उदासी, मिरासी, पिटारी

– सवारी, हमारी, कँवारी, जुवारी, बुहारी

– बताती, सताती, सुलाती, हिलाती, चपाती

(viii) – अपरिचित, हक़ीक़त, तबीयत, नसीहत, मुसीबत

(ix) – नतीजा, भतीजा, लतीफ़ा, महीना, पसीना, हसीना, नगीना, मदीना

– गरीमा, तरीका; परीक्षा, परीशा, (लज्जित)

(x) – तमन्ना, समस्या, चिकित्सा

(xi) – तकल्लुफ़ (कष्ट सहन करना,) तख़ल्लुस (शायर का उपनाम), तग़ाफुल (उपेक्षा, विलंब, असावधानी) तख़य्युल (कल्पना) तसव्वुर (कल्पना) मुहब्बत, तअल्लुक, (संबंध), नियमत, संर्पूण

(xii) – अकेला, नबेला, झमेला

– परेशाँ, हमेशा

(xiii) – पशेमाँ, सवेरा, कलेजा, उपेक्षा (निरादर)

(xiv) – हँसाई, पढ़ाई, लड़ाई, ढलाई

(xv) – रिहाई, रिजाई, पिसाई, इलाही

– निशानी, किताबी, खिलाड़ी

(xvi) – जुदाई, खुदाई, दुहाई, बुराई, सुनाई, उँचाई

– गुलाबी, पुजारी, मुनादी, मुलेठी

(xvii) – पहेली, सहेली, अकेली, नवेली

(xviii) – हितेषी, मिलेगी, खिलेगी

(xix) – डकैती, बलंदी, (ऊँचाई)

(xx) – इरादा, इजाफ़ा (बढोतरी), लिफ़ाफ़ा

– मिलाना, विराना, गिराना, लिवाना, निशाना, दिखाना, ठिकाना, बिठाना, दिवाना, निभाना

– किनारा, तिहारा, बिचारा,

– निराशा, निराला, लिहाजा, इलाका, शिकस्ता (टूटी– फूटी,) निभाया, दिखाया, हिलाया, पिलाया

(xxi) – विराने, दिवाने, हिलोरें, गिरेबाँ

(xxii) – बुलाकर, बुझाकर, सुनाकर, मुलायम घुमाओ, बचाओ, डराओ, रुलाओ, मनाओ

– सुखनवर (कवि), मुकर्रर

(xxiii) – मुबादा (शायद), मुनाफ़ा, खुदाया

– गुज़ारा, दुलारा, कुँवारा, फुवारा, दुबारा, तुम्हारा

– पुराना, उठाना, रुलाना, सुलाना, बुलाना, छुड़ाना

(xxiv) – उतारूँ, बिकाऊँ, बनाऊँ, सुनाऊँ, मनाऊँ

(xxv) – ज़रूरी

(xxvi) – अनूठा, अगूँठा

(xxvii) – चुनाचें (अतः)

(xxviii) – भरोसा, परोसा, समोसा, अनोखा, झरोखा

(xxix) – समोए, दबोए

(xxx) – बचाओ, बनाओ, सवाँरो, खिलाओ, दिखाओ

(xxxi) – रुलाओ, बुलाओ, सँवारो, खिलाओ, दिखाओ,पुकारो

(ख) गुरु–लघु–गुरु (2 1 2) क्रम

(i) – रहगुज़र (रास्ता), हमसुखन (सहभाषी) अंजुमन (महफ़िल) दिल–शिक़न (दिल तोड़ने वाला), हमसफ़र (साथी), सुखनवर, मुक्तसर (संक्षिप्त)

– छलकपट, कश–म–कश, बरहमन (ब्राह्मन), अंजुमन (महफ़िल), संगदिल

(ii) – ज़ेहमत (प्रयास), बेहतर

(iii) – हमज़बां (सहभाषी), हमनबां (साथी) तज़रबा, मरहबा (धन्य–धन्य)

– अनमना, कल्पना

– दमदमा, करबला, ज़लजला, अटपटा, चटपटा

– अलविदा, सिलसिला (कहानी), तिलमिला, किरकिरा

– रहनुमा (पथ–प्रदर्शक), बदगुमां (संदेहशील), दिलरुबा

(iv) – मुस्करा, धुंधला, गंधला, गुनगुना, बुलबुला, फुसफुसा

(v) – हमनशी (साथी), रहजनी (रास्ते में लूटना) अजनबी, बन्दगी, जिन्दगी, दिल्लगी, कमसिनी (कम उमर)

(vi) – राहवर (मार्गदर्शक), मान्यवर, जागरण, आचरण, आजकल

– शामतक, आपतक, पासतक

(vii) – आशना (मित्र), कामना, भावना, मानना, भाँपना, मारना, प्रार्थना, धारणा, जानना, कारना, सामना, यातना, जाँतना,

– राज़दा, (मित्र), वायदा, फ़ायदा, क़ायदा

– कारवाँ, बाग़वाँ, सातवाँ

– दायरा, माज़रा,

– फासला, मामला, आपता, नाचता, काँपता, प्रेमिका, बेतुका

– जायका, मुस्करा, धुँधला, गंधला, गुनगुना, फुसफुसा, मुद्दआ (उद्देश्य)

– नाखुदा (मांझी) नातुआं (निर्बल; अशक्त)

– दिलशिकन, (दिल तोड़ने वाला)

– दिलरुबा

(viii) – आलसी, साहसी

– जानती, मानती, ताक़ती, भारती, झाँकती

– रागनी, नाज़नी, (कोमल), ज़िंदगी, दिल्लगी

– सादगी, आदमी, हाज़िरी, मुद्दआँ (दाँव लगाने वाला)

– पालकी, हालकी

(ix) – फालतू, पालतू, गुफ़्तगू (बात–चीत) हू–ब–हू, आरजू (कामना), जुस्तजू (तलाश)

(x) – सामने, भागने, जागने, डालने, टालने, काटने, डाँटने, चाटने

(xi) – मुक़्तसर (संक्षिप्त)

(xii) – गुफ़्तगू (बातचीत), जुस्तजू (तलाश)

(xiii) – मुद्दई (दावा लगाने वाला; प्रतिद्वंद्वी)

(xiv) – बुलबुला

– कूदना, कूटना, लूटना, फूलना, भूलना, रूठना, टूटना, थूकना, पूजना, पूछना, सूचना, चूसना, चूमना, घूमना, सूंघना, झूँझना, डूबना

– ढूँढ़ती, भूमिका

(xv) – बेखबर, बेनज़र, बेक़दर, बेहुनर, बेफ़िकर

– बेअदब, बेग़रज, बेझिझक, बेधड़क बेवफ़ा, बेहया, चेहरा, बेवजह, बेशरम, बैरहम

(xvi) – बेदना, चेतना, देखना, फेंकना, भेजना, खेलना, झेलना

– चेहरा, (मुखड़ा)

(xvii) – बेबसी, बेदिली, शेखजी, (धर्मोदशर्क), प्रेयसी, भैरवी

– बेसुधी, बेतुकी

– रोशनी, खोखली, झोंपड़ी, मौलवी

(xviii) – फ़ैसला

(xix) – हौसला, चोचला, खोखला

– सोचना, रोकना, खोजना, बोलना, तोलना, खोलना, घोंसला, सौंपना

(xx) – वस्तुतः (यथार्थ, असल में), अंततः

(ग) गुरु–गुरु– लघु (2 2 1) क्रम

(i) – मदमस्त

(ii) – अख़लाक (शिष्टाचार), मुश्ताक (उत्सुक्त), निर्वाक् (चुप, मौन)

– यमराज, हमराज़ (घनिष्ठ, मित्र), परवाज़ (उड़ने की शक्ति)

– हमराह, दरग़ाह, निर्वाक, अफ़वाह,

– जलपान, अरमान, यजमान, महमान, पहचान, भगवान, अनजान,

फ़रमान, वरदान, हनुमान, दरबान, अपमान, रहमान, बलवान, रमज़ान, दास्तान,

– अहबाब (मित्र), महताब (चाँद)

– दरबार, अख़बार, दरकार, हमबार, इसरार (आग्रह), रफ़्तार, तलवार, तकरार, इज़हार, दिलदार, बदकार, हकदार (पात्र), इसरार, अशआर, (शेर का बहुवचन), फलदार, हमवार, इतवार, रुख़सार

– पड़ताल, हड़ताल, हरहाल, खुशहाल

– बरबाद, फरयाद, जल्लाद, उस्ताद, अवकाश, बदमाश

(iii) – तहरीर (लिखावट), तकसीर (अपराध), तसलीम, तक़रीब (कारण), तब्दील, नजदीक, हरचीज़, हर–जीव

– मतभेद

– सहयोग, उपयोग

(iv) – निर्वाद (निंदा, अवज्ञा)

– खिलवाड़, दिलदार, विस्तार, क़िरदार

– निर्याण (प्राण निकलना), निर्माण, निर्वात (शांत, स्थिर)

(v) – फ़िरदौस (स्वर्ग)

(vi) – उपहार, उपकार, फूलदार, रुखसार (गाल) पुरखार (काँटो भरी), उन्माद

(vii) – विश्वास

– परिमाण, अभिमान, बलिदान, अभियान (दलबल सहित चल पड़ना), परिणाम

– अधिकार ईशान (स्वामी), ईमान, अभिधान (उपाधि), अभिजात (कुलीन), अभिशाप

(viii) – गतिहीन

(ix) – हरचंद (यद्यपि), ताचंद, अत्यंत, मस्तिष्क

(x) – इंसान, अंजान, सम्मान, एकता

– इंकार, संसार

(xi) – अंदाज़ (हाव–भाव), अंजाम (अंत, फल), संन्यास

(xii) – तफ़शीश (जाँच)

(xiii) – अनुमान

(xiv) – नाशाद (दुःखी), आज़ाद, आबाद, आदाब, साज्ञात

– नादान, आज़ान (मौलवी की मस्जिद से पुकार), चालान, दास्तान

— नाराज, आगाज़ (प्रारंभ), आवाज़,

— आगाह (ज्ञात, सूचित), आफ़ात (आफ़त का बहुवचन; विपत्तियाँ)

— आकाश, आराम, आवाम, चालाक

(xv) — आमीन (तथास्तु), रंगीन, चालीस

(xvi) — जलवायु

(xvii) — हालाँकि, अनुभूति, गोधूलि

(xviii) — मक़बूल (स्वीकृत करना) मश्गूल (संलग्न), मशहूर, मश्कूर (जिसका शुक्रिया किया जाए) जमहूर (जनता), मगरूर (घमंडी), मनहूस, महबूब, महफूज़ (रक्षित)

(xix) — मतभेद, परदेश, लबरेज़ (परिपूर्ण), परहेज़, अभिषेक, आदेश

(xx) — सहयोग, उपयोग, यमलोक, मदहोश, फिर्दोष (जन्नत), हररोज़

(xxi) — माशूक (प्रेयसी), कानून, मायूस (निराश), मायूम (दुःखित)

(xxii) — मंजूर (स्वीकृत), कंजूस

(xxiii) — आदेश, आवेश

(xxiv) — अनुरोध, बेहोश

(xxv) — आलोक, ख़ामोश (मौन), आगोश (अंक , गोद), अफ़सोस

(xxvi) — दीवार, स्वीकार, मीनार, वीरान, मीआन, मीआद(समय सीमा)

(xxvii) — नुकसान, सुनसान, कुरबान, अनुमान, गुमनाम, परिणाम, तूफ़ान, गुमराह

— गुलज़ार (बाग), दुशवार, (काटोंभरी), पुरख़ार

— चुपचाप

— बुनियाद, उन्माद

— मुश्ताक (उत्सुक्त),

(xxviii) — बेज़ार (असन्तुष्ट), बेदाद (जुल्म), बेदाग़, बेभाव, बेकार, बेहाल, बेबाक (निडर), निर्वाक (मौन)

(xxix) — बेमेल, बेचैन, परहेज़, बेशर्म

(xxx) — हैरान, हैवान, शैतान, मैदान, सैयाद (शिकारी), तैयार

— दोचार, पोशाक

(xxxi) — औलाद, दौरान, फ़ौलाद, सौगात (उपहार), औज़ार, बौहार, त्यौहार

(xxxii) — मौजूद (उपस्थित)

6. छः मात्रिक शब्द–(क) गुरु–गुरु–गुरु (2 2 2) क्रम

(i) — उपचारक पुररौनक (रौनक से भरा)

(ii) — असमंजस

— कम–अज़–कम (इतना अवश्य)

(iii) — मयख़ाना, बहकाना, धमकाना, समझाना,
अफ़साना, जगजाना, पहचाना, परवाना,
मनमाना, मौलाना, रख़वाला, घरवाला,
मतवाला, दिलवाला, मृगतृष्णा,

— हलकारा (डाकिया), बनजारा, चरवाहा

— अभिलाषा

— दोशीज़ा (कुमारी), पाकीज़ा (पवित्र)

(iv) — हरजाई (कुलटा स्त्री), परसाई (संयम)

— हलवाई, सुनवाई, रुसवाई (बदनामी)

— तन्हाई, अन्यायी, दहकाई, बतलाई,
परछाई, सच्चाई, लंबाई

— मतवाली, दिलवाली, हरयाली, कव्वाली, बदहाली (दुर्दशा)

— हमराही, बदनामी

— पहचानी, वर्फ़ानी, नादानी, मनमानी

— दरबारी, बनवारी, चिनगारी

— एकाकी, (अकेला), बेताबी, सेठानी, बेगारी

— बुनयादी, फ़रयादी, बरबादी

— बदमस्ती (शराब आदि के नशे में मस्त), कश्मीरी,

— बदमज़गी (स्वाद का न होना; उदासी)

— नक्काशी (तस्वीर बनाना), दल्लाली (आढ़त का काम)

— अनुयायी

(v) — रंगीला

— महबूबा,

(vi) — बदसूरत, हमसूरत

(vii) — आजीवन

(viii) — उपदेशक, परमेश्वर

(ix) — अहलेदिल (दिलवाले)

— दर्देग़म (शोक, व्यथा), पागलपन, मैलापन

— आवश्यक

(x) — आवारा, लावारा, आजाना

(xi) — चालाकी, नापाकी, (अपवित्रता) नाकामी (असफलता)

(xii) — वीराना, दीवाना, जीताना, बुतख़ाना, बुखलाना, जुलाहा

(xiii) — बीमारी, दीवानी, बीनाई (नज़र), चिंगारी, मौसीकी (संगीतकला)

(xiv) – गुमगश्ता (भूले हुए), मुहतरमा (महोदया), आएगा
– भूलावा, भूलाना
(xv) – बेचारा, बेग़ाना
(xvi) – बेदर्दी, बेनामी
(xvii) – बेमेहर (निर्मोही)
(xviii) – हीरोइन (नायिका)
– सौदागर, जादूगर, बाज़ीगर, पैगंबर
– सौदाई
– बेहोशी, निर्मोही
– पहचानी, सरदारी, बनमाली, रखवाली, सरकारी, मक्कारी (धूर्तता)–कुरबानी, मुलतानी
– बैरागी, हैरानी, हैवानी (पशुता)
– हमदर्दी, हदबंदी

(ख) लघु –गुरु–लघु–गुरु (1 2 1 2) क्रम

(i) – डरावना, अलापना, अभावना
हरा–भरा, यहाँ–वहाँ, कहाँ–कहाँ
(ii) – अभेदता
– अमेरिका
– निबाहना
– बुराभला, मुकाबला, मुलाहज़ा, मुशायरा
– भला–बुरा
(iii) – कलावती, दिलावरी (वीरता), बनावटी, लिखावटी, डरावनी
– कहा–सुनी
(iv) – बुझे–बुझे
– हिकायते (कहानियाँ)

(ग) लघु –गुरु– गुरु–लघु– (1 2 2 1) क्रम

(i) – समाचार, लगातार, वफ़ादार, निराधार, तिरस्कार
– कलाबाज़
– बलाघात
– अभिमान
– परेशान, पशेमान (लज्जित)
– तख़य्युल (कल्पना) प्रजातंत्र

(घ) गुरु–लघु–गुरु–लघु (2 1 2 1) क्रम

(i) – मालदार, जानदार, ज़ार–ज़ार, जानकार, इंतजार एतबार

(विश्वास), बेलदार, एतवार (रविवार)–आसमान, बागबान, नाज़रान, हाज़रान, राज़दान, इम्तहान, एहसान (उपकार), मेहमान, वर्तमान

– आस–पास, एहसास (अनुभूति)
– माहताब, (चाँद), आफ़ताब (सूर्य)
– हाव–भाव, मोल–भाव
– काट–छाँट
– कायनात (जगत)
– बेक़रार, बेलगाम, बेनकाब, बेजवाब, ऐतबार
– बेमिसाल, बेनियाज़ (कामना रहित), बेहिसाब, बेलगाव
– बेगुनाह

(ii) – बेकसूर

(iii) – मार–पीट, हार–जीत, दिलनशीन (हृदयस्थ)
– सारहीन, बातचीत
– बेनसीब

(iv) – इर्द–गिर्द

(v) – रंग–रूप, खेल–कूद, बेकसूर, बेवकूफ़

(vi) – ताल–मेल, लेन–देन

(vii) – नोक, झोंक, दिल–फ़रोश (दिल बेचने वाला आशिक)
– नाप–तोल, भागदौड़
– मोल–भाव

(viii) – दिलफ़रेब (नायिका, दिल को फरेब देने वाला)

(ix) – ग़मगुसार (हितेषी)

(x) – अप्रसन्न

7. सात मात्रिक शब्द

(क) लघु–गुरु–लघु–गुरु–लघु (1 2 1 2 1) क्रम

– शबे–विसाल (मिलन की रात)
– ग़मे–हयात (जीवन का ग़म), नमक–हराम (उपकार न मानने वाला)
– महत्त्वपूर्ण

(ख) लघु–गुरु–गुरु–गुरु (1 2 2 2) क्रम

– चिरस्थायी
– गिला–शिकवा
– पशेमानी (पश्चाताप)
– महाभारत

(ग) गुरु–लघु–गुरु–गुरु (2 1 2 2) क्रम

- मुसकराहट
- बेबफ़ाई, बेनियाज़ी (विमुखता), घर–जमाई
- खटखटाना, बेसहारा
- बदगुमानी (मिथ्या संदेह), बे नियाज़ी (विमुखता)
- दु:खदायी, नागवारी (अच्छा न लगना), बुततराशी, बुतपरस्ती
- नातुवानी (नातवानी)
- ईंट–पत्थर, मार्गदर्शक, मूर्तिपूजक
- रामलीला, मूर्ति–पूजक, बुत–तराश (मुर्तिकार)
- मेहमानी, मुँहज़बानी,

(घ) गुरु–गुरु–लघु–गुरु (2 2 1 2) क्रम

- संभावना, गहराइयाँ
- दीवानगी, दादागिरी, मौजूदगी
- अहले–वफ़ा (वफ़ा करने वाला)
- ज़महूरियत (प्रजातंत्र)

(च) गुरु–गुरु–गुरु–लघु (2 2 2 1) क्रम

- मालामाल
- चारासाज़ (इलाज करने वाला)
- पश्चाताप
- बरख़ुरदार (आज्ञाकारी पुत्र)
- रिश्तेदार, हिस्सेदार
- बिस्मिल्लाह (इस शब्द का प्रयोग प्राय काम शुरु करने के समय करते हैं।)
- शिष्टाचार
- लब–ए–बाम (छत के किनारे; छज्जे पर)
- मुश्ते–ख़ाक (मुट्ठीभर ख़ाक)
- मूसीकार (संगीतज्ञ)
- कू–ए–यार (प्रेयसी की गली)
- मेहरबान, दस्तरख़ान, रौशनदान
- बेबुनियाद (निराधार)
- संगो–रिवश्त (ईंट–पत्थर)
- डावाँडोल
- मानो–पाधि (सम्मानित करने के लिए दिया गया ख़िताब), दस्तावेज़

8. आठ मात्रिक अक्षर

(क) लघु–गुरु–गुरु–लघु–गुरु (1 2 2 2 1) क्रम

– अविश्वसनीय

(ख) लघु–गुरु–गुरु–लघु–गुरु (1 2 2 1 2) क्रम

– मनोकामना

(ग) गुरु–लघु–गुरु– लघु–गुरु (2 1 2 1 2) क्रम

– बज़्म–ए–कदह (प्यालों की महफिल)

(घ) गुरु–लघु–गुरु– लघु–गुरु (2 1 2 2 1) क्रम

– अब्र–ए–वाह (बाहर का बादल)

(च) गुरु–गुरु–लघु–गुरु–लघु (2 2 1 2 1) क्रम

– नामोनिशान

(छ) गुरु–गुरु–गुरु–गुरु (2 2 2 2) क्रम

– मरना–जीना, खाना–पीना, रोना–धोना,

– हरफ़न–मौला, ताना–बाना, आना–जाना
दाना–पानी, ताता–पानी

– देखा–भाला, थोड़–थोड़ा, मेरा–तेरा

– लापरवाई, आज्ञाकारी, जिम्मेवारी, मेहरबानी

– बदपरहेजी, तेरी–मेरी, देखादेखी

– कानाफूसी, टूटी–फूटी,

– गिल्ली–डंडा

– भारी–भरकम

– भूली–यादें

परिशिष्ट : आठ

कुछ युक्तियाँ (TIPS)

विशिष्ट (specific) लघु–गुरु क्रम के शब्दों को स्मृति (memory) से पुनः प्राप्ति (retrieval) को बल प्रदान (energise) करने के लिए इस प्रवेशिका के सातवें परिशिष्ट के अंतर्गत विभिन्न लघु–गुरु क्रम के अनेकानेक उदाहरण दिए हैं जिन्हें आप उपयोगी पाएँगे। परंतु शब्द की पुनः प्राप्ति के पश्चात् यह भी संभव है कि वह शब्द आप की ज़रूरत के संदर्भ (context) में उपयोगी न हो। ऐसी स्थिति के समाधान (solution) के लिए कुछ सरल उपाय भी (short-cuts) है जो कभी–कभी काफी उपयोगी साबित (प्रमाणित) होते हैं। कुछ ऐसी–ही युक्तियाँ (tips)निम्नलिखित हैं जिनको अनुगमन (follow) करने से शब्दों का लघु–गुरु क्रम बदला जा सकता है जो ग़ज़ल ,(वस्तुतः सभी काव्य) का मूल आधार है।

(i) एकवचन (singular) शब्द का –उसके बहुवचन (plural) रूप में प्रयोग करना–जब बह्र की चाल के अनुरूप शेर रचते समय आपको किसी विशिष्ट लघु–गुरु क्रम की आवश्यकता हो और पुनःप्राप्ति से आप को कोई भिन्न लघु–गुरु क्रम का शब्द मिला हो तो ऐसे शब्द का लघु–गुरु, पुनः प्राप्ति से मिले शब्द को उसके बहुवचन रूप में प्रयोग करने से, बदला जा सकता है। ऐसे कुछ उदाहरण निम्नलिखित हैं।

तालिका 1 : शब्दों के एकवचन (singular) व बहुवचन (plural) रूप

1. एकवचन	आँख 2 1	गाय 2 1	चाल 2 1	सड़क 1 2	नदी 1 2	रात 2 1	मालिक 2 2	घुड़सवार 2 1 2 1
2. बहुवचन	आँखें 2 2	गायें 2 2	चालें 2 2	सड़कें 2 2	नदियाँ 2 2	रातें 2 2	मालिकों 2 1 2	घुड़सवारों 2 1 2 2

(ii) शब्द का लिंग (gender) बदलना–बहुत से शब्दों का लघु–गुरु क्रम उन शब्दों के लिंग यानी पुल्लिग (masculine) से स्त्रीलिंग (feminine) या विलोमतः (vice versa) बदलने से भी किया जा सकता है जैसे निम्नलिखित उदाहरणों से ज़ाहिर है

तालिका क्र. दो : शब्दों के पुल्लिंग व स्त्रीलिंग

लिंग (gender)	शब्द							
1. पुल्लिग	नाग 2 1	नर 2	आदमी 2 1 2	लेखक 2 2	वर 2	पिता 1 2	हिरन 1 2	युवा 1 2
2. स्त्रीलिंग	नागिन 2 2	नारी 2 2	औरत 2 2	लेखिका 2 1 2	वधू 1 2	माता 2 2	हिरनी 2 2	युवती 2 2

(iii) पर्याय (synonym), समानार्थक शब्द के प्रयोग से –किसी भी शब्द का लघु–गुरु क्रम बदलने का एक सहज एवं कारगर तरीक़ा उस शब्द के स्थान पर उसी अर्थ वाले, यानी समानार्थ, शब्द का प्रयोग है। इस दृष्टि से शब्दों के पर्याय, समानार्थक शब्द के कुछ उदाहरण निम्न हैं–

तालिका क्र. तीनः समानार्थक शब्दों के कुछ उदाहरण

शब्द	समानार्थ शब्द
1. आकाश 2 2 1	गगन, नभ, आसमान, व्योम, अनत 1 2 2 2 1 2 1 2 1 1 2
2. सदा 1 2	सदैव, सर्वदा, हमेशा, निरंतर 1 2 1 2 1 2 1 2 2 1 2 2
3. यद्यापि 2 2	गो, चाहे, भले ही, परन्तु, हालांकि, अलबत्ता, बेशक, गोया, गरचे 2 2 2 1 2 2 1 2 1 2 2 1 2 2 2 2 2 2 2 2 2
4. मित्र / दोस्त 2 1 2 1	सखा, आशना , हमदम, राज़दाँ, हमसफर हमदर्द, हमराज़ 1 2 2 1 2 2 2 2 1 2 2 1 2 2 2 1 2 2 1
5. प्रिय 2	प्रेयसी, सनम, महबूब, माशूक, दिलदार, दिलरुबा, राज़दाँ, 2 1 2 1 2 2 2 1 2 2 1 2 2 1 2 1 2 2 1 2
6. खुदा 1 2	रब, राम, ईश्वर, मौला, इलाही, भगवान, खुदाया, अगोचर 2 2 1 2 2 2 2 1 2 2 2 2 1 1 2 2 1 2 2
7. मनुष्य 1 2 1	मानव, नर, जन, मानव, आदमी, मानुश, बशर, मनुज 2 2 2 2 2 2 2 1 2 2 2 1 2 1 2
8. मै / मय, 2 2	मदिरा, शराब, सुरा, हाला, मीना, मदनी, सुंदरी, दारु, मधु, 2 2 1 2 1 1 2 2 2 2 2 2 2 2 1 2 2 2 2
9. इश्क, 2 1	मुहब्बत, मोहब्बत, प्यार, प्रेम 1 2 2 2 2 2 2 1 2 1
10. स्त्री 2	नारी, औरत, त्रिया, कामिनी, अंगना, तिय, वामा 2 2 2 2 1 2 2 1 2 2 1 2 2 2 2

कुछ और शब्द जो ग़ज़लों और शेरों में आम उपयोग में आते हैं और उनके समानार्थक शब्द–

- कज़ा (1 2), मौत (2 1), मृत्यु (2 1)
- अतीत (1 2 1), भूत (2 1), माजी (2 2)
- जग (2), जगत (1 2), जहां (1 2), दुनिया (2 2), विश्व (2 1)संसार (2 21)
- शब (2), रात (2 1), रात्रि (2 1), निशा (1 2), रजनी (2 2), यामिनी (2 1 2)
- फ़लक (1 2), उफ़क (1 2), क्षितिज (1 2), अर्श (2 1), आसमान (2 1 2 1)
- प्रलय (1 2), क़यामत (1 2 2)
- चाह (2 1), इच्छा (2 2), लालसा (2 1 2), कामना (2 1 2), ख़्वाहिश (2 2)
- राज़ (2 1) भेद (2 1), रहस्य (1 2 1),
- एक (2 1), इक (2)
- अंतर (2 2), फ़रक़ (1 2)
- अगर (1 2), यदि (2),
- रोज़ (2 1), नित्य (2 1)
- वक़्त (2 1), समय (1 2), काल (2 1), युग (2), जमाना (1 2 2), अरसा (2 2)
- बग़ैर (1 2 1), बिना (1 2)
- रात (2 1), रैन (2 1), रात्रि (2 1), निशा (1 2), रजनी (2 2), यामिनी (2 1 2), निशीय, (1 2 1), त्रियामा (1 2 2),
- शरीर (1 2 1), कलेवर (1 2 2), देह (2 1), गात (2 1), जिस्म (2 1), काया (2 2) तनु (2), बदन (1 2),
- पैर (2 1), पाँव (2 1), पद (2), चरण (1 2), पगु (2)
- घर (2), गृह (2), गेह (2 1), धाम (2 1), सदन (1 2), निकेत (1 2 1), निकेतन (1 2 2), आलय (2 2), आवास (2 2 1)
- आँख (2 1), नेत्र (2 1), नयन (1 2), लोचन (2 2), दृग (2)

(iv) 'संधि' द्वारा लघु–गुरु क्रम बदलना–जब 'दो वर्णों के पास आने पर उच्चारण की सुविधा के कारण उनके मेल से जो विकार (रूपांतर) होता है,'[1] उसे संधि कहते हैं। कुछ विशिष्ट स्थातियों (special situations) में

---

1. भाषा– भारती, लेखक सोमनाथ लाल तथा लेखिका उषा विक्रम, पृ. 47.

शब्दों का अलग–अलग शब्दों के रूप में प्रयोग के बजाय संधि विच्छेद से प्रयोग करने से उनका लघु–गुरु क्रम बदला जा सकता है, जैसे–

–भानु उदय :	भानूदय	– सु–आगत :	स्वागत
21 12	222	2 22	22
–एक–एक :	एकेक	– जगत ईश	जगदीश
21 21	221	12 21	221
–अनेक–अनेक :	अनेकानेक	–देव इंद्रः	देवेंद्र
121 121	12221	2121	221
–अति अधिक :	अत्यधिक		
2 12	222		

(v) 'समास' द्वारा शब्दों का लघु–गुरु क्रम बदलना –'समास' उस मेल की क्रिया को कहते हैं 'जब दो या दो से अधिक शब्दों के मिलने से एक संक्षिप्त शब्द बनता है।'[1] संधि की भाँति, 'समास' से भी शब्दों का लघु–गुरु क्रम बदला जा सकता है। इसे निम्नलिखित उदाहरणों से दिखाया गया है।

–राजा का पुत्र :	राजपुत्र	–दश आनन :	दशानन्
22 2 21	2121	2 22	122
–चन्द्र सम मुख :	चन्द्रमुख	–पीत अम्बर :	पीताम्बर
212 2	212	21 22	222
–नीला आकाश :	नीलाकाश		
22 221	2221		

(vi) अनेक शब्दों के लिए एक शब्द का प्रयोग–अनेक शब्दों के लिए एक शब्द का प्रयोग करने से बयान में संक्षिप्तता तो आती ही है, लघु–गुरु क्रम भी बदल जाता है जैसा कि निम्नलिखित उदाहरणों से ज़ाहिर है।

जो बीत गया हो :	अतीत	जो कहा न जा सके :	अकथनीय
2 21122	121	2 12 12 12	1221
न मरने वाला :	अमर	अपना ही स्वार्थ देखने वालाः	स्वार्थी,खुदगर्ज
12222	12	22 2 21 212 22	22 221
जो दिखाई नहीं देता :	अगोचर		
2 122122 22	122		

1. तत्रैव, पृ. 58

(Vii) वर्तनी (spellings) के माध्यम से शब्दों का लघु–गुरु क्रम बदलना–कभी कभी ग़ज़लकार वर्तनी के माध्यम से शब्दों का लघु–गुरु क्रम बदल लेते हैं जैसे 'एक' (2 1)शब्द के स्थान पर 'इक' (2) शब्द का प्रयोग। परंतु याद रहे कि वर्तनी के माध्यम से शब्दों का लघु–गुरु क्रम बदला अक्सर वर्तनी का अवांछित (unwarranted) प्रयोग ही कहा जायेगा। वर्तनी के कुछ अशुद्ध प्रयोग के उदाहरण निम्नलिखित हैं–

तालिका क्र. 4 वर्तनी के कुछ अशुद्ध प्रयोग

1. अशुद्ध	निरोग 1 2 1	आधीन 2 2 1	दुख 2	निर्दोशी 2 2 2	निरस 1 2	स्वास्थ 2 1	उपरोक्त 2 2 1
2. शुद्ध	नीरोग 2 2 1	अधीन 1 2 1	दुःख 2 1	निर्दोष 2 2 1	नीरस 2 2	स्वास्थ्य 2 2 1	उपर्युक्त 1 2 2 1

परिशिष्ट : नौ

उपयुक्त संदर्भ पुस्तकें एवं पत्रिकाएँ
(Recommended Reference Books and Journals)

(क) पुस्तकें व पत्रिकाएँ

1. फ़न–ए–शायरी, लेखक : अल्लामा इख़लास हुसैन देहलवी
2. ग़ज़ल के छंद तथा नियम, लेखक : ख़्वाब अकबराबादी
3. ग़ज़ल शिल्प और संरचना, लेखक : डॉ. नरेश
4. उर्दू ग़ज़ल, लेखक : डॉ. यूसुफ हुसैन ख़ाँ
5. 'हिन्दी ग़ज़ल : पहचान और परख, लेखक : नचिकेता, हिन्दी ग़ज़ल की नयी दिशाएँ, सम्पादक : डॉ. सरदार मुज़ावर
6. 'ग़ज़ल का शिल्प', लेखक : सुलतान अहमद, परिवेश पत्रिका, अंक 33
7. 'एके बहस ग़ज़ल पर', हंस पत्रिका, अंक 10, 1997, सम्पादक : राजेन्द्र यादव
8. उर्दू साहित्य की परम्परा, लेखक : डॉ. जानकी प्रसाद शर्मा

(ख) व्याकरण

1. प्रामाणिक हिन्दी व्याकरण, लेखक : डॉ. देव

(ग) शब्दकोष

1. राजपाल हिन्दी शब्दकोश, सम्पादक : हरदेव बाहरी
2. मानक अंग्रेज़ी–हिन्दी कोश, सम्पादक : सत्यप्रकाश तथा बलभद्र प्रसाद मिश्र
3. अंग्रेज़ी–हिन्दी कोश, सम्पादक : फ़ादर कामिल बुल्के
4. व्यावहारिक उर्दू–हिन्दी शब्दकोश, सम्पादक : डॉ. सैय्यद असद अली

❑❑❑